慧海拾珠

西方文明千问

Classic Reading And Collection

探寻世界文明发展之路·解读西方千年璀璨历史

王永鸿　周成华◎主编

陕西新华出版传媒集团
三秦出版社

图书在版编目（CIP）数据

西方文明千问/王永鸿，周成华主编.—西安：三秦出版社，2012.1
（2022.6重印）
（慧海拾珠）
ISBN 978-7-5518-0070-9

Ⅰ．①西… Ⅱ．①王…②周… Ⅲ．①文化史—西方国家—问题解答 Ⅳ．① K103-44

中国版本图书馆 CIP 数据核字（2012）第 006049 号

慧 海 拾 珠
西方文明千问

王永鸿　周成华　主编

出版发行	陕西新华出版传媒集团　三秦出版社
社　　址	西安市雁塔区曲江新区登高路 1388 号
电　　话	（029）81205236
邮政编码	710061
印　　刷	永清县晔盛亚胶印有限公司
开　　本	787mm×1092mm　1/16
印　　张	15
字　　数	400 千字
版　　次	2012 年 1 月第 1 版 2022 年 6 月第 3 次印刷
标准书号	ISBN 978-7-5518-0070-9
定　　价	46.00 元
网　　址	http://www.sqcbs.com

前言

人类的文明史，开始于文字的发明。有了文字，人类的历史便被记录下来。而文明出现的判定标准，主要是城市（人群聚集）的出现，文字的产生，国家制度的建立。英文中的文明"Civilization"一词源于拉丁文"Civism"，意思是城市的居民，其本质含义为人民和睦地生活于城市和社会集团中的能力。引申后意思为一种先进的社会和文化发展状态，以及到达这一状态的过程，其涉及的领域广泛，包括民族意识、技术水准、礼仪规范、宗教思想、风俗习惯以及科学知识的发展等等。文明是一个个的文化实体，它是人类内部最大范围的文化认同。

在人类浩瀚灿若如星空的历史中，西方文明就像是最闪亮的星星，照耀了人类美丽悠长的历史。公元前8世纪，古典希腊文明露出的曙光，表现出它的勃勃生机。从公元前8世纪到公元前1世纪，古典希腊文明持续了约8个世纪。而古罗马文明从公元前7世纪到公元后5世纪，延续了12个世纪。现代西方文明在10世纪西欧的"黑暗时代"结束后初步形成。到了15世纪，西方文明又一次成为现代人类文明的典范。现代西方文明的形成，从纵向上说，是中世纪日尔曼人吸收了希腊罗马文明而形成的。而希腊文明在历史上受到古代埃及和西亚地区文明的重大影响，罗马文明在扩张的过程中，融合了包括希腊文明、埃及文明、希伯莱文明等地中海周围多种文明。特别是吸纳了来自希伯莱文明的基督教。如果没有这样多种文明的融合，就没有15世纪以后征服世界的现代西方文明。

在西方文明中，我们看到民主政治的形态，看到刀剑火炮的光影，看到经济腾飞的工业文明，看到法律体制的不断完善，看到吸引世人的艺术之美，看到跳跃起伏的文字，看到哲思家的精妙之语，看到宗教的良善之美，还看到多姿多彩的真实的西方生活。以个人为基点构筑起来的西方文明，释放出了巨大的能量。而西方文明正是在这样的状态下，扩张和渗透，使其它文明越来越个体化，进而把全世界都卷入了由它掀起的这个漩涡。这种状态，使得文明间的交流更加的融合，成为人类发展的动力源泉。

  本书以时空为序，采用专题的形式，以通俗易懂的历史资料简要地介绍了西方文明的漫长历程。在勾勒西方文明各个历史时期政治、经济、艺术、社会生活等方方面面的同时，辅以图片，内容翔实丰富，是青少年了解西方文明的必备图书。

目录

第一章　古文明 1
- 什么是爱琴文明 1
- 什么是古希腊文明 1
- 什么是古罗马文明 1
- 什么是古埃及文明 2
- 什么是古印度文明 2
- 什么是巴比伦文明 2
- 什么是波斯文明 3
- 什么是拜占庭文明 3
- 什么是伊斯兰文明 3
- 什么是印第安文明 3
- 什么是玛雅文明 4
- 什么是阿兹特克文明 4
- 什么是印加文明 4

第二章　政治与军事 5
- 军事民主制是怎么产生的 5
- 什么是"巴比伦之囚" 5
- 特洛伊战争发生的原因是什么 5
- 腓尼基为什么被称为"地中海上的马车夫" 6
- 谁被誉为"世界之王" 6
- 为什么称赞所罗门是"犹太人智慧之王" 6
- 后人尊称谁为"铁血大帝" 7
- 为什么称梭伦为改革者 7
- 什么是雅典民主制度 7
- 为什么会爆发波斯战争 8
- 什么是提洛同盟 8
- 什么是伯罗奔尼撒战争 9
- 谁被史学家称之为"上帝之鞭" 9
- 谁被誉为"战略之父" 9
- 什么是布匿战争 10
- 斯巴达克为什么要发动起义 10
- 凯撒不是君王，为什么被誉为"凯撒大帝" 10

1

西方文明千问

谁被授予"奥古斯都"的称号 10
历史上第一位征服欧亚大陆的国王是谁 11
什么是十字军远征 11
为什么称中世纪为"黑暗时代" 12
蚕丝之战是怎么回事 12
圆桌会议因何得名 12
农奴制是什么时候形成的 12
为什么日耳曼人要大迁徙 13
什么是《凡尔登条约》 13
什么是诺曼底征服 13
英国著名的政治活动家和思想家、空想社会主义者是谁 13
第一个全面阐述宪政民主思想的人是谁 14
"三权分立"概念是谁提出的 14
什么是"玫瑰战争" 14
英国君主立宪制是怎么形成的 14
绰号"矮子"的法兰克国王是谁 15
波旁王朝是什么时候建立的 15
法国大革命爆发于什么时候 15
巴士底狱始建于什么时候 15
法兰西共和国什么时候成立 16
《人权宣言》是什么时候颁布的 16
什么是雅各宾派 16
被敌人称为是"一个不可腐蚀的人"是谁 16
谁被称为"科西嘉怪物" 17
滑铁卢战役中拿破仑为什么会失败 17
什么是"爱尔兰大饥荒" 17
《共产党宣言》的发表有什么重大的意义 17
什么是第一国际 18
什么是第二国际 18
什么是第三国际 19
为什么会爆发印度民族大起义 19
历史上被称为"铁血首相"的是谁 19
普法战争是怎么回事 19
世界历史上第一个无产阶级政权是哪个 20
什么是波士顿倾茶事件 20
莱克星敦枪声是怎么回事 20

目 录

华盛顿为何被美国人称为"国父" 20
美国《独立宣言》是哪一年发表的 21
美国独立战争有怎样的意义 21
为什么美国的绰号是"山姆大叔" 21
美国为什么会爆发南北战争 21
潜艇攻击成功的第一个战例是什么 22
美西战争发生于什么时候 22
"门户开放"政策是谁提出的 22
美国为什么要进行"金元外交" 23
什么是"三国同盟" 23
什么是"三国协约" 23
什么是萨拉热窝事件 23
什么是第一次世界大战 24
第一次大战的对敌双方主要是哪些国家 24
第一次世界大战的伤亡人数是多少 24
什么是马恩河战役 24
什么是凡尔登会战 25
什么是索姆河战役 25
什么是日德兰海战 25
巴黎和会举行的历史背景是什么 26
什么条约的签署,标志着第一次世界大战正式结束 26
为什么说第一次世界大战是人类史上的一次灾难 26
俄国为什么会爆发十月革命 27
国际联盟是什么时候成立 27
为什么把独裁统治称为"法西斯" 27
为什么希特勒要屠杀犹太人 27
巴尔干半岛为什么被称为"欧洲的火药桶" 28
罗曼诺夫王朝的历史是怎样的 28
为什么后世称沙皇彼得一世为"彼得大帝" 28
谁被誉为俄罗斯帝国的"大帝" 29
什么是"布尔什维克" 29
"苏维埃"是什么意思 30
什么是绥靖主义 30
哪个国家是世界上最早发展航空母舰的国家 30
为什么会爆发第二次世界大战 30
第二次世界大战的对敌双方主要有哪些国家 31

第二次世界大战的伤亡人数是多少 31
什么是《慕尼黑协定》..31
敦刻尔克大撤退发生在哪一年 32
第二次世界大战中规模最大的空战是哪次战役 32
为什么斯大林格勒保卫战被称为第二次世界大战的转折点 32
哪场会战被称为世界历史上最大的坦克战 33
哪次战役扭转了北非战争的格局 33
为什么盟军要在诺曼底登陆 33
什么是波茨坦会议 33
为什么美国要向广岛、长崎投原子弹 34
什么是《蒙巴顿方案》..34
谁被誉为英国的"战争之神" 34
谁被称为"二战纵火犯" 35
谁被誉为"西点之父" 35
谁被誉为"铁血将军" 35
为什么德国修建了"柏林墙" 36
特种部队的由来是什么 36
世界上第一艘核潜艇是什么时候诞生的 36
什么是"马歇尔计划" 37
什么叫"冷战" 37
什么是北大西洋公约组织 37
什么是华沙条约组织 38
什么是"古巴导弹危机" 38
谁被誉为"黑人之音" 38
什么是"布拉格之春" 39
撒切尔夫人为何有"铁娘子"的称号 39
苏联为什么入侵阿富汗 39
两伊战争爆发的原因是什么 39
苏联是怎样解体的 40
为什么会爆发第一次海湾战争 40
为什么会爆发科索沃战争 40
联合国机构是怎样设置的 41
你知道联合国的旗帜、会徽和会歌吗 41
联合国教科文组织是什么时候成立的 41
联合国为什么要设立儿童基金会 42
联合国粮食及农业组织的宗旨是什么 42

美洲国家组织的宗旨是什么 ... 42
不结盟运动因何而产生 ... 42
阿拉伯联盟有多少个成员国 ... 43
国际妇女同盟成立于什么时候 ... 43
为什么要成立国际红十字会 ... 43
什么是世界卫生组织 ... 44
国际刑警组织的主要活动有哪些 ... 44
石油输出国组织成立的目的是什么 ... 44
亚太经济合作组织属什么性质的组织 ... 44
现代西方民主制度的核心是什么 ... 45
资本主义国家政权机构的构成形式是什么 ... 45
最早设立两党制的是哪个国家 ... 45
法国为什么会成为最早建立多党制的国家 ... 45
什么是虚位元首、实权元首 ... 46
什么是文官制度 ... 46
什么是白皮书 ... 46
什么是引渡 ... 46

第三章　经济与管理 ... 47

"经济"一词源自哪里 ... 47
经济学为什么在西方被称为"社会科学的皇后" ... 47
苏美尔人是怎么进行商业贸易的 ... 47
什么是"黑劳士制度" ... 48
英国资产阶级古典政治经济学的完成者是谁 ... 48
世界上最早建立专利制度的是哪个国家 ... 48
什么是"庸俗经济学" ... 48
什么是"重商主义" ... 49
什么是"重农主义" ... 49
什么是第一次工业革命 ... 49
什么是"圈地运动" ... 49
什么是"采邑"制 ... 50
什么是"凯恩斯革命" ... 50
什么是"张伯伦革命" ... 50
什么是"恩格尔定律" ... 50
什么是"垄断" ... 51
什么是通货膨胀 ... 51

大萧条发生在什么时候 51
为什么美国会爆发第一次经济危机 51
什么是罗斯福新政 52
什么是公证 52
什么是专利 52
什么是布雷顿森林体系 53
欧洲共同体是什么时候建立的 53
欧洲联盟是什么时候成立的 53
《巴拿马运河条约》包括什么 53
什么是第二次工业革命 54
为什么说瑞典是世界上福利最高的国家 54
什么是货币 54
"剩余价值"的概念是在哪一本书中提到的 55
黄金为何成为硬通货 55
什么是世界银行 56
银行最早出现在什么时候 56

第四章　法律与道德 57

什么是《汉谟拉比法典》 57
现存最早的国际条约是什么 57
柏拉图的《法律篇》主要阐述了什么思想 57
古罗马五大法学家都是谁 58
《查士丁尼民法大全》是什么时候颁布的 58
什么是《德拉古法典》 58
什么是《万民法》 58
什么是《十二铜表法》 59
什么是"末日审判书" 59
什么是"普通法" 59
《拿破仑法典》是什么时候颁布的 59
海牙国际法庭是怎么成立的 59
是谁提出了"功利主义法学" 60
英国历史法学的集大成者是谁 60

第五章　艺术与审美 61

什么是基督教美术 61
什么是拜占庭美术 61

目 录

什么是罗马美术	61
什么是哥特式美术	62
古希腊瓶画的特点是什么	62
谁被誉为"欧洲绘画之父"	62
画面上人数最多的油画是哪幅	63
"波提切利"是谁的绰号	63
谁被称为"文艺复兴时代最完美的代表人物"	63
为什么米开朗基罗被称为"神"	63
文艺复兴时期谁是"艺坛三杰"中最年轻的一位	64
什么是威尼斯画派	64
威尼斯画派的创始人是谁	65
被称为"油画之父"的文艺复兴时期的画家是谁	65
为什么称丢勒所处的美术史时代为"丢勒时代"	65
什么是巴洛克艺术	65
巴洛克美术的代表人物是谁	65
什么是洛可可艺术	66
什么是巴比松画派	66
巴比松画派的代表人物是谁	66
什么是荷兰画派	66
荷兰画派的代表人物是谁	67
谁被授予黄金桂冠称号	67
什么是古典主义画派	67
什么是浪漫主义画派	68
浪漫主义画派的代表人物是谁	68
什么是印象派	69
印象派画派的奠基人是谁	69
谁被誉为"印象派之父"	69
谁实践了"光是绘画的主人"这句话	69
谁被誉为"现代绘画之父"	70
谁被誉为"表现主义"的先锋	70
被誉为"象征派的创始人"是谁	70
"青骑士社"是谁创立的	71
谁被誉为"抽象主义的鼻祖"	71
什么是达达主义艺术	71
被誉为"现代艺术的守护神"的是哪位画家	71
什么是野兽主义	71

野兽主义的创始人是谁 72
享有"当代艺术魔法大师"是哪位画家 72
作品最多的画家是哪位 72
《伏尔加河上的纤夫》是谁的作品 72
谁被誉为"俄罗斯第一风景画家" 73
什么是《命运三女神》 73
雕塑《掷铁饼者》是谁的作品 73
雕塑《断臂维纳斯》是谁的作品 73
为什么《大卫》被誉为最杰出的人体雕塑 74
为什么古希腊雕塑几乎都是裸体的 74
《执矛者》是谁的作品 75
迈锡尼工艺雕塑有什么特点 75
古希腊雕塑和古罗马雕塑有什么区别 75
《拉奥孔》雕塑取材何处 75
母狼为何会成为罗马城徽 76
世界上最古老及残存至今的建筑物是哪座 76
世界上最大的金字塔是哪座 76
什么是狮身人面像 77
谁建造了空中花园 77
世界上最大的室内雕塑是哪座 77
阿尔特弥斯神庙位于哪儿 78
古希腊建筑的特点是什么 78
雅典卫城修建于什么时候 78
帕提农神庙建造于什么时期 79
古罗马时期最大的圆形角斗场是哪座 79
被米开朗基罗赞叹为"天使的设计"是哪座建筑 79
什么是哥特式建筑 80
什么是拜占庭建筑 80
比萨斜塔为什么被誉为世界七大奇迹之一 80
哪座教堂被誉为"世界上最美的教堂" 81
世界上最大的哥特式教堂 81
什么是"真理之口" 81
被誉为"艺术之宫"的是哪座建筑 81
被誉为"歌剧麦加"的是哪座歌剧院 82
世界上第一座大圆顶教堂是哪座 82
哪座广场被拿破仑誉为"世界上最美的广场" 82

目 录

"叹息桥"怎么来的 83
世界上最大的教堂是哪座 83
哪座建筑被誉为"中世纪最美丽的花" 83
被誉为"集巨大与纤细于一身令人惊异的建筑"是哪座建筑 83
世界最大的表演正歌剧的剧院是哪座 84
欧洲最大的凯旋门位于哪个国家 84
为什么称先贤祠为"巴黎万神庙" 85
"法国第一宫殿"是指哪座建筑 85
卢浮宫为什么被誉为"万宝之宫" 85
法国为什么要修建埃菲尔铁塔 86
伦敦塔为什么被称为"血腥之塔" 86
世界上有人居住的城堡中最大的一个是哪座城堡 86
西斯敏寺大教堂修建于什么时候 86
白金汉宫修建于什么时候 87
水晶宫是什么时候建造的 87
伦敦的象征是什么 87
哪座城堡还被称为"白雪公主堡" 88
哪座城堡被誉为"欧洲最美丽的中世纪城堡之一" 88
欧洲北部最大的教堂是什么 88
阿兰布拉宫修建于什么时候 88
欧洲第三大皇宫是哪座 89
圣彼得堡是由谁下令建造的 89
俄罗斯现存最古老的教堂是哪座 89
被誉为"俄罗斯的心脏"是哪座建筑 89
冬宫修建于什么时候 90
莫斯科红场修建于什么时候 90
哪座教堂被誉为"一个石头的神话" 91
悉尼歌剧院是谁设计的 91
自由女神像位于哪个城市 91
哪座建筑被誉为"全球最著名的办公大厦" 91
哪座建筑被誉为"瀑布上的经典" 92
什么是包豪斯建筑 92
马赛公寓为什么被称为超级公寓住宅 92
享有"早期罗马式建筑瑰宝"之称的是哪座教堂 93
有"炼油厂"和"文化工厂"之称的是哪座建筑 93
被誉为"建筑学界的诺贝尔"是哪个建筑奖 93

9

哪位西方设计师被誉为"白色派"教父 ... 94
谁被誉为"现代建筑的最后大师" ... 94
"博物馆"一词是怎么来的 ... 94
梵蒂冈博物馆是如何起源的 ... 94
被誉为"欧洲最美的博物馆"的是哪座博物馆 ... 95
被公认是英语世界中第一个成立的大学博物馆是哪座 ... 95
纽约现代美术馆修建于什么时候 ... 95
南半球最大的博物馆是哪座 ... 95
世界五大博物馆是哪五座博物馆 ... 96
博物馆最多的是哪个国家 ... 96
世界上最大的记录奥林匹克运动发展史的博物馆位于哪儿 ... 96
世界最大的基督教木制教堂是哪座 ... 96
世界上历史最悠久、规模最宏伟的综合性博物馆是哪座 ... 96
"欧洲最佳博物馆"是哪座 ... 97
英国国家肖像馆修建于什么时候 ... 97
"世界上最有意义、最美丽的博物馆"是哪座 ... 97
世界上第一所露天博物馆是哪座 ... 98
世界上第一座儿童博物馆是哪座 ... 98
世界上规模最大的自然史博物馆是哪座 ... 98
美国最大的艺术博物馆是哪座 ... 98
被称为"记忆博物馆"的是哪座建筑 ... 98
西方最早的弦乐器是什么 ... 99
古希腊乐器有哪些 ... 99
钢琴是怎么发明的 ... 99
吉他是怎样产生的 ... 99
什么是铜管乐器 ... 99
什么是键盘乐器 ... 100
什么是打击乐器 ... 100
世界上最古老的拨弦乐器是什么 ... 100
长笛是谁发明的 ... 100
什么是钟琴 ... 101
什么是管风琴 ... 101
八音盒是谁发明的 ... 101
风笛起源于哪儿 ... 101
什么是曼陀林 ... 101
什么是三角铁 ... 102

什么是定音鼓 102
中世纪音乐有哪些类型 102
什么是教会音乐 102
什么是世俗音乐 103
什么是格列高利圣咏 103
什么是弥撒曲 103
什么是歌剧 103
什么是清唱剧 103
什么是音乐剧 104
什么是交响乐 104
什么是奏鸣曲 104
什么是协奏曲 104
什么是新世纪音乐 105
谁被认为是古典主义音乐的最后一位巨匠 105
谁被誉为"交响乐之父" 105
谁被称为"音乐神童" 106
谁被尊称为"乐圣" 106
谁被誉为浪漫主义杰出的"抒情风景画大师" 106
谁被誉为"钢琴诗人" 106
谁被誉为"钢琴之王" 107
谁被誉为"歌剧之王" 107
谁被誉为"古典音乐的守卫者" 107
谁被誉为"最具浪漫气质的浪漫主义作曲家" 108
五线谱的由来是什么 108
摇滚乐的由来是什么 108
为什么帕格尼尼被称为"小提琴之王" 108
为什么称车尔尼是"练习曲之王" 109
为什么格林卡被称为"俄罗斯音乐之父" 109
为什么施特劳斯被称为"圆舞曲之王" 109
为什么威尔弟被称为"歌剧之王" 110
谁被誉为"意大利喜歌剧精神的化身" 110
为什么柴可夫斯基被称为"舞剧音乐大师" 110
为什么穆索尔斯基被称为"音乐绘画大师" 111
为什么德沃夏克被称为"捷克音乐之父" 111
谁被誉为"标题交响乐的奠基人" 111
谁被誉为"印象派大师" 112

谁被誉为"20世纪的先知"	112
谁被认为是"真实主义"歌剧代表人	112
谁被誉为"20世纪最伟大的指挥家"	112
谁被誉为"乐剧巨匠"	113
世界十大交响乐团是哪十个	113
什么是交谊舞	113
什么是爵士舞	114
什么是迪斯科	114
什么是霹雳舞	114
什么是狐步舞	114
什么是华尔兹	115
什么是探戈	115
什么是伦巴	115
什么是桑巴	115
什么是恰恰	116
什么是斗牛舞	116
什么是现代舞	116
芭蕾诞生于什么时候	116
俄国"古典芭蕾之父"是谁	116
谁被誉为"现代芭蕾之父"	117
邓肯为什么被称为"现代舞之母"	117
为什么乌兰诺娃被誉为"舞蹈艺术的一代天骄"	117
什么是电影	118
什么是白昼电影	118
什么是场记	118
什么是传记片	118
什么是大特写	118
什么是电影院线	119
什么是定格	119
什么是动画片	119
电影流派有哪些	119
什么是政治电影	120
什么是街道电影	120
什么是公路电影	121
哪部作品被誉为美国"现代电影的纪念碑"	121
电影起源于哪里	121

什么是长镜头 121
什么是意大利新现实主义 122
什么是先锋派 122
什么是"电影眼睛" 122
什么是蒙太奇 123
什么是电影"画外音" 123
什么是场记板子 123
好莱坞的名字因何而来 124
好莱坞八大电影公司是指哪八家 124
什么叫独立制片 124
什么是"左岸派" 124
哪个电影节被称为"电影节之父" 125
奥斯卡金像奖是怎样得名的 125
什么是新浪潮电影运动 125
谁被誉为"电影之父" 125
"纪录片之父"是谁 126
"美国电影之父"是谁 126
什么是"启斯东风格" 126
世界上第一部有声电影是什么时候诞生的 127
谁被誉为"用电影做分析的精神医生" 127
什么是新好莱坞 127
什么是先锋派电影 128
谁被誉为"喜剧之父" 128
哪位导演被誉为"悬念大师" 128
柏林电影节创立于什么时候 129
威尼斯电影节都设立哪些奖项 129
戛纳国际电影节创立于什么时候 129
多伦多国际电影节创立于什么时候 130
克拉科夫国际短片电影节创立于什么时候 130
莫斯科电影节创立于什么时候 130
布鲁塞尔国际电影节创立于什么时候 130

第六章　语言与文学 131
什么是希腊神话 131
什么是戏剧 131
希腊戏剧的特点是什么 131

什么是喜剧 131
什么是悲剧 132
古希腊三大悲剧作家是谁 132
谁被誉为"悲剧之父" 132
谁被誉为"心理戏剧的鼻祖" 132
古希腊"喜剧之父"是谁 132
古希腊"历史之父"是谁 133
《伯罗奔尼撒战争史》是谁的作品 133
谁被柏拉图称为"第十个缪斯" 133
《伊索寓言》是谁创作的 133
"奥林匹斯神系"是什么 133
罗马最伟大的戏剧家是谁 134
欧洲文学史上第一部文人史诗是什么 134
"古罗马文学之父"是谁 134
古罗马共和时代最著名的剧作家是谁 134
《物性论》的作者是谁 135
古罗马黄金时代成就最高的抒情诗人是谁 135
《变形记》的作者是谁 135
什么是"西塞罗句法" 136
古罗马"小说之父"是谁 136
古罗马最伟大的历史学家是谁 136
古罗马谁被称为"教父思想的集大成者" 137
塔西佗对西方史学的贡献是什么 137
中世纪文学有什么特点 137
什么是教会文学 137
什么是骑士文学 138
什么是英雄史诗 138
什么是城市文学 138
什么是"七星诗社" 138
法国第一部近代散文集是哪部 138
什么是流浪汉小说 139
什么是"大学才子派" 139
什么是文艺复兴 139
"英国诗歌之父"是谁 139
《巨人传》是谁的作品 140
"西班牙戏剧之父"是谁 140

目 录

谁被誉为"欧洲短篇小说之父" 140
谁被誉为"人文主义之父" 140
谁被誉为"现代小说之父" 141
谁被称为"人类最伟大的戏剧天才" 141
什么是十四行诗 142
莎士比亚四大悲剧是哪几部 142
欧洲文学史上第一个"吝啬鬼"形象出自哪部作品 142
谁被誉"法国的荷马" 142
谁被认为代表着"法兰西精神" 143
法兰西剧院上演场次最多的剧目是什么 143
被誉为"欧洲的良心" 143
被称为"浪漫主义之父"的是谁 143
被誉为"德意志的伏尔泰"是谁 144
哪本书被称为"预言圣经" 144
塑造了一个英国"真正资产者"的是哪部作品 144
斯威夫特最著名的小说是什么 145
什么是"墓园诗派" 145
博马舍的代表作是什么 145
菲尔丁的代表作是什么 145
什么是德国狂飙突进运动 146
海涅称谁为"世界的一面镜子" 146
19世纪欧洲浪漫主义文学有哪些特征 146
《德国，一个冬天的童话》是谁的作品 146
格林兄弟的代表作是什么 147
谁被誉为"法兰西的莎士比亚" 147
法国浪漫主义文学先驱是谁 147
《唐璜》是谁的代表作 147
谁被誉为"真正的革命家" 148
美国现代诗和现代文学的开山鼻祖是谁 148
法国现实主义文学的杰出大师是谁 149
谁被誉为"俄罗斯诗歌的太阳" 149
俄国文学史上第一"多余人"形象出自哪部作品 149
谁被誉为"小说家中的小说家" 150
谁被誉为"俄罗斯民族戏剧之父" 150
谁被鲁迅称为"写实派的开山祖师" 150
《罪与罚》的作者是谁 150

15

谁被称颂为具有"最清醒的现实主义"的"天才艺术家" ... 151
福克纳称谁为"美国文学之父" ... 151
谁被誉为"浪漫主义之父" ... 152
谁被誉为"美国文学史上浪漫主义小说的开创者" ... 152
谁被誉为"田园作家" ... 153
谁被誉为"侦探小说的鼻祖" ... 153
《茶花女》是谁的代表作 ... 153
什么是废奴文学 ... 154
《汤姆叔叔的小屋》的作者是谁 ... 154
谁被誉为"文学中的林肯" ... 154
什么是"欧·亨利笔法" ... 155
谁被誉为地位"可与莎士比亚平起平坐"的作家 ... 155
杰克·伦敦的代表作是哪部 ... 155
是什么原因启发司汤达创作《红与黑》 ... 155
《双城记》指的是哪两座城市 ... 156
谁被誉为"批判现实主义大师" ... 156
被马克思誉为"现代英国的一批杰出的小说家"之一的女作家是谁 ... 156
《呼啸山庄》的作者是谁 ... 156
谁的小说被称为"威塞克斯小说" ... 157
什么是"易卜生主义" ... 157
《卢贡·马卡尔家族》是谁的作品 ... 157
谁被誉为"短篇小说之王" ... 157
谁被称为"现代派鼻祖" ... 158
丹麦著名童话作家是谁 ... 158
什么是巴黎公社文学 ... 158
谁被誉为"巴尔扎克的继承者" ... 158
谁被誉为"20世纪最伟大的梦游者" ... 159
被誉为"拉丁美洲的史诗"作品《漫歌集》是谁的作品 ... 159
谁被誉为"结构写实主义大师" ... 159
被誉为"再现拉丁美洲历史社会图景的鸿篇巨著"的《百年孤独》是谁的作品 ... 159
谁被誉为"最会讲故事的作家" ... 160
《约翰·克利斯朵夫》是谁的代表作 ... 160
《广岛之恋》是谁的作品 ... 160
《魔山》是谁的代表作 ... 161
谁享有"以德语创作赢得了不让于英、法语作品的广泛声誉" ... 161
"新闻体"小说的创始人是谁 ... 161

目 录

- 谁是"爵士时代"最重要的代表人 162
- 谁被誉为"二十世纪的莫里哀" 162
- 谁被誉为"二十世纪现代主义与女性主义的先锋" 162
- 《喧哗与骚动》作家的作品 162
- 《静静的顿河》是谁的作品 163
- 《钢铁是怎样炼成的》是谁的作品 163
- 赫尔岑的代表作是什么 163
- 谁被誉为"俄罗斯的良心" 163
- 谁被誉为"社会主义现实主义文学的奠基人" 164
- 为什么说《尤利西斯》是意识流小说的代表作 164
- 谁被誉为"20世纪美国批判现实主义之父" 164
- 谁被誉为"美国戏剧之父" 164
- 谁被誉为"最富魅力的后现代大师" 165
- 谁被誉为"俄罗斯的代言人" 165
- 美国"垮掉的一代"的代表人物是谁 165
- 谁被誉为"侦探小说之父" 166
- 谁被誉为"科幻小说之父" 166
- 谁有"蓝天白云的耕作者"之称 167
- 《丁丁历险记》是谁的作品 167
- 《安妮日记》的创作背景是什么 167
- 谁被誉为"短篇小说艺术创新之人" 167
- 谁被誉为"德国儿童文学之父" 168
- 谁被誉为"世界著名奇幻文学大师" 168
- 《爱丽丝漫游仙境》是谁的作品 169
- 《金银岛》是谁的代笔作 169
- 《纳尼亚传奇系列》是谁的代表作 169
- 谁被誉为"哈梅林的魔笛手" 170
- 哪套书被誉为"儿童文学中的《圣经》" 170
- 谁被誉为"童话外婆" 170

第七章　哲学与思维 171

- 西方哲学史上第一位哲学家是谁 171
- 什么是毕达哥拉斯学派 171
- 什么是伊壁鸠鲁学派 171
- 什么是斯多葛学派 172
- 古希腊三大哲学家是谁 172

17

苏格拉底为什么被处死 ... 172
《理想国》表达的思想是什么 ... 173
为什么说亚里士多德是"创造性的集大成者" ... 173
谁被誉为"第一个百科全书式的学者" ... 174
谁被誉为继亚里士多德之后的"第二导师" ... 174
"我思故我在"是谁的观点 ... 174
被称为"英国唯物主义和整个现代实验科学的真正始祖"的是谁 ... 174
什么是人文主义 ... 175
斯宾诺莎的贡献是什么 ... 175
德国古典哲学的创始人是谁 ... 175
霍布斯的哲学观点是什么 ... 175
"分析心理学"的创立者是谁 ... 176
《西方的没落》一书是谁的作品 ... 176
谁被誉为"哲学家们的哲学家" ... 176
谁被誉为"20世纪最伟大的女性思想家" ... 177
西方现代哲学的开创者是谁 ... 177
谁被誉为"美学上的金字塔" ... 177
谁被誉为"悲观主义哲学家" ... 177
谁被称之为"法国的尼采" ... 178
谁被誉为"存在主义教皇" ... 178
谁被誉为"荒诞哲学家" ... 178

第八章　宗教与文化 ... 179

什么是犹太教 ... 179
什么是哭墙 ... 179
犹太教有哪些节日 ... 179
犹太教的象征七烛台的每一支各代表什么意思 ... 180
什么是基督教 ... 180
什么是天主教 ... 180
什么是东正教 ... 180
基督教的灵魂人物是谁 ... 181
什么是《旧约全书》 ... 181
什么是《新约全书》 ... 181
基督教的戒律是什么 ... 181
什么是伊甸园 ... 182
为什么摩西带领犹太人出埃及 ... 182

目录

耶稣十二门徒分别是谁 ... 182
谁出卖了耶稣 ... 183
什么是诺亚方舟 ... 183
被誉为"三大宗教的圣城"是哪座城市 ... 183
什么是圣礼 ... 183
什么是圣杯 ... 184
什么是原罪 ... 184
什么是做礼拜 ... 184
"天使"是怎么来的呢 ... 184
"撒旦"代表什么意思 ... 185
基督徒胸前划十字的顺序是什么 ... 185
什么是"弥撒" ... 185
"阿门"是什么意思 ... 185
什么是教皇 ... 186
什么是主教 ... 186
什么是牧师 ... 186
什么是神父 ... 186
什么是修士、修女 ... 187
什么是修道院 ... 187
什么是"方济各会" ... 187
什么是巴别塔 ... 187
什么是伊斯兰教 ... 188
什么是《古兰经》 ... 188
伊斯兰教的圣地位于哪里 ... 188
伊斯兰教的主要节日有哪些 ... 189
阿訇和教长是什么称谓 ... 189
什么是"哈里发" ... 189
世界主要有哪几大人种 ... 189
万国邮政联盟成立于什么时候 ... 189
什么是法老 ... 190
什么是木乃伊 ... 190
为什么称希波克拉底为"医学之父" ... 190
什么是黑死病 ... 190
什么是"公爵" ... 191
什么是"侯爵" ... 191
什么是"伯爵""子爵""男爵" ... 191

19

什么是"亲王" 192
什么是"骑士" 192
什么"骑士七技" 192
什么是地理大发现 192
第一个环球航行的人是谁 192
牛津大学是什么时候建立的 192
圣女贞德是谁 193
为什么法国把7月14日定为国庆日 193
什么是《马斯特里赫条约》 193
什么是"苏格拉底计划" 193
什么是"达芬奇计划" 193
什么是《申根协定》 194
德国第一个地理学讲座教授和柏林地理学会创建人是谁 194
为什么过生日要吹蜡烛 194
26个字母是怎么来的 194
理发店门前三色标志的含义是什么 194
为什么说阿维森纳是"医中之王" 195
护士这一职业是什么时候出现的 195
为什么医生要穿白大褂、戴口罩 195
卡诺莎之行是怎么回事 195
世界上第一起交通罚款是什么时候 196
最小的国家是哪个国家 196
什么是脱帽礼 196
为什么要下半旗致哀 196
为什么礼炮是二十一响 197
为什么西方人忌讳"13" 197
订婚戒指的由来 197
什么是决斗 197
奥运会为什么要举行点燃"圣火"的仪式 198
奥运会上的五环旗有什么象征意义 198
鸽子为什么是和平使者的象征 198
奥运会为什么要设吉祥物 198
瑞士洛桑为什么被称为"奥林匹克之都" 199
哪届奥运会五大洲运动员首次实现大团聚 199
谁是现代奥运史上的第一个冒牌冠军 199
为什么田径运动有"运动之母"的美称 199

目 录

为什么说短跑是最早的奥运会项目 199
花样滑冰源于何时 200
跨栏跑运动起源于哪个国家 200
马拉松比赛的距离是多少 200
网球运动为什么被称为贵族运动 201
网球比赛中的"大满贯"指什么 201
台球为什么被称为力学魔术师的表演 201
乒乓球为什么被称为"桌上网球" 201
足球运动为什么被称为"世界第一运动" 202
为什么足球比赛中要使用红、黄牌 202
举重中的抓举和挺举有什么区别 202
现代冬季两项指哪两项运动 202
比赛中运动员为什么在手中抹白粉 203
"铁人三项"都包括什么内容 203
水上芭蕾起源于什么时候 203
古代奥运会为什么禁止妇女参加 203
维特为什么被称为"花样滑冰皇后" 203
瑞士最古老的大学是哪所大学 204
德国最古老的大学是哪所大学 204
为什么称莱比锡为"博览会之母" 204
莱比锡大学创建于什么时候 204
"桑拿浴"发源地是哪个国家 205
"大学生戴帽节"是哪个国家的节日 205
圣诞老人的故乡在哪里 205
斯德哥尔摩为什么被称为"北方威尼斯" 205
为什么称英国为"日不落帝国" 206
为什么荷兰被称为"风车之国" 206
为什么说《吉尼斯世界纪录大全》的产生与啤酒有关 206
荷兰最古老的大学是哪所 206
世界上历史最悠久的中央银行是哪个银行 207
啤酒节源于哪个国家 207
美国白宫因什么而得名 207
雅典名称的由来 208
"符拉迪沃斯托克"是什么意思 208
哪座城市被誉为"北方威尼斯" 208
罗密欧与朱丽叶的爱情故事发生在哪个城市 208

21

比萨是如何起源的 209
为什么称威尼斯为"水上都市" 209
欧洲文艺复兴的发源地是哪儿 209
巧克力是如何起源的 209
罗马尼亚人的禁忌是什么 209
为什么称卢森堡为"袖珍王国"、"千堡之国" 210
为什么称塞浦路斯为"欧洲和中东的历史博物馆" 210
为什么冰岛被称为"冰与火的国度" 210
为什么加拿大是"枫叶之邦" 210
为什么说美国是"年轻的国家" 210
为什么称巴西是"足球王国" 211
为什么称澳大利亚为"骑在羊背上的国家" 211
为什么加纳被誉为"可可之乡" 211
"世界火炉"是指哪里 211
为什么说埃及是"尼罗河的赠礼" 211
为什么南非被称为"黄金之乡" 212
为什么肯尼亚被誉为"野生动物的天堂" 212
为什么法国被称为"浪漫之国" 212
为什么瑞士被称为"钟表王国" 212
为什么说奥地利是"音乐之国" 212
什么是常春藤联盟 213
有"南方哈佛"之称的是哪所美国大学 213
斯坦福大学是由谁创办的 213
有"世界理工大学之最"的是哪所美国大学 213
美国拥有藏书最多的是哪所图书馆 214
为什么说"先有哈佛,而后有美利坚" 214
阿根廷的"国茶"是什么 214

第一章 古文明

什么是爱琴文明

爱琴文明是希腊及爱琴地区史前文明的总称，西方古代文明由此发轫。公元前2000年，以克里特和希腊半岛为中心，形成了最早的国家与文明。克里特文明，也译作米诺斯文明或迈诺安文明，是迈锡尼文明之前的青铜时代。"米诺斯"这个名字源于古希腊神话中的克里特国王米诺斯。克里特文明的集中标志是克里特王宫。克里特王宫结构复杂，主体建筑达22万平方米，楼层相连，宛如迷宫。公元前1450年，这座迷宫式的建筑被人攻占了。此后，爱琴海文明的重心转移至迈锡尼城。

迈锡尼文明是希腊青铜时代晚期的文明，它由伯罗奔尼撒半岛的迈锡尼城而得名。约公元前2000年左右，希腊人开始在巴尔干半岛南端定居。从公元前16世纪上半叶起逐渐形成一些奴隶占有制国家，出现了迈锡尼文明。它的建筑标志是竖井墓与圆顶墓。

公元前1200年，迈锡尼文明开始衰败，爱琴文明宣布终止。

什么是古希腊文明

古希腊文明是西方文明的主要源头之一。古希腊文明持续了约650年（公元前800年—公元前146年），是西方文明最重要和直接的渊源。西方有记载的文学、艺术也是从希腊开始的。

古代希腊不是一个国家的概念，而是一个地区的称谓，包括希腊半岛、爱琴海和爱奥尼亚海上的群岛和岛屿、土耳其西南沿岸、意大利西部和西西里岛东部沿岸地区。古希腊文明为人类社会留下了巨大的文化财富，主要体现在古希腊诗歌、神话、戏剧几个方面。例如，古希腊诗歌《荷马史诗》是反映当时政治、宗教、道德、历史、语言等各个领域的重要史料。同时，还产生了苏格拉底、柏拉图、亚里士多德等优秀的哲学家。而古希腊的悲剧和喜剧，更是古希腊文明的主要文学成就，包括《波斯人》、《被缚的普罗米修斯》、《鸟》等等。古希腊文明遗产在古希腊灭亡后，被古罗马人破坏性的延续下去，从而成为整个西方文明的精神源泉。

什么是古罗马文明

古罗马文明是西方文明的另一个重要源头，起源于意大利中部台伯河入海处。古罗马在建立和统治国家的过程中，吸收和借鉴了先前发展的各古代文明的成就，并在此基础上创建了自己的文明。

古罗马文明对西方乃至世界文明发展进程最重要的贡献有两方面：前半期的罗马律法和后半期的基督教。罗马人学习和吸收了希腊民族的优秀文化，继承了希腊文明的精髓，从而在文学、绘画、建筑、法律等领域做出了杰出的贡献，是古典文明的集大成者。例如，罗马的雕刻艺术虽然师承希腊的，但与希腊相比又有其特点。罗马人物雕塑虽然不及希腊生动、秀丽、而更多严竣、矜持的神情，但强调真实和个性。罗马式建筑艺术注重形式的变化，整体的造型。其独特的穹顶和拱卷是一大标志。在西方文明发展史上，罗马文明起着承前启后的作用。

什么是古埃及文明

古埃及文明是公元前4000年左右至公元前525年存在于非洲东北部尼罗河下游的古老文化。它包括统一国家形成即前王国时期、早期王国时期、中期王国时期、后期王国时期。

古埃及文明起源是以尼罗河为依托。尼罗河狭小的生存空间，使得地方统治者极力通过统一活动扩大自己的支撑区，导致统一集权机制的形成。公元前3100—3000年，古埃及国王孟尼斯实现统一，埃及文明形成。

公元前4000年前，古埃及产生了象形文字。古埃及人还以芦管和烟渣水作书写工具，把文字写在纸草上，记载了古代的文献。金字塔是古埃及建筑的最高代表，体现了古埃及人高超的建筑技巧。而在数学方面，古埃及人计算出等腰三角形、长方形、梯形、圆的面积，推算出圆周率为3.16。由于古埃及处于东西交汇的地区，便于沟通东西方文化，因此古埃及对世界文明的交流做出了伟大贡献。

什么是古印度文明

古印度是人类文明的发源地之一。印度文明数千年的发展历程大致可分为三个阶段。史前至公元10世纪为古代文明阶段，公元10世纪至17世纪为中世文明阶段，17世纪至今为近现代文明阶段。

印度文明最显著的特色是它的宗教性。印度历史上曾先后产生并流行过多种宗教，其中以佛教对世界各国的影响最广泛。在文学方面，创作了不朽的史诗《摩诃婆罗多》和《罗摩衍那》。在哲学方面，创立了"因明学"，也就是今天的逻辑学。阿拉伯数字也是起源于印度，然后通过阿拉伯人传播到世界各地。

佛祖释迦摩尼像

什么是巴比伦文明

古巴比伦是人们已知的历史最悠久的古代东方国家之一。古巴比伦文明是两河流域文明的重要组成部分，两河流域文明还包括苏美尔文明、阿卡德文明、亚述等重要组成部分。

巴比伦文明创造了人类文明史上的诸多世界之最，在美索不达米亚文明中有最早的学校、最早的两院制议会、最早的减税事件、最早的法典和立法者、最早的药典、最早的图书馆目录……

在数学方面，古巴比伦计数法采用10进位和60进位制。60进位法应用于计算周天的

第一章 古文明

度数和计时，至今为全世界所沿袭。在天文学方面，古巴比伦人已经能够区别恒星与行星，确定黄道。为适应地球公转的差数，古巴比伦人设置了闰月。在建筑方面，巴比伦城和空中花园是它的杰出代表。

什么是波斯文明

波斯文明于公元3世纪开始兴盛。古波斯的统治范围与今伊朗近于一致。实际上，波斯只是古代伊朗西南部的一个强盛部落，当波斯部落统治了伊朗的其他部落，建立起一个强大的国家后，遂被邻国称之为"波斯帝国"，其后"波斯"也常被作为整个伊朗的代称，因而古代伊朗的文明也称为波斯文明。波斯文学是令世人赞叹的文化遗产，特别是11世纪初问世的伊朗民族史诗《列王纪》，被广为传抄。波斯地毯编织的历史与其国家的历史一样悠久，现存最古老且保存最完好的波斯地毯是在西伯利亚发现的属于波斯帝国时期的地毯。

波斯商人的足迹遍及亚、非、欧，他们不仅从事大量的贸易活动，而且为人类文明与文化的传播与交融做出了巨大的贡献。

仅存在二百多年的波斯帝国，其文化内涵延续下来，其政体和典章礼仪成为后继的罗马帝国和阿拉伯帝国学习和效法的榜样。

什么是拜占庭文明

拜占庭帝国是中世纪欧洲历史最长久的专制君主制国家。拜占庭帝国及文明是自查士丁尼皇帝开始执政的597年开始的。

拜占庭文明的一个重要特征就是具有深厚的基督教氛围。首都君士坦丁堡就是由第一个支持基督教的皇帝建立的，自此以后，君士坦丁堡一直是基督教的重要中心之一。

拜占庭的艺术，特别是在建筑、镶嵌画等方面造诣颇高。代表建筑就是位于君士坦丁堡的圣索菲亚大教堂。

拜占庭文明的影响主要表现在以下几个方面：政治、宗教方面，拜占庭对东欧国家，尤其是俄罗斯产生了巨大的影响。经济方面，拜占庭一直是欧亚最为重要的商品集散地。文化方面，拜占庭是欧亚当时最为重要的学术文化中心之一。

什么是伊斯兰文明

伊斯兰文明体系的形成经历了公元7世纪至公元13世纪。由于伊斯兰世界处于欧亚非大陆的交接地带，使它成为沟通东西方文明的桥梁。

在自然科学和人文方面，伊斯兰文明给后世留下了不可磨灭的印记。伊斯兰传统医学及其相关学科，如药物学、养生学、外科手术等，学习和借鉴希腊、埃及等医学，继而发展成门类齐全、历史悠久、影响广泛的传统医学体系。天文方面，创立历法，发明了很多仪器装置，诸如星盘、象限仪、地球仪和日晷等等。在哲学方面，法拉比集柏拉图和亚里士多德哲学之大成并糅合了伊斯兰哲学的神秘主义要素，被世人称赞为仅次于亚里士多德的"第二大师"。

什么是印第安文明

15世纪末以前，居住在墨西哥、中美洲和南美洲安第斯山区的印第安人形成了古代文明国家，他们创造了灿烂多彩的三大文明，包括位于今尤卡坦、危地马拉和英属洪都拉斯地区的玛雅文明、位于今墨西哥地区的阿兹特克文明和从厄瓜多尔中部到智利中部、延伸3000英里的印加文明。

美洲的印第安人留下了相当高的古代文明。以玉米为代表的多种农作物的种植和栽培，使其成为世界农业文明的摇篮之一；以太阳神金字塔为代表的建筑艺术，让人瞠目结舌，是世界建筑艺术史上的一朵奇葩。

什么是玛雅文明

玛雅文明是拉丁美洲古代印第安人文明，美洲古代印第安文明的杰出代表，以印第安玛雅人而得名。约形成于公元前2500年，主要分布在墨西哥南部、危地马拉、巴西、伯利兹以及洪都拉斯和萨尔瓦多西部地区。

玛雅文明的建筑工程达到世界最高水平，能对坚固的石料进行雕镂加工。玛雅人在宗教方面崇拜自然神特别是太阳神，建立了许多大型金字塔和神庙。

除了建筑、雕刻、文字，玛雅人在手工业方面会制作陶器，以及金、银、铜、锡等合金器；天文历法方面知道十二星座，掌握日食周期和日、月、金星等运行规律，所推算金星运行周期1000多年差不到1天，把一年定为365天，一年18个月，每月20天，余出5天禁忌日。

什么是阿兹特克文明

阿兹特克文明是美洲印第安文明的一部分。阿兹特克文明兴衰的时间为14—16世纪。同时，它也是古代墨西哥文化舞台上最后一个角色。

在文化艺术与宗教发展过程中，阿兹特克文明吸收了玛雅文明的许多成就。

在自然科学方面，阿兹特克人还根据日月运行的规律和季节性的变化，相当精确的制定了自己的历法。一共有两种历法：一种是"太阳历"，把一年分成18个月，365天；一个月20天，剩余的5天，闰年（每四年一个闰年）加一天。第二种是"月亮历"，一年为13个月，260天；一个月也是20天。每52年，两种历法重合一次。

像其他的美洲印第安文明一样，阿兹克特文明仍然显示着它的力量。

什么是印加文明

印加文明是在南美洲西部、中安第斯山区发展起来的又一著名的印第安古代文明。印加文明是因印加人统一中安第斯山区，建立印加帝国而得名的。"印加"一词的本来含义是"首领"或"大王"的意思，是塔万廷苏龙的最高统治者。西班牙人到来后，简单地以"印加"一词指称这个国家及其居民，至今已是约定俗成了。

武士人像形陶瓶

在医药学方面，印加人的外科手术特别是穿颅术在当时居于世界先进行列。印加人文化上的成就突出表现在雄伟的巨石建筑方面。印加人还创造了被称为"基普"的结绳记事法。另外，在冶炼浇铸、纺织制陶、天文历法、文学音乐等多个领域，印加人都取得了杰出的成就。

第二章 政治与军事

军事民主制是怎么产生的

军事民主制产生于父系氏族公社解体向阶级社会过渡期间，并存着军事首长、长老议事会和人民大会三种权力机关，是氏族制度的一种形式。它具有军事民主两重性：一方面出现了军事首长的个人权力和对个人进行战争的军事职能；另一方面还保留着一些原始的民主机构——人民大会、长老议事会和部落酋长。因此，处于父系氏族阶段的部落或部落联盟的管理制度被称为军事民主制。军事民主制的产生于当时各部落间频繁战争密切相关。为了掠夺邻人的财富和奴隶，则经常发生战争，致使战争成了一些人的"经常职业"。在频繁的战争中，一些近亲部落往往结成联盟。各部落或部落联盟为了掠夺和自卫的目的，开始选举能率领本部人员作战的领袖。这样便出现了勇敢善战、享有很高威望的军事首长。平时他主管宗教祭祀活动及解决部落或部落联盟内的纠纷，战时指挥打仗。军事首长因此被称为"王"，因此军事民主制时期又被称为"王政时期"或"英雄时代"。

什么是"巴比伦之囚"

公元前586年，新巴比伦王国国王尼布甲尼撒二世出兵巴勒斯坦，攻陷耶路撒冷，消灭了犹太王国。几乎所有的犹太富裕阶层、许多手工业者均被俘虏到巴比伦，这些俘虏大部分变成了奴隶，这在犹

巴比伦之囚

太历史上被称为"巴比伦之囚"。公元前539年，波斯帝国居鲁士在攻陷巴比伦城后释放了被囚禁在巴比伦的犹太人，并允许他们重返耶路撒冷。这时犹太人中的一部分人，趁机回到了耶路撒冷，重建了耶路撒冷的神庙，确立起祭祀贵族的神权政体，臣属于波斯帝国。

特洛伊战争发生的原因是什么

参照《荷马史诗》中的故事说，是特洛伊王子帕里斯诱拐了海伦，海伦的丈夫斯巴达国王墨涅拉奥斯立志报仇。他的哥哥迈锡尼国王阿伽门农提出自任统帅，组建希腊联军远征特洛伊，这其中也包括奥德修斯、阿喀琉斯等等英雄。经过几年的筹备，征集战舰1000艘、士兵10万人。公元前12世纪，联军远征小亚细亚的特洛伊。特洛伊战争持续了十年，最后阿伽门

农采用了奥德修斯的计策，使用"木马计"破城，抢回了海伦，并把特洛伊夷为平地。

然而根据《世界通史》的论述，特洛伊城地处交通要道，商业发达，经济繁荣，人民生活富裕。亚细亚各君主结成联军，推举阿伽门农为统帅。他们对地中海沿岸最富有的地区早就垂涎三尺，一心想占为己有，于是以海伦为借口发动战争，这才是特洛伊战争的真正目的。

腓尼基为什么被称为"地中海上的马车夫"

腓尼基地处西亚海陆交通枢纽地带，很早就有较发达的商业和航海造船业，过境贸易和海外贸易称为腓尼基的大宗财源。人们称腓尼基是古代"地中海上的马车夫"。马克思称之为"商业民族"。腓尼基居民是由胡里特人和迦南人融合而形成的腓尼基人。经商贸易活动加速了腓尼基氏族社会的解体，贫富分化引起的阶级矛盾日益尖锐，导致了阶级国家的产生。到公元前3000年末，腓尼基出现了一些小的奴隶制城邦，最重要的有乌加里特、比布洛斯、西顿和推罗。这些城邦一般都有国王，但其权力受城邦会议限制，城邦会议则由富有的大商人、大奴隶主把持。城邦的其他官吏则从富有的奴隶主中选举产生，实际上是一种奴隶主共和政治。

谁被誉为"世界之王"

他是古代波斯帝国的缔造者。他创建的国家疆域辽阔，从爱琴海到印度河，从尼罗河到高加索。因为他立下了如此丰功伟绩，以致在他死后波斯帝国还在继续扩张。事实上它持续了大约两百年，直到被亚历山大大帝征服为止。

他就是阿契美尼德王朝的第一位国王——居鲁士。公元前550年，他征服米底，开始使用"米底诸国国王"的称号，继而征服帕提亚、希腊各城邦、花刺子模等地。公元前539年，他征服了巴比伦，但他却不许军队扰民，尊重当地的风俗习惯、宗教信仰。居鲁士下令修复巴比伦、亚述、埃兰以及犹太的神庙，准许被历代巴比伦国王强行迁至美索不达米亚的人民重返各自的国家。"释放巴比伦囚虏"一事为犹太人铭记于《圣经》中。他接受了"巴比伦之王，世界之王"的尊号。

他宽容执政的态度，为他赢得了前世和后生的声名。

为什么称赞所罗门是"犹太人智慧之王"

所罗门是犹太王国的国王，是统一犹太各部的大卫之子。众所周知，犹太人是非常富有智慧的民族。在《圣经》中，所罗门是被上帝赋予智慧的人。在他执政期间，与埃及通婚，和腓尼基发展贸易，定都耶路撒冷。他建造了著名的犹太教圣殿，迎回了上帝存放圣谕的"金约柜"。他不仅著有《箴言》、《所罗门智慧书》、《雅歌》、《传道书》等作品，还对动物、植物有广泛的研究。

在所罗门王的统治下，政治、经济、文化、军事都非常发达，成为当时西亚诸国的中心，因而积累了巨额财富，甚至银子在耶路撒冷的价值如同石

头一般。

后人尊称谁为"铁血大帝"

他在继位之后不到一年的时间里，先后打了十八次大战役，铲除了八大割据势力的首领，诺大的波斯帝国重归一统。他功成身就，在巡行至一个叫贝希斯敦的小村庄时，让人在石壁上刻上了著名的《贝希斯敦铭文》："我，大流士，伟大的王，万邦之王，波斯之王，诸省之王……"如果没有他的话，波斯帝国的历史完全有可能向着另一个方向发展，因此后人尊称他为"铁血大帝"。他就是波斯皇帝大流士一世。

大流士一世统治波斯期间，是第一个向欧洲扩张的君主。波斯的步兵配合骑兵交替作战的战法，在当时的大陆上是最先进的。波斯的工匠更是名满天下，巧夺天工，其中以武器制造最为惊人，是世界上除了矮人族外最精巧的工艺大师。同时，波斯不但有强大的陆军，还有强大的舰队，拥有的舰只数量大约在600～1000艘之间。而且，他也是第一个将印度洋和大西洋两大水系联为一体的君主。

为什么称梭伦为改革者

梭伦出身贵族，是"希腊七贤"之一。他反对贵族专权，同情平民，主张在城邦中实行公正立场，以城邦利益为重。公元前594年，梭伦进行了具有宪政意义的改革运动。

在梭伦改革之前，雅典行使的德拉古法以严酷著称，对偷窃水果、懒惰等过失都要判处死刑。梭伦改革了这一酷刑。他还采取了许多鼓励手工业和商业发展的措施，如除自给有余的橄榄油外，禁止任何农副产品出口；凡雅典公民，必须让儿子学会一种手艺；奖励有技术的手工业者移居雅典，给予其公民权；改革币制；确定私有财产继承自由的原则等。

梭伦改革虽然未能彻底化解社会矛盾，但改革在一定程度上改变了贵族专权的局面，促进了雅典民主政治和商品经济的发展。梭伦改革奠定了雅典民主政治、乃至西方民主政治的基础。

什么是雅典民主制度

古雅典的民主制度是以城邦为中心的城邦民主制，特点是：首先是自治。全体20岁以上的合法公民（不包括女性和奴隶），也就是不到一半的人口组成最高权力机构公民大会对城邦进行管理。公民大会每年举行40多次。其次是平民政体。雅典公民对官员和法律具有实际控制权，他们通过法院实现这一权力。法院是属于全体公民的。法院的任何成员，都向年满30岁以上的公民开放，总共有6000名陪审员，每年选举产生，然后抽签分派到各个法院行使职权。历任执政官要像谄媚僭主那样，谄媚平民。第三是权力制约。公民以集会方式直接决定有关法律和政策的事务。

伯利克里是古代希腊的政治家，出身名门，受过良好的教育。因为他拥有大量地产，并同工商业有密切利益关系，成为雅典奴隶主阶级的代表人物。这些因素使他具备了守正不阿、廉洁奉公、坚毅冷静、气宇不凡的品格和气质。

公元前443年起，他连任当时雅典最高的领导机构——十将军委员会的首席将军15年,成为雅典的最高统治者。在他执政时期,修建了雅典卫城和比雷埃夫斯港;加强海军,扩建三层桨座舰达400艘;奖励学术,提倡文艺,一时雅典人才辈出,文化昌盛。同时,他还改革了政治制度,如凡年满20岁的男性公民都能参加;为了使贫穷公民出任官职,他建立了"公职津贴"制度,并给一般公民"观剧津贴",以吸引公民参加社会活动。但是,占人口多数的奴隶,外邦人和妇女被剥夺了政治权利。

在他执政期间,雅典的奴隶制经济、政治、军事和文化空前繁荣,使雅典奴隶民主政治发展到了高峰。

为什么会爆发波斯战争

波斯战争,也称希波战争,是指希腊诸城邦与波斯的一系列战争,尤指公元前490及公元前480—479年波斯对希腊的两次入侵。这场战争直到公元前449年"卡利亚斯和约"才结束战争。

波希战争是古代波斯帝国为了扩张版图而入侵希腊的战争。

波斯战争是第一次也是最后一次全希腊团结一致共同对外的实例。在希腊各邦中,反抗波斯最为坚决的是雅典与斯巴达,以此两国为首,联合其他城邦组成了有统一指挥的希腊联军。

希腊波斯战争以希腊的胜利告终。此后,世界文明发展的格局便逐渐形成东西方并立共存之势,一直延续至今。希腊的胜利使雅典达到空前的繁荣,遂为日后的西方文明奠定基础。而它的最初的分水岭可以说就是希波战争。

什么是提洛同盟

希波战争期间以雅典为首的古希腊部分城邦为防御波斯帝国再度侵略在公元前478年结成的军事、政治同盟,亦称"第一次雅典海上同盟"。因盟址和同盟金库设于爱琴海的提洛岛,也称提洛同盟。

最初入盟的主要是小亚细亚和爱琴海诸岛的希腊城邦,后来增至约200个。初期各盟邦地位平等,按实力大小提供不同数量的舰船、兵员和盟捐,重大事务由同盟会议决定,组织管理权和舰队指挥权则归雅典。后来,雅典依仗这一权力逐渐控制入盟各邦,成为实际上的盟主,并于前454年将同盟金库移至雅典城。

公元前404年,

波斯战争

由于在伯罗奔尼撒战争中战败,雅典被迫解散提洛同盟。

什么是伯罗奔尼撒战争

伯罗奔尼撒战争(公元前431—前404年)是指古希腊城邦斯巴达和雅典之间争夺霸权的战争。得名于以斯巴达为首的伯罗奔尼撒同盟。

战争大体分为三个阶段:十年战争(前431—前421)亦称阿基丹姆战争。西西里战争(前415—前413);德凯利亚战争(前413—前404)。西西里战争后,斯巴达加强陆上攻势。

伯罗奔尼撒战争在古代军事史上占有相当地位。对抗双方夺取要塞创造了许多新方法,如使用水淹、火焚和挖掘地道等;职业军人开始出现等等。这次战争给繁荣的古希腊带来了前所未有的破坏,导致战后希腊奴隶制城邦的危机,整个希腊开始由盛转衰。

谁被史学家称之为"上帝之鞭"

他曾多次率领大军入侵东罗马帝国及西罗马帝国,并对两国构成极大的打击。他曾率领军队两次入侵巴尔干半岛,包围君士坦丁堡;亦曾远征至高卢的奥尔良地区。后来他攻向意大利,并于公元452年把当时西罗马帝国首都拉文纳攻陷,赶走了皇帝瓦伦丁尼安三世,使西罗马帝国名存实亡。匈奴帝国在他的带领下,版图扩展到东起咸海,西至大西洋海岸,南起多瑙河,北至波罗的海。在西欧,他被视为残暴及抢夺的象征,但同时也认为他是一个伟大的皇帝。他就是古代欧亚大陆匈奴人最伟大的领袖和皇帝,史学家称之为"上帝之鞭"——阿提拉。

谁被誉为"战略之父"

汉尼拔是迦太基历史上最有名的军事家,被誉为"战略之父"。他的父亲曾经是迦太基的著名将领。汉尼拔从小就受到了良好的教育和军事训练。早在第一次布匿战争中,他的父亲就是迦太基在西班牙地区的指挥官。那次战争后,汉尼拔随父亲去了西班牙,并在公元前221年担任了西班牙地区的迦太基军队统帅。

在第一次布匿战争中,迦太基战败,这使汉尼拔对罗马充满了仇恨,立誓要向罗马复仇。公元前218年,汉尼拔率领6万军队,战象数十头,从新迦太基城出发,穿过高卢南部地区,翻越阿尔卑斯山,远征罗马。这次远征之旅创造了世界军事史上的奇迹,第二次布匿战争也因此而爆发。当汉尼拔的大军出其不意出现在高卢时,整个罗马震惊了。迦太基人击退了罗马人的阻击,绕过重兵设防的阵地向罗马挺进。公元前217年6月,汉尼拔指挥军队在特拉西梅诺湖之战中几乎全歼罗马军团。公元前216年,汉尼拔攻占了罗马的重要粮仓坎尼。罗马为了夺回坎尼,派出8万多人的军队和5万多迦太基军队展开了一场激烈的大战。结果,汉尼拔通过巧妙布阵,打败罗马军,坎尼之战也成为世界军事史上以少胜多的经典战役。罗马在遭到汉尼拔的重大打击后,开始采用拖延迂回战术,消耗迦太基人,并使汉尼拔处于孤军无援的境地。公元前204年,罗马军队在北非登陆,汉尼拔奉命回国救援,但在随后的扎马之战中被罗马军队击败,迦太基被迫求和。

汉尼拔后来流亡叙利亚，又辗转逃到小亚细亚，但在罗马人的追捕下于公元前183年自杀，结束了充满传奇的一生。

什么是布匿战争

公元前264—前146年，古罗马与迦太基先争夺西西里，后争夺地中海整个西部地区统治权的侵略战争。因罗马人称迦太基人为布匿人，故名布匿战争。

第一次布匿战争(公元前264—前241年)、第二次布匿战争(公元前218—前201年)是作战双方为争夺西部地中海霸权而进行的扩张战争；第三次布匿战争(公元前149—前146年)则是罗马以强凌弱的侵略战争。

布匿战争是罗马征服地中海世界最为关键的战争，使罗马成为地中海的霸主，也是导致罗马共和国兴旺的一个重要转折点。一方面，布匿战争的胜利使罗马占领了欧、亚、非的广大地区，掠夺了大量奴隶和战利品，罗马变得空前强大和繁荣；另一方面，引起了罗马经济结构、阶级关系和道德风尚等领域的重大变化。这对罗马奴隶占有制社会内部阶级关系的变化、经济的发展以及地中海地区后来的历史命运，都产生了巨大影响。

斯巴达克为什么要发动起义

在古罗马，奴隶主为了取乐，建造了巨大的角斗场，强迫奴隶成对角斗，并让角斗士手握利剑、匕首厮杀。终于在公元前73年，世界古代史上最大的一次奴隶起义——斯巴达克起义爆发了。虽然历时两年的斗争失败了，但是这一次奴隶起义带给了奴隶主深深的震撼。

斯巴达克起义失败的主要原因是罗马奴隶社会还不具备废除奴隶制的先决条件，奴隶本身也没有提出这一任务。不过这次起义极大地动摇了罗马奴隶制基础。奴隶主尽量收买不同种族的奴隶；把土地分成小块，交给奴隶耕种，奴隶可以分享一部分收成，奴隶就在这样的方式下开始演化为"隶农"，而释放奴隶的数目也渐渐增多。

凯撒不是君王，为什么被誉为"凯撒大帝"

恺撒大帝是罗马共和国末期杰出的军事统帅、政治家、文学家、独裁者。

公元前60年他与庞培、克拉苏秘密结成前三头同盟，随后出任高卢总督，花了8年时间征服了高卢全境（大约是现在的法国）。这片领土差不多被罗马统治了五个世纪。在此期间，这些地区已经完全罗马化了，实行了罗马的法律、风俗和语言，以后还实行了罗马基督教，当今的法语基本上是来源于拉丁语的口语。

公元前49年，他率军占领罗马，打败庞培，集大权于一身，实行独裁统治。因为他在政治上的杰出贡献被历史学家视为罗马帝国的"无冕之皇"有"凯撒大帝"之称。

他临终告诉侍者说："请把我的双手放在棺材外面，让世人看看，伟大如我凯撒者，死后也是两手空空。"

德国的皇号Kaiser和俄国的皇号Czar都源自"Caesar（凯撒）"一词，由此可以看出他的威望有多远。

谁被授予"奥古斯都"的称号

他是罗马帝国的开国君主，元首政制

第二章　政治与军事

的创始人。他统治罗马长达43年，是凯撒的甥孙，公元前44年被凯撒收为养子并指定为继承人。凯撒被刺后登上政治舞台。他就是屋大维。

公元前27年他接受了罗马元老院赠予的"奥古斯都"（意为"至尊者"）的称号，这一年通常被视为罗马帝国建立之年。公元前2年，他又获得"祖国之父"的荣誉称号。公元14年8月，在他去世后，罗马元老院决定将他列入"神"的行列，并且将8月称为"奥古斯都"月，这也是英语8月的来源。

在他执政期间，他设立了元老级咨询会议，由元首的亲信、执政官和少数德高望重的元老组成，后来逐渐成为凌驾于元老院之上的决策机构。屋大维还建立了"元首金库"，给自己手下的文官发放工资。他还改组了行省，完善了税收制度。他兴建神庙、大剧场、大浴池等有公众意义的设施，并改善了交通设施。从他开始，罗马进入了两百余年的大体上和平的局面。

历史上第一位征服欧亚大陆的国王是谁

他是马其顿王国的国王；他创建了一个庞大的帝国，领土遍及马其顿、埃及、叙利亚、波斯和小亚细亚，统一了因敌对交战而分裂的希腊诸城邦。他还是第一位征服欧亚大陆的国王。他就是亚历山大大帝，意为"人类的守护者"。

作为历史上最伟大的军事天才之一，他的领导和军事才能以及勇气受到了将士们的拥戴和喜爱，甚至连他的战马也被众人崇拜不已。在远征埃及的战事中，他被尊崇为法老和神明的化身，成为埃及传统上的双冠王，人们甚至还称颂他为"安蒙的儿子"。

他自己说过："山不走到我这里来，我就到它那里去。""把世界当作自己的故乡。""把财富分给别人，把希望留给自己，她将带给我无穷无尽的财富。"

什么是十字军远征

十字军远征是在1096年到1291年发

十字军远征

生的一系列宗教性军事行动的总称，是由西欧基督教国家对地中海东岸的国家发动的战争。以教皇为首的教会上层僧侣是十字军东征的思想鼓动者和总的策划者。由于罗马天主教圣城耶路撒冷落入伊斯兰教徒手中，十字军东征大多数是针对伊斯兰教国家的，主要的目的是从伊斯兰教手中夺回耶路撒冷。东征期间，十字军参战者服装均饰以红十字为标志，统称为"十字军"。

十字军东征持续了将近二百年。十字军东征一般被认为是天主教的暴行。尽管如此，十字军东征使西欧直接接触到了当

11

西方文明千问

时更为先进的拜占庭文明和伊斯兰文明。它的影响是使西方对东方民族的军事学术发生了兴趣，其结果是学会了制造燃烧剂，后来又发明了火药与火器。同时，他们还从阿拉伯人那里学会了使用指南针，从而大大改善了航海的条件。

为什么称中世纪为"黑暗时代"

中世纪是指公元约395—1500年的这段时间。而"中世纪黑暗时代"这个词，是由十四世纪意大利文艺复兴人文主义学者彼特拉克所发明的。当时文艺复兴时期的思想家认为，欧洲的早期是光辉的希腊、罗马古典时代，而中世纪天主教会对知识的垄断，使得整个中古时代没能创造出如希腊罗马一样的古典文化。所以，把这段古典文化上发展的停滞时期称为"黑暗的时期"。

这段时期，希腊和罗马的典籍遗失或被毁；科学、哲学或文学进展甚少，甚至毫无进展；统一的罗马律法崩溃了，取而代之的是各种地方风俗。

蚕丝之战是怎么回事

东罗马帝国（又称拜占庭帝国）在查士丁尼在位的时候，为了巩固自己的统治，招募了大批雇佣军。可是维持庞大的军队需要大笔的费用。在当时，最有利可图的就是蚕丝贸易。当时，经"丝绸之路"运到欧洲市场的蚕丝和丝绸是由波斯商人贩来的，他们从中获得了极大的好处。公元564年，查士丁尼发动了对波斯的战争。在大臣的极力劝阻之下，查士丁尼和波斯议和。波斯的条件十分苛刻：要求东罗马帝国放弃从波斯进口货物的限制，并且每年要补贴波斯777万金磅。查士丁尼只能同意这个严苛的条件。同时，查士丁尼派人去中国学习养蚕缫丝的技术。公元112年，僧侣学成归来，并且带回许多蚕卵。从那以后，东罗马人学会了养蚕缫丝，打破了波斯人的贸易垄断。

圆桌会议因何得名

"圆桌会议"是一个与会者围圆桌而坐的会议，是指一种平等、对话的协商会议形式。在国际会议的实践中，席位不分上下尊卑，可避免其他排座方式出现一些代表席位居前、居中，另一些代表居后、居侧的矛盾，更好体现平等原则和协商精神。据说圆桌会议最早的形式来源于亚瑟王。公元5世纪时，英国的亚瑟王为了避免因骑士席位上下而引起的纠纷，采用了圆桌会议的形式。第一次世界大战后，国际会议便多采用圆桌会议的形式，一直沿用至今。

农奴制是什么时候形成的

农奴制起源于古罗马共和时期，这时候的农奴有一定的人身自由，有自己独立的经济，但是他本质上是依附于主人的。典型的农奴制产生于中世纪的欧洲，它是在罗马奴隶制的废墟上建立起来的。大约在10世纪，西欧农奴制基本形成。14世纪，随着政治和经济实力的增强，外来骚扰减少，封建经济出现较快的发展。到了15世纪，出现小封地占有者阶层，称为地主贵族或小贵族。地主贵族为了从封地上榨取最大收入，必须有足够的劳动人手，因此都竭力把农民固着在土地上。到了近代，沙皇们多次制定法令，限制农民的迁徙，标志着农奴制的形成。直到19世纪，俄国和印度仍保持着农奴制。

为什么日耳曼人要大迁徙

日耳曼人大迁徙是指376—568年，因为散居匈奴人对日耳曼人领地的入侵，使得日耳曼人大规模地向罗马帝国境内迁徙，形成了一场日耳曼民族大迁徙运动。

民族大迁徙的原因是日耳曼人的原始公社制解体，部落显贵、军事首领及亲兵渴望向外掠夺新的土地和财富；人口自然增长对生产力形成压力，为了发展畜牧经济，一般日耳曼人不得不向外地迁徙。罗马奴隶制的危机和帝国的衰落，无力抵御外族入侵，因而使"蛮族"的武装迁徙深入帝国腹地，直接推动民族大迁徙的导火线是375年匈奴人对日耳曼民族的一支东哥特人的侵袭。民族大迁徙的结果导致了罗马古典奴隶制的灭亡和西欧封建社会的开始。

什么是《凡尔登条约》

《凡尔登条约》是分割查理曼帝国的条约。公元814年，查理大帝去世，法兰克帝国也随之分崩离析。公元843年，查理大帝的三个孙子订立《凡尔登条约》，分全国为三部分。这一条约预示了近代西欧国家的形成。其中查理大帝的长孙洛塔尔承袭皇帝称号，为中法兰克国王。而他的弟弟路易，被称为日耳曼人路易，为东法兰克国王。另一个弟弟秃头查理则为西法兰克国王。

这三块领土基本上是后来意大利、德国和法国三国的雏形。后来，只有西部的"法兰西"继续使用法兰克这个名字，而东法兰克帝国则演变为神圣罗马帝国，继续维持着罗马皇帝的传统。

什么是诺曼底征服

诺曼底征服是指1066年法国诺曼底公爵威廉对英格兰的入侵和征服。11世纪中叶法国诺曼底公爵威廉同英国大封建主哈罗德为争夺英国王位进而征服英国的一场战争。这场战争既是诺曼人对外扩张的继续，又是西欧同英国之间的又一次社会大融合。这场战争以威廉的胜利而告终。

诺曼底征服对英国历史的发展产生了深远的影响。首先是封建制度在英国确立。威廉一世之后，开始了世袭的君主制。在文化方面，英语中开始夹杂大量法语词汇，多为政治、法律、宗教、食品方面的词语。

英国著名的政治活动家和思想家、空想社会主义者是谁

托马斯·莫尔

西方文明千问

他是文艺复兴时期英国空想社会主义者、政治活动家和思想家。不过，他最为人们熟知的是在其名著《乌托邦》中提出了"空想社会主义"的概念。因为他献身于宗教，成为殉道士，所以被誉为英伦三岛有史以来最有德行的人。他就是托马斯·莫尔。

在莫尔生活的年代，英国君主是亨利八世。他要求英格兰所有的重要宗教和政治人物都宣誓承认，英格兰国王才是英国教会的真正首脑。作为一个虔诚的天主教徒和著名的国务家，莫尔拒绝了国王的宣誓命令。为此，莫尔在伦敦塔被单独监禁了整整一年，然后伪证宣布莫尔犯有叛国罪，处死了莫尔。

第一个全面阐述宪政民主思想的人是谁

第一个全面阐述宪政民主思想的人是17世纪英国哲学家、经验主义的开创人，同时也是第一个全面阐述宪政民主思想的人，他就是约翰·洛克。

约翰·洛克出生于清教徒的家庭。作为一个伟大的哲学家，他的宪政民主思想对后世影响非常大。他是第一个倡导权力分配的人，他把政治权力分为立法权、执行权和外交权三种。这种权力分配理论被后来的法国哲学家孟德斯鸠所发展，并对美国的三权分立的政权体制产生了深刻的影响。他的宪政民主思想，成为美国总统杰斐逊在起草《独立宣言》时的思想来源。

"三权分立"概念是谁提出的

"三权分立"也被称为"三权分治"，是西方资本主义国家的基本政治制度的建制原则。三权分立原则的起源可追溯至亚里士多德时代。17世纪，英国著名思想家洛克《政府论》的发表，表明现代意义上的分权理论初步形成。18世纪，法国启蒙思想家孟德斯鸠在洛克分权理论的基础上提出了三权分立的具体概念。

三权分立的核心是立法权、行政权和司法权相互独立、互相制衡。三权分立具体到做法上，即为行政、司法、立法三大权力分属三个地位相等的不同政府机构，由三者互相制衡。是当前世界上资本主义民主国家广泛采用的一种民主政治思想。

什么是"玫瑰战争"

1337—1453年间，英国和法国断续进行了长达百年的战争。这场战争是两国的支持者为了英格兰王位而断续的内战。因为这次战争以蔷薇为标志，所以也称为"蔷薇战争"。蔷薇又名玫瑰，被叫做"玫瑰战争"。"玫瑰战争"一名在当时并未被使用，是16世纪在莎士比亚的历史剧《亨利六世》中以两朵玫瑰被拔，标志战争的开始后才成为普遍用语。红白玫瑰代表了两个皇族所选的家徽，即兰开斯特的红玫瑰和约克的白玫瑰。

这场战争最后以亨利七世与伊丽莎白通婚收场，作为纪念，英格兰以玫瑰为国花，并把皇室徽章改为红白玫瑰。

英国君主立宪制是怎么形成的

17世纪，查理一世为了加强王权采取的措施不仅招致了广大民众的普遍不满，更使国王同议会中的资产阶级新贵族的矛盾迅速激化，从而导致了革命的爆发。这场战争的开始源于1640年查理一世为筹集军费，召开议会。1642年，查理一世宣布讨伐议会，挑起内战。1649年，议会军在克伦威尔的领导下取得胜利，查理一世被送上断头台。几经反复封建的斯图亚特王朝多次复辟。直到1688年的"光荣革命"，标志着英国资产阶级革命完成。1689年，英国通过了《权利法案》，建立了由议会制约王权的政体，被称为君主立宪制。

绰号"矮子"的法兰克国王是谁

他是查理曼大帝的父亲、加洛林王朝的创建者。他就是丕平三世。作为法国加洛林王朝的开国者，他的贡献不仅仅是为查理曼大帝称霸西欧打下基础，丕平的另一个贡献就是创建了教皇国。754年，丕平进军意大利，强迫伦巴底国王将其新占领的土地交给罗马教皇。756年丕平打败并俘虏了伦巴底国王。自此，从拉文纳到罗马的大片领土便划为教皇辖区，形成了一个"教皇国"。历史上称为"丕平献土"。从此教皇拥有领土，奠定了教皇国的基础。

波旁王朝是什么时候建立的

波旁家族是在西欧若干国家和地区建立的王朝。而波旁王朝是波旁家族在法国建立的王朝，而它的支系在西班牙、那不勒斯、西西里和帕尔马也曾建立王朝。波旁家族的世系可上溯至公元10世纪，因最初的封地为波旁拉尔尚博和波旁而得名。

17和18世纪之交，波旁封建专制王权逐渐由盛而衰。1848年波旁王朝在法国的统治最终结束。波旁王朝在意大利和西班牙的统治分别于1860、1931年告终。

法国大革命爆发于什么时候

法国大革命爆发于1789年。引起法国大革命爆发的原因有以下几点：

第一，路易十六执政时期，政府陷于贪污舞弊的境地。法国政府面临财政问题，路易十六曾向教会和贵族征税解决经济问题，但遭到拒绝。他的行为加深了人民对政府的不满。第二，法国等级划分，将神职人员和贵族分为第一和第二等级，农民和中产阶级为第三等级。而第一和第二等级在政治和经济上享有特权，不用纳税，第三等级需要缴纳大量税款。第三，18世纪中期的启蒙运动思想也是导致法国大革命爆发的重要原因。

从巴黎人民在1789年攻占巴士底狱到热月政变法国大革命经历了5年的历程，结束了法国1000多年的封建制度。同时，法国大革命也是世界近代史上规模最大的资产阶级革命。

巴士底狱始建于什么时候

在法国巴黎市区的东部，有一个巴士底广场。两个多世纪之前，巴士底狱曾耸立于此。

巴士底狱始建于1382年，是根据法国国王查理五世的命令，按照12世纪著名的军事城堡的样式建造起来的。它原来是一座防御外来侵略的军事要塞，由8个巨大的塔楼组成，塔楼之间由高24米，宽3米的城墙相连，城墙上筑有枪眼，配置重炮；四周环绕一道宽26米，深8米的壕沟，只有吊桥与外面连接，被视为一座固若金汤的城堡。

从16世纪起，这座城防工事被改造成

西方文明千问

攻占巴士底狱

国家监狱，从此之后，巴士底狱便成了残酷镇压与监禁自由的代名词。1789年，巴士底狱被夷为平地，改建为巴士底广场，建有纪念碑。

法兰西共和国什么时候成立

法兰西第一共和国是法国大革命期间建立的法国历史上第一个资产阶级共和国。1789年法国爆发大革命，废除君主制，并于1792年9月22日，正式宣告成立法兰西共和国（史称"法兰西第一共和国"）。1804年5月为拿破仑建立的"法兰西第一帝国"所代替。1848年2月爆发革命，建立第二共和国。1851年路易·波拿巴总统发动政变，翌年12月建立第二帝国。1870年在普法战争中战败后，于1871年9月成立第三共和国。1940年6月第三共和国覆灭。1946年通过宪法，成立第四共和国。1958年9月通过新宪法，第五共和国成立，同年12月戴高乐当选总统。现法国的全称也为法兰西第五共和国。

《人权宣言》是什么时候颁布的

《人权宣言》是在法国大革命时期颁布的纲领性文件，时间为1789年8月26日。《人权宣言》后来被用作1791年宪法的前言。《人权宣言》全文共17条，以美国的《独立宣言》为蓝本。它明确宣布了私有财产神圣不可侵犯；自由、平等、财产和安全是天赋的神圣不可侵犯的人权等等。

可以说法国的《人权宣言》是西方国家人权宣言的集中代表，反映了整个西方世界人权观念演化的历程。

什么是雅各宾派

雅各宾派是法国大革命时期重要的政治派别，是指参加雅各宾俱乐部的资产阶级激进派政治团体，成员大多数是小业主。它的正式名称为宪法之友社，前身是三级会议期间的布列塔尼俱乐部，1789年10月迁到巴黎后在雅各宾修道院集会，故名雅各宾派。

雅各宾派的主要领导人有罗伯斯庇尔、丹东、马拉、圣茹斯特等。1793年6月2日，雅各宾派推翻吉伦特派统治，实行专政。1794年7月27日的热月政变结束了雅各宾派政权。

被敌人称为是"一个不可腐蚀的人"是谁

他是法国革命家，是法国资产阶级革命时期雅各宾派领袖、革命家。1789年，第三等级选举他为代表出席三级会议。他在国民议会中发言500余次，提出不少民

第二章 政治与军事

主措施。而且，他还参与领导了对路易十六的审判。

1793年5月31日他领导法国人民起义，推翻吉伦特派统治，建立雅各宾派专政。执政期间，力图实现卢梭的人民主权和资产阶级民主共和国的政治理想。他曾采取一系列政治、经济、军事、文化和宗教措施，推广教育，提倡宗教自由，废除法国殖民地的奴隶制等。1794年，热月政变爆发，他被斩首，雅各宾专政结束。他就是罗伯斯庇尔。

谁被称为"科西嘉怪物"

因为拿破仑出生在科西嘉岛，所以他的反对派称他为"科西嘉怪物"。

他是法兰西第一帝国及百日王朝的皇帝、军事家、政治家、数学家、瑞士联邦仲裁者。在位前期他是法国人民的骄傲，所以被人们称为"奇迹创造者"。

拿破仑生于科西嘉岛一个破落贵族家庭。1795年10月，拿破仑任法军统帅，镇压王党军叛乱。1804年拿破仑称帝，建立法兰西第一帝国。1814年反法联军攻陷巴黎，被流放于厄尔巴岛。1815年重返巴黎，建立百日王朝。滑铁卢战役失败后被流放于圣赫勒拿岛。1821年病死于该岛。

在向埃及的远征中，拿破仑说过一句爱护学者的名言：让驴子和学者走在队伍中间。

滑铁卢战役中拿破仑为什么会失败

滑铁卢战役于1815年6月18日，由法军对英普军在比利时小镇滑铁卢决战。这是战争史上的著名战役，也是拿破仑一世的最后一战。后世用"滑铁卢"一词形容失败。

1815年拿破仑复出，收罗旧部一路兵不血刃地重新上台，各国重新组成反法同盟，在滑铁卢决战。当时法军由内伊元帅指挥，对抗惠灵顿将军指挥的英军，当时法军格鲁希元帅率领法军追击普鲁士军队至战场附近，但是他拒绝参谋提出的向炮声方向进军的提议，坚持执行皇上的追击命令，贻误战机，法军战败。战败后，拿破仑被流放科西嘉。

滑铁卢战场上留下了2.7万具法军和2.2万具联军士兵的尸体。法国与反法联盟签定了《维也纳和约》多年来对外扩张所获得的领土全部丧失领土范围被限制在革命前的本土范围内同时丧失了欧洲霸主的地位。

什么是"爱尔兰大饥荒"

爱尔兰大饥荒是一场发生于1845—1852年间的饥荒。1801年，爱尔兰被强占成为英国的一部分。随着欧洲农业革命和马铃薯的引入，爱尔兰人口也迅速增长，达到830万。但是，爱尔兰人却是欧洲最贫困的居民。1845年，一种卵菌造成马铃薯腐烂，使马铃薯受灾。马铃薯是当时的爱尔兰人的主要粮食来源，加上许多社会与经济因素，使得广泛的欠收严重地打击了贫苦农民的生计。在这7年的时间内，爱尔兰人口锐减了将近1/4，有100万爱尔兰人死于饥荒。这次饥荒激起了爱尔兰人的民族意识，于是，爱尔兰人在1922年建立了自己的国家。

《共产党宣言》的发表有什么重大的意义

《共产党宣言》又译《共产主义宣

言》，是1847年12月马克思和恩格斯受委托为国际共运史上第一个工人阶级政党——共产主义者同盟起草纲领。《共产党宣言》是国际共产主义运动第一个纲领性文献，并对全世界的无产阶级革命运动起了巨大的推动作用。

1848年1月，马克思和恩格斯在比利时首都布鲁塞尔完成了《共产党宣言》的著述。2月18—19日，《宣言》在英国伦敦瓦伦街19号哈里逊印刷所出版。1850年11月9日，《共产党宣言》第一个英译本开始在伦敦宪章派的《红色共和党人》的刊物上发表。这本23页的装帧简陋的德文小册子，印数仅几百册，但它却标志着马克思主义的正式诞生。随后，《共产党宣言》被翻译成俄文、西班牙文、意大利文等欧洲多种文字，并有了数种不同的版本。到现在为止，《共产党宣言》已被翻译成200多种文字，出版过1000次以上，成为全球公认的"使用最广的社会政治文献"。

什么是第一国际

第一国际的正式名称叫"国际工人协会"，第二国际成立后，简称"第一国际"。它的任务是在国际范围内组织各国工人阶级的力量，在工人运动的各种不同表现形式之间建立联系并把它们联合起来，保卫工人阶级的利益，为工人阶级的解放而斗争。

第一国际是在19世纪50年代末、60年代初欧洲工人运动和民主运动重新高涨的形势下产生的。它是国际工人运动和马克思主义相结合的产物。1864年建立的国际工人联合组织，马克思是创始人之一和实际上的领袖。第一国际的历史贯穿着马克思主义与各种机会主义的斗争。第一国际成立后先后进行了反对蒲鲁东主义、反对工联主义、反对巴枯宁主义的斗争。在它存在期间，传播了科学社会主义，促进了工人运动的发展，加强了无产阶级的国际团结。1876年7月15日，第一国际宣布解散。

什么是第二国际

第二国际于1889年7月14日成立，这一天也是攻占巴士底狱100周年纪念日。第二国际名称起自20世纪初，是相对于第一国际的。同时，也称第二国际为"社会主义国际"、"社会党国际"。1889年7月14日在巴黎开第一次大会，通过《劳工法案》及《五一节案》，决定以同盟罢工为工人斗争的武器。有22个国家393名代表出席，宣告第二国际诞生。第二国际是一个松散的联盟，成立11年之后，才设立执行机构即国际社会党执行局，总部设于布鲁塞尔。

第二国际的成立

第二国际存在的25年间，一共召开了9次代表大会。以1900年为界，分为前期和后期。前期先后召开4次代表大会，通过了关于工资工时和劳动保护、反对战争和军国主义、反对殖民主义等等问题的决议。后期召开过5次代表大会。通过了关于党的统一、反对殖民政策、反对军国主义、反对帝国主义战争等等决议。

什么是第三国际

第三国际于1919年在莫斯科成立。本名是共产国际，以别于第二国际的"工人国际"。刊物是《共产国际》和《国际新闻通讯》。它的任务是宣传马克思主义，团结世界各国工人阶级和广大劳动人民，为推翻资产阶级的统治，建立无产阶级专政，消灭剥削制度而斗争。第三国际在捍卫马克思主义，推动国际工人运动和亚非拉民族解放运动，反对法西斯主义和帝国主义战争等等方面作出了重要贡献。

第三国际在其存在的24年中共召开过7次代表大会、领导过65个共产主义政党和组织。第二次世界大战爆发后，为了有效地组织反法西斯的斗争，经各国共产党同意，共产国际于1943年6月宣告解散。

为什么会爆发印度民族大起义

印度民族大起义一般指1857—1858年发生在北部和中部印度的反对英国统治的民族起义。这场起义是由印度封建主领导的、以印度雇佣兵为骨干的反抗英国殖民统治和争取民族独立的起义也称印度雇佣军兵变。19世纪上半期，印度完全沦为英国的殖民地。英国极力把印度变成商品销售市场和原料产地，激起农民和手工业者的极大仇恨。虽然这场起义以失败告终，但是这场起义终结了英国通过东印度公司管理印度的体制，使得

第二章 政治与军事

印度置于英国直接统治之下，故此常被视为印度的第一次独立战争。

历史上被称为"铁血首相"的是谁

俾斯麦生于1815年，普鲁士宰相兼外交大臣，是德国近代史上杰出的政治家和外交家，被称为"铁血首相"，也被称为"德国的建筑师"、"德国的领航员"。

1862年任普鲁士首相兼外交大臣，极力推行"铁血政策"，主张通过战争，由普鲁士统一德国。他相继发动了对丹麦、奥地利和法国的战争，逐步实现了德国统一。1871年俾斯麦出任新成立后的德意志帝国宰相，并受封为公爵。1898年去世。

他通过立法建立了世界上最早的工人养老金、健康和医疗保险制度和社会保险。对内加强普鲁士和帝国政府的权力；对外采取现实主义态度，争霸欧洲，并向海外积极扩张。

普法战争是怎么回事

普法战争是俾斯麦为统一德意志发动的第三次王朝战争。普法战争的导火线是所谓"埃姆斯电报"，它是俾斯麦施展权术的一个杰作。1870年7月19日，法国对普鲁士正式宣战。战争以法国军队的进攻为开始，但在普鲁士军队的反击下，战场很快就转移到法国境内。拿破仑三世曾吹嘘，这场战争只不过是一次"到柏林的军事散步"。可是，在战场上，法军处处被动。装备精良的普军很快攻入法国境内。9月1日。两军在色当会战，法军惨败，法兰西第二帝国垮台。普鲁士最终完成了德国的统一。普法战争以普鲁士的胜利而宣告结束。1870年年底，德意志西南部的4个邦国即达姆施塔特、巴登、符腾堡和

19

西方文明千问

巴伐利亚加入"北德意志联邦",德意志终于实现统一。

世界历史上第一个无产阶级政权是哪个

巴黎公社是法国大革命中无产阶级建立的工人革命政府,也是世界历史上第一个无产阶级专政的政权。导致巴黎公社起义的直接原因是法国在普法战争中的惨败。于是,在1871年3月18日成立了巴黎公社,失败于1871年5月28日,历时72天。

公社打破旧的国家机器,废除旧军队;新建立由工人阶级领导的国家机构,没收逃亡资本家的工厂,由工人团体管理,严禁克扣工人工资。公社还规定工作人员薪水最高不得超过工人最高工资,不受群众信任的工作人员可以随时撤换。公社成立后,在政治、军事和社会经济等方面,发挥了作用。5月21巴黎公社被扼杀在血泊中。

巴黎公社虽然失败了,但它是无产阶级推翻资产阶级统治,建立无产阶级专政的第一次尝试,它充分体现了无产阶级的革命首创精神和彻底的革命精神、爱国主义精神。

什么是波士顿倾茶事件

波士顿倾茶事件又称波士顿茶党事件,是一起发生在1773年北美殖民地波士顿人民反对英国东印度公司垄断茶叶贸易的事件。这是一场由波士顿居民对抗英国国会的政治示威。

1773年,英国政府为倾销东印度公司的积存茶叶,通过《救济东印度公司条例》。该条例给予东印度公司在北美殖民地销售积压茶叶的专利权,免缴高额的进口关税,只征收轻微的茶税。1773年12月16日,化装成印第安人的"波士顿茶叶党"成员秘密登上了东印度公司的茶叶货船,将茶叶倾倒海中。这一事件最终成为北美殖民地人民起义反英的导火线。

莱克星敦枪声是怎么回事

1775年4月19日,在莱克星敦打响了美国独立战争的第一枪,是北美殖民地人民为反对英国殖民统治,争取民族独立而进行的民族解放战争。1223年3月18日清晨,一群英国士兵来到莱克星敦村,准备偷袭在莱克星敦和康科德的火药库。结果被负责侦察英军行动的民兵发现。当英军到达莱克星敦时,波士顿民兵给了英军迎头一击。这场战争一直持续了8年,到1783年结束,最终以英国在北美殖民统治的破产和北美殖民地的独立而告终。

后来,美国人民把莱克星顿当做美国自由独立的象征,赞誉它是"美国自由的摇篮"。美国人民还在莱克星顿镇中心区,树立了一座美国独立战争纪念碑,碑上刻着"坚守阵地。在敌人没有开枪射击以前,不要先开枪;但是,如果敌人硬要把战争强加在我们头上,那么,就让战争从这儿开始吧!"

华盛顿为何被美国人称为"国父"

乔治·华盛顿是美国第一任总统。1775年任大陆军总司令,1783年颁布命令宣告"美利坚合众国与大不列颠王国休战",华盛顿为自由和独立战斗了8年。1787年,华盛顿主持宪法会议,制定了世界上第一部资产阶级宪法。他在1789年当选为美国第一任总统。1792年，他再次当选美国总统，而且是以满票当选。连任两届总统后，他于1796年11月发表了《告别书》回到自己的山庄。1799年12月14日华盛顿在弗农山庄逝世。由于他在美国独立战争和建国中扮演了重要的角色，华盛顿通常被称为美国"国父"。

美国《独立宣言》是哪一年发表的

美国独立战争爆发后，争取民族独立成为北美人民的首要任务。于是在1776年7月4日，第二届大陆会议通过了由杰斐逊等人起草的《独立宣言》，并由大陆会议主席约翰·汉考克签字生效。因此，确定每年7月4日为美国独立日，以此纪念《独立宣言》。

《独立宣言》正式向全世界宣告美国脱离英国而独立，第一次以国家的名义宣布人民的权利为神圣不可侵犯的。它比法国的《人权宣言》早13年，由于它是最单的阐明了天赋人权的政治纲领，因此马克思称它是"第一个人权宣言"。

美国独立战争有怎样的意义

美国独立战争是指1775—1783年，英属北美13个殖民地反抗英国殖民统治、争取民族独立的革命战争。也称北美独立战争或美国革命。

18世纪中叶，随着北美殖民地资本主义经济的发展和美利坚民族意识的增强，英国与北美殖民地之间的矛盾日益激化。尤其是七年战争后，英国为弥补战争损失，加重对殖民地人民的盘剥与压迫，从而使殖民地抗英斗争从经济、政治斗争发展到武装斗争。1775年莱克星敦之战拉开独立战争序幕，1783年英军在法国签订《巴黎条约》投降，标志着美国独立战争结束。美国独立战争是世界史上第一次大规模的殖民地争取民族独立的战争，开创了美国历史的新纪元。但是美国独立战争没有解决土地问题，也没有解决奴隶制问题，使得独立后的美国南北方朝着两种不同的经济道路发展，最终导致美国内战的爆发。

为什么美国的绰号是"山姆大叔"

1812年美国独立战争时期，纽约州的洛伊城有一位肉类包装商，名叫塞缪尔·威尔逊。因为他在当地很有威信，所以人们叫他"山姆大叔"。在独立战争期间，他的工厂与政府签了一份为军队生产桶装牛肉的合同，美国政府每当收到他交来的经其亲自检验合格的牛肉，就将肉装入特制的木桶，并在桶上盖上"US"的记号。由于他名字的首字母是US，而美国的缩写也为"US"或"USA"，人们看到那些经过他之手的牛肉成为了美国的财产，很自然地把这两个"US"联系在一起。1961年，美国国会正式承认"山姆大叔"为美国的民族象征。从此，山姆大叔被用来代指"美国"或"美国政府"。

美国为什么会爆发南北战争

美国南北战争是指1861年4月—1865年4月，美国南方与北方之间进行的战争，又称美国内战，是美国历史上一场大规模的内战。

南北战争爆发的根本原因是奴隶制存废问题。美国南方在种植园经济的基础上发展着黑奴制，北方则发展了资本主义的雇佣制。到了19世纪中叶，这两种对立的社会制度之间的矛盾发展到了不可调和的地步。1860年南方叛军炮击联邦军驻守的萨姆特要塞，挑起国内战争。1865年以北方的胜利宣告结束，美国恢复统一。内战期间，双方战费消耗150亿美元。这场历时4年的战争，南北双方参战人数高达300万人，北军伤亡63万人，南军伤亡48万人。

美国内战废除了奴隶制度，为美国资本主义经济的起飞铺平了道路，使美国在最短的时间内繁荣起来，成为最大的资本主义国家。但是，内战并没有彻底消除种族歧视，黑人仍然受到不平等的待遇。

潜艇攻击成功的第一个战例是什么

世界上第一次用潜艇击伤击沉水面舰艇是1861—1865年美国南北战争时期。当时，南军造了一艘由蒸汽机驱动的半潜式铁甲舰"大卫"号，艇首设一长杆，杆端捆有炸药，以此来炸毁敌舰。1863年10月5日，"大卫"艇向北军的"克伦威尔"号铁甲舰出击，将该舰炸伤。次年，又建造了一艘可潜入水下、由8名艇员摇桨航行的"亨利"号潜艇。它长约12米，航速4节，主要武器是鱼雷。攻击时，潜艇潜入敌舰下面，装有90磅炸药的鱼雷拖在艇后约81米处，靠触及目标来摧毁之。1864年2月17日傍晚，"亨利"号潜艇用鱼雷击沉了北军的轻巡洋舰"休斯敦"号，自己因被吸入被炸的巡洋舰中也沉于海底。

美西战争发生于什么时候

美西战争是1898年，美国为夺取西班牙属地古巴、波多黎各和菲律宾而发动的战争，是一次帝国主义战争。1898年2月15日，停泊在古巴哈瓦那海面的美国军舰"缅因号"突然爆炸沉没，死伤300余人。这一事件也就成了美国发动战争的导火线。战争本身仅历时3个多月。这场战争被列宁称之为"世界历史新时代的主要历史标志"之一。1898年12月10日双方在巴黎签订了《美西和约》。根据和约，美国得到了它原来需要得到的所有要求，古巴成了它的保护国，菲律宾群岛、波多黎哥和关岛也都割让给了它。

"门户开放"政策是谁提出的

"门户开放"政策又称海约翰政策，是1899年美国国务卿海约翰提出的独立的对华政策。"门户开放"政策的基本内容是：（1）各国对他国在中国取得的任何势力范围、租借地内的通商口岸、投资事业，或任何既得利益，不得干涉。（2）运至各势力范围口岸的各国货物，均按中国现行关税税率，由中国政府征收。（3）各国对进入自己势力范围内的他国船舶，不得征收高于本国船舶的港口税，他国使用自己所修筑或经营控制的铁路运输货物时，不得征收高于本国商品的运费。

英、德、俄、日、意、法六个国家出于不同考虑，不同程度地接受了"门户开放"政策。"门户开放"政策以确认对中国的不平等条约为前提，表面上提倡"机会均等"，实际上是一项十足的帝国主义政策。所谓保持中国领土和行政的完整，实质上是保持一个完整的半封建半殖民地的中国，以适应美国扩张的需要。

美国为什么要进行"金元外交"

金元外交是指美国用经济扩张手段来控制拉美等地区的经济，使各国日益依附于美国。

1901—1908年，美国总统罗斯福执政时宣称"应付国际关系的正当办法在于嘴里说话温和，手里要提根大棒"，提出推行"大棒政策"。1909—1913年美国总统塔夫脱提出"用金元代替枪弹"，他们主张运用外交政策推动和保护美国银行家的海外投资，以此排挤和取代其他帝国主义国家。凭借强大的经济实力，美国在外交政策上推行金元外交，以达到其支配世界事务的目的。金元外交的重点首先是拉丁美洲，其次是东亚，再次为欧洲。其中，美日在亚洲的争夺构成了一战后世界的主要矛盾之一。二战后美元成为世界贵重价值的衡量一盎司金等于35.8美元，形成了以布雷顿森林体系和以美元为中心的资本主义世界货币体系。

什么是"三国同盟"

1881年法国从阿尔及利亚入侵突尼斯。意大利觊觎突尼斯，由于实力不足，无法单独对抗法国，于是投靠了德国和奥匈帝国。经过谈判，1882年5月20日，德国、奥匈帝国、意大利在维也纳签订了同盟条约。条约有效期5年，1887、1891、1902、1912年4次续订，并增补了一些义务条款。三国同盟由此形成。

三国同盟的形成标志着欧洲列强两大对峙军事集团的一方初告形成。第一次世界大战爆发后，意大利参加协约国，三国同盟瓦解。

什么是"三国协约"

"三国同盟"的建立促使俄法两国于1893年签订了《俄法协约》。协约规定：如果法国遭到意大利的进攻，或俄国遇到德国和奥匈攻击，对方应以全力支援。到19世纪90年代，在欧洲已初步形成了两大对立的军事集团。

为了对付主要敌人德国，英国于1904年与法国签订了《英法协约》。协约规定：法国承认英国在埃及的特权，英国承认法国在摩洛哥的特权。两国也调整了在纽芬兰海岸、尼日尔等地方的矛盾。在《俄法协约》和《英法协约》的基础上，1907年《英俄协约》的签订，标志着和三国同盟对抗的另一个帝国主义军事集团——英、法、俄三国协约的最后形成。

三国同盟和三国协约两大帝国主义军事集团形成以后，国际关系日益紧张，终于导致了1914年第一次世界大战的爆发。

什么是萨拉热窝事件

1914年6月28日，奥匈帝国的皇储迪斐南夫妇访问波斯尼亚的首府萨拉热窝。当斐迪南夫妇参加完欢迎仪式后，在驱车前往医院看望受伤随从的途中被塞尔维亚族青年普林西普枪杀。当时，奥匈帝国为了摧毁塞尔维亚，加紧进行对塞尔维亚的作战准备。而遇害的斐迪南就是积极主张对塞尔维亚发动战争的主要人物。奥匈帝国的野心得到了德国的支持。协约国方面，俄法表示支持塞尔维亚。英国则有两面性。德国认为只要英国暂时不卷入，德国就可能以闪击战迅速打败俄法。因此，德国竭力鼓励奥匈帝国把由萨拉热窝事件引发的奥塞冲突推向全面的欧洲大战。帝

西方文明千问

萨拉热窝事件

国主义国家矛盾空前激化，协约国和同盟国两大集团之间的战争一触即发。1914年7月奥匈帝国向塞尔维亚宣战。萨拉热窝事件成为第一次世界大战的直接原因和导火线。

什么是第一次世界大战

第一次世界大战，简称一战，是指1914年8月—1918年11月主要发生在欧洲但波及到全世界的一场世界大战。战争的导火索是1914年6月的萨拉热窝事件。当时世界上绝大多数国家都卷入了战争。战线主要分为东线（俄国对德奥作战），西线（英法比对德作战）和南线（又称巴尔干战线，塞尔维亚对奥匈帝国作战）。其中西线最惨烈，著名的战役有马恩河战役、凡尔登战役和索姆河战役。第一次世界大战历时4年多，最终以同盟国集团的德、奥匈等国战败而结束。

第一次大战的对敌双方主要是哪些国家

第一次世界大战主要是同盟国和协约国之间的战斗。同盟国是德国、意大利、奥匈帝国、土耳其和保加利亚，其中意大利在中途退出同盟国，加入协约国。

协约国最开始是英国、法国、沙皇俄国。随着战事的发展美国、中国也加入了协约国，以及后来退出同盟国加入协约国的意大利。其他的还有塞尔维亚、日本、罗马尼亚、比利时、荷兰、希腊、葡萄牙、巴西、加拿大、澳大利亚、南非、印度、危地马拉、海地、洪都拉斯、古巴、利比里亚、尼加拉瓜、巴拿马、波兰、葡萄牙、罗马尼亚、暹罗、捷克斯洛伐克等等。其中只有塞尔维亚是为了正义而进行战斗。

第一次世界大战的伤亡人数是多少

第一次世界大战最初在欧洲进行，随后很快超出欧洲范围。一共有30多个国家和地区，约15亿人口卷入战乱。第一次世界大战交战双方动员兵力共计7340余万人，直接参战部队2900多万人，协约国士兵的伤亡人数是5497600人，同盟国士兵的伤亡人数是3382500，死于战场的人数约为1000多万人，受伤的约2000万人，受战祸波及的人口在13亿以上，约占当时世界总人口的75%，战争造成的经济损失达2700亿美元。这场战争造成了巨大的经济损失，带给人类空前的灾难。

什么是马恩河战役

马恩河战役是第一次世界大战西部战线的一次战役，是协约国军队同德军于1914年和1918年在法国马恩河地区进行的会战。第一次马恩河战役发生在1914年。最终英法联军合力打败了德军。双方共投

24

第二章　政治与军事

入超过两百万名士兵，英法联军有大约263000名军人伤亡，而德军有250000名士兵伤亡。1918年7月，马恩河爆发第二次马恩河战役，也称雷姆斯战役。这是第一次世界大战中西线德军发动的最后一次大规模攻击的战役。最终，法国军队领导的协约国军队战胜了德军。

什么是凡尔登会战

凡尔登战役是第一次世界大战中破坏性最大、时间最长、规模最大的一次战役。同时，这场战役也是典型的阵地战、消耗战。这场战役从1916年2月21日延续到12月19日。德国和法国共投入100多个师的兵力，军队死亡超过25万人，50多万人受伤。法军投入了陆军全部70个师中的66个师。经过10个月的厮杀，法军阵亡、负伤、被俘和失踪的人数达46万人，伤亡人数仅次于索姆河战役，被称为"凡尔登绞肉机"。

这场会战达到了德国的目的，那就是吸引法军的绝大部分力量，但德军也付出了巨大的代价，士兵伤亡损失惨重，德军的士气也从此大为低落，战斗力日益下降。凡尔登战役中，双方竞相使用新式武器，德军为实施堑壕战，广泛采用了喷火器、毒气弹和超大口径火炮，法军则试验了轻机枪和400毫米超级重炮。炮兵在这次战役中成为主角，双方的军队相互发射了约4000万发炮弹，这在世界战争史上是极为罕见的。

什么是索姆河战役

索姆河战役是指从1916年6月24日开始至11月中旬结束的英法两军在法国北部

索姆河战役

索姆河地区对德军的阵地进攻战役。索姆河战役持续了4个月之久，它连同凡尔登战役，成为1916年西线乃至整个第一次世界大战中规模最大的战役之一。战争的结果是双方阵亡共30万人，是一战中最惨烈的阵地战，也是人类历史上第一次把坦克投入实战中的战役。

由于战术的教条和堑壕阵地防线在当时无法克服的缘故，这场战役最后成了消耗战役。索姆河战役结束后，英国和法国在西线损失达120万人，德国达到80万人。英军以投入55个师和法军投入32个师的力量，从德军手中夺回180平方公里的土地。由于英、法军在索姆河战役中牵制了德军力量，使德国发动的凡尔登战役以失败而告终，大大影响了德军的士气。

什么是日德兰海战

日德兰海战又称斯卡格拉克海战，是第一次世界大战期间规模最大的一次海战，是英德为争夺海上霸权而进行激烈角逐的一个重要组成部分。这次海战发生于1916年5月31日—6月1日。这场战争也是

25

交战双方唯一一次全面出动的舰队主力决战。这场海战以英国海军将德国海军封锁在德国港口，使得后者在战争后期几乎毫无作为，从而取得了战略上的胜利结束。自此，德国在第一次世界大战中不再以海军与协约国正面交锋，只能依靠潜艇，其后发展至无限制潜艇战。

巴黎和会举行的历史背景是什么

巴黎和会是指1919年1月18日—6月28日，第一次世界大战的战胜国（协约国）和战败国（同盟国）在巴黎凡尔赛宫召开的和平会议。这次会议一共有27国参加，1000多名代表。美国总统威尔逊、英国首相乔治、法国总理克列孟梭操纵了和会。巴黎和会表面上是战胜国对战败国实行制裁，维护和平，实际上它是英、法、美和日本等国借以从战败国中夺取领土、殖民地和瓜分赔款的分赃会议。英国得到了国际联盟所规定的委任统治制度下拥有1000万人口的领土，法国得到750万人口的地区，日本也得到了德国在太平洋上的属地，而美国的"门户开放"原则也得以通过，美国的商品与资本可以进入这些地区。这次会议不仅没有消除引发第一次世界大战的根本原因，反而加深了帝国主义之间的矛盾。

什么条约的签署，标志着第一次世界大战正式结束

《凡尔赛条约》又称《凡尔赛和约》，全称是《协约国和参战各国对德和约》。第一次世界大战后，1918年11月11日协约国与同盟国宣布停火，经过巴黎和会长达6个月的谈判后，于1919年6月28日在巴黎凡尔赛宫签署条约，1920年1月10日生效。这一条约的签署标志着第一次世界大战正式结束。

《凡尔赛条约》条约共分15部分，440条，主要目的是惩罚和削弱德国。和约内容主要包括：（1）阿尔萨斯和洛林交还法国，莱茵河东岸50千米内不得设防，承认波兰独立，部分领土划归波兰等国；（2）德国的海外殖民地交给战胜国进行"委任统治"；（3）废除德国的普遍义务兵役制；（4）德国应支付大量战争赔款。

战胜国还分别同德国的盟国奥地利、保加利亚、匈牙利、土耳其签订了和约，它们与《凡尔赛条约》构成了"凡尔赛体系"。这一体系的建立没有从根本上解决战胜国与战败国之间的矛盾，从而为第二次世界大战埋下了祸根。

为什么说第一次世界大战是人类史上的一次灾难

1914年8月—1918年11月，历时四年零三个月的第一次世界大战波及30多个国家，15亿人口被卷入，占当时世界总人口的2/3，死亡人数800多万人，受伤人数2000多万人。战争后的欧洲都笼罩死亡的阴影中。

第一次世界大战消耗了3321亿美元的物质资源，相当于过去100年所有战争开支的总和。战争中成千上万的难民流离失所。伴随着交战双方的攻守运动中接踵而来的焦土政策，使得成千上万的村落彻底毁灭。一战是在1918年结束了，不过一战带来的战争后遗症不是如此简单的就可以划上一个句号的。

协约国和同盟国在这场战争中都使用

了新式武器，飞机、坦克、远程大炮、毒气都首次在战场上使用。大战中所有参战国的直接战争费用达3000多亿美元。

俄国为什么会爆发十月革命

十月革命，又称"布尔什维克革命"、"俄国共产革命"、"十月社会主义革命"。十月革命是在列宁和托洛茨基领导下的，俄国共产党（布尔什维克）领导工人士兵发动武装起义，建立了苏维埃政权。它是俄国工农兵建立的人类第一个无产阶级专政国家的革命。

十月革命爆发前俄国存在各种矛盾，既包括阶级矛盾、民族矛盾，也包括俄国在第一次世界大战中连连战败而激化的各种社会矛盾。随着社会危机的加深，不仅下层群众要求改变现状，而且俄国的资产阶级也想通过推翻沙皇制度，发展资本主义。1917年3月爆发俄国"二月革命"，沙皇政府被推翻。1917年11月7日爆发俄国"十月革命"。这次革命推翻了俄罗斯克伦斯基领导的俄国临时政府，导致1918—1920年的俄国内战和1922年苏维埃社会主义共和国联盟成立。

国际联盟是什么时候成立

第一次世界大战后，美国凭借其经济实力和国际影响力，试图建立一种国际机构，为自己攫取更大的利益。1919年1月18日，巴黎和会召开以后，美国总统威尔逊坚持首先讨论建立国际联盟的问题。《国联盟约》经过26次修改之后，于1919年4月28日在巴黎和会上通过。1920年1月10日，巴黎和会宣布《凡尔赛条约》正式生效，国际联盟宣告成立。国际联盟的主要机构有大会、理事会、秘书处，并附设国际法庭、国际劳工局等，其中最主要机构是理事会。总部设在日内瓦。1937—1938年国联会员国最多时达58个。第二次世界大战结束后，1946年4月8—18日在第21届"国联"大会上，国联正式宣告解散，所有财产和档案均移交联合国。

为什么把独裁统治称为"法西斯"

"法西斯"这个名词最早出现在古罗马。它的拉丁文是"fasces"，原本是指一把被多根绑在一起的木棍围绕的斧头，捆在一起的木棍代表团结，而斧头代表最高权力。在古罗马的传统中，一个官员进入罗马城后，法西斯上的斧头必须摘下来，只有独裁者才允许带斧头进入罗马城。按古罗马历史学家的描述，古罗马国王就已经将法西斯作为他们权力的代表了。因此，在古罗马是权力和威信的标志。

第一次世界大战后，墨索里尼在意大利建立了"法西斯党"党派，进而夺取了国家政权。后来，德国、日本也推行法西斯主义，挑起了第二次世界大战。"法西斯"成为恐怖、独裁统治的代名词。因此，也将在独裁或专制的政权下，取得国家最高权力的"领导人"成为"法西斯"。众所周知的独裁者就是希特勒。

为什么希特勒要屠杀犹太人

第一是欧洲历史上的反犹传统。因为基督教与犹太教的宗教原因。在欧洲几乎所有国家都对犹太人实施过迫害。罗马教会视犹太人为麻风病人，犹太人出门必须佩戴特殊标记。法国在公元1182—1394年间，就发生过6次驱赶犹太人的事件。

第二是希特勒的极端想法。希特勒说："倘若使欧洲内外的国际犹太金融势力，能够使各国再陷入一场世界大战的话，那么其结果决不是全世界布尔什维克化和随之带来的犹太人的胜利，而是欧洲犹太民族的彻底消灭。"他认为德意志人——雅利安民族，是天生的应该统治世界的"优等民族"而"犹太人不是人，只是一种堕落的形象"。

第三是经济原因。很多犹太人都是在商业上成功的商人。战后德国经济十分困难。为了解决财政困难，发动和支持法西斯侵略战争，需要剥夺犹太人的财富，这就需要以屠杀犹太人的方式来解决。

巴尔干半岛为什么被称为"欧洲的火药桶"

首先，资源丰富。巴尔干半岛拥有丰富的石油储量，还有兼有欧洲缺乏的矿产等等重要资源。

其次，地理位置重要。巴尔干半岛处于交通要塞，连接亚、欧、非三大洲，濒临黑海、亚德里亚海，素有"欧洲十字路口"之称，拥有出海口。既控制着地中海和黑海的门户，也控制着通往印度洋的航路。

第三，民族关系复杂，宗教交错。在巴尔干地区，几乎所有的国家都居住着不同宗教和不同文化的少数民族。

20世纪以来，巴尔干前后发生了七次大的战争。1912—1913年塞尔维亚、黑山、希腊和保加利亚结盟，针对奥斯曼土耳其的战争；1913年塞尔维亚、黑山、希腊和罗马尼亚一起反对保加利亚的战争；第一次世界大战；1919—1923年的希腊和土耳其之间的战争；第二次世界大战；二战后的希腊内战和波黑战争。

罗曼诺夫王朝的历史是怎样的

罗曼诺夫王朝是1613—1917年统治俄罗斯的王朝，是俄国历史上最强盛的王朝。罗曼诺夫王朝统治俄国300多年，一共有16个沙皇，著名的彼得一世是罗曼诺夫王朝的第四位沙皇。

1613年1月，米哈伊尔·罗曼诺夫被推举为沙皇，开始了罗曼诺夫王朝在俄国的统治。18世纪初彼得一世在位时，俄国迅速强盛，建立俄罗斯帝国。后不断扩张领土，成为横跨欧亚两洲的强国。1917年末代沙皇尼古拉二世被迫退位，标志着罗曼诺夫王朝统治俄国历史的结束。

罗曼诺夫王朝统治期间，通过战争和其他手段，获取了2200多万平方公里的土地，在政治、经济、文化等等方面都有不同程度的发展，成为世界一流的强国。

为什么后世称沙皇彼得一世为"彼得大帝"

彼得一世生于1672年，卒于1725年，俄国罗曼诺夫王朝第四代沙皇。作为罗曼诺夫朝仅有的两位"大帝"之一。

在他统治期间，他主要从以下几方面进行了改革：

经济方面，鼓励工商业的发展，批准外国人在俄国开办工厂。派遣年轻的俄国人到东欧去学习。

政治方面，剥夺贵族领主杜马会议的职能，代之以参政院；颁布了"职能表"，分成14个等级，所有官员都要从最低一级做起；建立了第一支海军，实行义务征兵制，

第二章 政治与军事

彼得一世

创建了欧式新型军队。除了内政改革之外，彼得大帝还通过发动一系列的对外战争，使俄罗斯帝国的版图面积大大增加。

在科教文化方面，他于1701年成立数学与航海学校，1716年成立采矿学校；创办非宗教学校；引进儒略历；创办了第一家报纸。

由于他的革新，使俄国迅速发展成为东欧的强国。所以，后世尊称他为"彼得大帝"。

谁被誉为俄罗斯帝国的"大帝"

她14岁随母亲来到俄国，嫁给了俄国女皇伊丽莎白的侄子彼得，并皈依俄国东正教，成为王位的继承人。她在1762年率领近卫军发动政变即位。登上俄国女沙皇宝座的她，开始大刀阔斧进行革新。

内政方面，她扩大贵族特权，维护和发展农奴制度。此外，她还修改了地方行政制度、司法制度。她还与伏尔泰、狄德罗等启蒙思想家保持非常良好的关系。对外政策方面，她三次瓜分波兰，得到波兰46%以上的土地；取得了通往黑海的入海口；吞并克里米亚汗国。1789年法国资产阶级革命爆发后，积极参与欧洲君主国镇压法国革命，在俄国历史上开创了干涉欧洲革命的先例，使俄国成为欧洲宪兵。

在她统治时期，俄国的领土面积增至1705万平方公里，人口达到近3900万，使俄国成为地跨欧、亚、美三洲的超级大帝国。因为她显赫的功绩，被人们尊称为"大帝"。她曾说过："假如我能够活到200岁，全欧洲都将匍匐在我的脚下。"她就是叶卡捷琳娜二世。

什么是"布尔什维克"

1903年举行的俄国社会民主工党第二次代表大会期间，在制定党章时以列宁为首的马克思主义者同马尔托夫等人发生激烈争论。马尔托夫等机会主义者得少数票称"孟什维克"（俄文意为少数派）；拥护列宁的占多数，被称为"布尔什维克"（多数派）。从此俄国社会民主工党内出现了两个对立的政治派别。布尔什维克在列宁的领导下，进一步发展了马克思主义的无产阶级专政学说，进行争取民主革命和社会主义革命的斗争。布尔什维克的理论和策略被称为"布尔什维克主义"。1912年俄国社会民主工党布拉格代表会议上把孟什维克开除出党。布尔什维克成为新型的无产阶级政党。1918年3月根据列宁建议改名为"俄国共产党（布尔什维克）"，简称俄共（布）；1925年易名为"苏联共产党（布尔什维克）"，简称联共（布）；1952年在苏共第十九次代表大会上改名为苏联共产党，简称苏共。

"苏维埃"是什么意思

"苏维埃"是俄文的译音，意思是"代表会议"或"会议"。这一词起源于1905年俄国革命，是当时工人和士兵的直接民主形式，其代表可以随时选举并随时更换，暗含着巴黎公社式的政权形式。十月革命以后，苏维埃成为俄国新型的政权的标志，城市和乡村的最基本生产单位都有苏维埃，苏维埃在共产党的领导下，不仅可以立法，还可以直接派生行政机构。

苏维埃制度是苏联的政治基础，列宁称之为"革命政权的萌芽"。十月革命胜利的当天，《告俄国公民书》宣告："国家权力全部归苏维埃"。这样，苏维埃就成为一个新型的国家政权。

什么是绥靖主义

"绥靖主义"一词来自二战时期的"绥靖政策"绥靖政策也称姑息政策是指对侵略不加抵制，姑息纵容，退让屈服，以牺牲别国为代价，同侵略者勾结和妥协的政策。

第一次世界大战后，各国人民革命的兴起及社会主义国家的出现，引起帝国主义的恐惧和仇视。它们在争夺世界霸权的斗争中，既想削弱和击败竞争对手，又要反对社会主义，镇压人民革命。绥靖政策正是适应这一需要出现的。在不同的情况下，其内容、形式和手法有所不同。但目的都是为了维护和争夺世界霸权，反对社会主义和人民革命。

第二次世界大战前，这一政策最积极的推行者是英国、法国、美国等国。20世纪30年代前，绥靖政策主要表现为扶植战败的德国。

哪个国家是世界上最早发展航空母舰的国家

"百眼巨人"号

1913年，英国首先制造出了专门搭载飞机的航空母舰。1918年，英国发明了全通型甲板的航空母舰"百眼巨人"号。"百眼巨人"号，排水量14459吨，可载机20架，同年9月正式编入英国皇家海军。"百眼巨人"号是由客轮改装而成的，它的飞行甲板贯穿在一起，中间没有舰桥，从而使飞机起飞和降落的距离都大大延长，飞机的起降也更加安全和方便。这种飞行甲板沿用至今，被称为"通长"型。虽然"百眼巨人"号未参加过战争，但它是世界上第一艘真正意义上的现代航母，其诞生标志着世界海上力量发生了从制海到制空、制海相结合的一次革命性变化。

为什么会爆发第二次世界大战

第二次世界大战是第一次世界大战的

第二章　政治与军事

遗祸。1939年9月1日，德国出动58个师近150万人，2800辆坦克，2000多架飞机，向波兰发起突然袭击。9月3日，英、法被迫对德宣战，第二次世界大战全面爆发。

经济危机导致国家间争夺激烈是二战爆发的社会根源。一战后，德国、日本的工业发展突出，经济实力明显增长；英、法、美等国出现停滞局面。为了摆脱经济、政治和社会危机，德、意、日法西斯统治的国家走上了国民经济军事化的道路，在政治上也日益法西斯化，并逐渐形成美、英、法和德、意、日两大政治军事集团。

法西斯政权迅速崛起瓜分世界是二战爆发的直接原因。法西斯主义首先在德、意、日等独裁集权国家兴起，并建立了法西斯集权制政府。法西斯政权急于重新瓜分世界，于是推行国民经济军事化，妄图靠战争手段重新瓜分世界。由于军事经济的畸形发展，又引起军事膨胀型的经济和政治危机，只能依靠发动战争才能解决，于是触发了更为深层的经济政治危机。

第二次世界大战的对敌双方主要有哪些国家

第二次世界大战的对立双方有两个阵线：以德、日、意为代表的轴心国；以美、苏、英、中为代表的同盟国。

参加法西斯阵线的国家有：德国、意大利、日本、匈牙利、罗马尼亚、保加利亚、芬兰等7个国家，前三国是这一阵线的核心。

参加反法西斯阵线的国家有：美国、英国、苏联、中国、澳大利亚、加拿大、希腊、印度、荷兰等等47个国家。

丹麦、阿根廷、白俄罗斯、乌克兰因为是联和国的创始会员国，所以也成为反法西斯阵线的一员。此外，还有3个国家宣战，包括蒙古人民共和国、阿尔巴尼亚、暹罗（今泰国）。

第二次世界大战的伤亡人数是多少

第二次世界大战是历史上死伤人数最多的战争。从大西洋到太平洋，从欧洲到亚洲，先后有61个国家和地区、20亿(占当时世界人口的80%)以上的人口被卷入战争，作战区域面积2200万平方千米。大约有6000万人死亡（其中苏联为2700万死亡，中国约为1800万死亡），1.3亿人受伤，伤亡1.9亿人。交战双方动员兵力达1亿人。

在亚洲，中国战场担负着反对日本侵略者陆地侵略的任务。在太平洋，美国担负着反对日本侵略者海洋侵略的任务。在欧洲，苏德战场为对抗德国的主要战场，也是二战中最惨烈的战场。苏联在1941—1945年卫国战争期间，因战争伤亡6000万人，其中死亡2700万人，其中苏联红军牺牲866.84万人。

美国和英国是世界反法西斯同盟的核心成员。美国共有42万人在二战中死亡，英国共有40万人（包括军人和平民）在战争中死亡。法国有80万人（包括军人和平民）在战争中死亡。

什么是《慕尼黑协定》

《慕尼黑协定》全称是《关于捷克斯洛伐克割让苏台德领土给德国的协定》，是英、法两国为避免战争爆发，牺牲捷克斯洛伐克利益，将苏台德区割让给纳粹德国的协定。1937年9月29日—30日，英国、法国、纳粹德国、意大利四国首脑张伯伦、达拉第、希特勒、墨索里尼在慕尼

31

黑会议上签订的条约。《慕尼黑协定》包括8条正文、1个附件和3项声明。主要内容是：捷政府必须在10月1日起的10天内，把苏台德区和德意志人占多数的其他边境地区割让给德国；割让区内的军事设施、工矿企业、铁路及一切建筑，无偿交付给德国；成立由英、法、德、意、捷五国组成的"国际委员会"来确定其他地区的归属并最后划定国界，等等。

《慕尼黑协定》的签订标志着英法绥靖政策的顶峰。协定使捷克斯洛伐克丧失了1.1万平方英里的领土、360万居民和1/2以上的经济资源，丧失了捷作为边境地区安全屏障的防御要塞。

敦刻尔克大撤退发生在哪一年

敦刻尔克大撤退，代号为发电机计划，是第二次世界大战1940年5月26日—6月4日，英法联军防线在德国机械化部队快速攻势下崩溃之后，在位于法国东北部靠近比利时边境的港口城市——敦刻尔克进行的当时历史上最大规模的军事撤退行动。敦刻尔克大撤退，历时九天，实际上是5月26日、6月2日和3日共三个晚上，5月27日至6月1日共五个全天，共约33万人撤回英国，其中英军约21.5万人，法军约9万人，比利时军约3.3万人。在敦刻尔克的海滩上，英法联军共丢弃了1200门大炮、750门高射炮、500门反坦克炮、6.3万辆汽车、7.5万辆摩托车、700辆坦克、2.1万挺机枪、6400支反坦克枪以及50万吨军需物资。

在撤退中，英法联军有4万余人被俘，还有2.8万余人死伤。英国共动员了861艘各型船只投入撤退，有226艘英国船和17艘法国船被德军击沉。英国空军为了掩护撤退，总共出动2739架次战斗机进行空中掩护，平均每天出动300架次。

第二次世界大战中规模最大的空战是哪次战役

第二次世界大战中规模最大的空战是不列颠战役。作战时间是1940—1941年。不列颠战争在1941年10月12日以德国的失败告终。作战地点是英国本土及英吉利海峡上空。参战兵力为英、德双方空军的全部兵力。这次战役，英国共击落德国飞机1733架、击伤943架；英国空军损失飞机900余架，被炸伤居民14万余人，被毁房屋超过100万幢。不列颠之战是德军在第二次世界大战中首次遭遇失败的战役。德国不仅没有达到征服英国的战役目的，而且使英国成为日后欧洲抵抗运动和盟国反攻欧洲大陆的基地。

为什么斯大林格勒保卫战被称为第二次世界大战的转折点

斯大林格勒保卫战从1942年7月17日开始至1943年2月2日结束，历时6个半月。这次战役包括几部分：德军对苏联南部城市斯大林格勒的大规模轰炸行动；德军攻入市区；市区的巷战；苏联红军合围；最终全歼德军及轴心国盟军。

在持续200天的斯大林格勒战役中，总伤亡人数超过200万人，法西斯共损失150万人，3500辆坦克和强击火炮，1.2万门大炮和迫击炮，3000架飞机。在战役最后阶段，德军仍然对苏军造成了沉重的打击，同时，苏军也几乎消灭了德军的精锐之师第六军团的全部和第四装甲军团部

第二章 政治与军事

分。轴心国一方在这场战役中损失了其在东线战场的1/4的兵力。对苏联一方而言，这场战役的胜利标志着收复沦陷领土的开始，苏军从此转入战略进攻，并掌握了苏德战场上的主动权，并最终迎来了1945年5月对纳粹德国的最后胜利。斯大林格勒保卫战的胜利奠定了第二次世界大战胜利的基础，被称为世界反法西斯战争的一个转折点。

哪场会战被称为世界历史上最大的坦克战

被称为世界历史上上最大的坦克战是库尔斯克会战，时间是1943年7月5日—1943年8月23日。这场战役是第二次世界大战期间苏德战场的决定性战役之一。这场战役参战装甲部队坦克超过5000辆，空军部队参战飞机也超过了2000架。

聚集在库尔斯克的德军总兵力为90万人，另外还有2700辆坦克，1万门火炮和2000多架飞机。库尔斯克会战中，德军30个精锐师包括7个装甲、坦克师被击溃，其余的遭受重创。损失兵力50多万人，损失坦克约1500辆，损失火炮和迫击炮3000门，损失飞机3700架。

苏军在库尔斯克突出部地域则集结了130万人的兵力，2万多门火炮，3400辆坦克和2100余架飞机。苏军损失兵力80多万，损失坦克6064辆，损失火炮5244门，损失飞机1716架。但会战的胜利使苏军从此获得了战场的主动权。

哪次战役扭转了北非战争的格局

阿拉曼位于埃及北部，是第二次世界大战北非地区的主战场。1942年10月23日，在埃及阿拉曼地区，英国第八集团军在蒙哥马利指挥下对隆美尔统率的德、意联军"非洲军团"发起攻击，两军激战十二天，英军获胜，德、意军被迫退到突尼斯边境，史称阿拉曼战役。这次战役以英军胜利告终，扭转了北非战争的格局，成为法西斯军队在北非覆灭的开端。

这次战役结束了非洲军团的攻势，此场战役后轴心国于北非战场转入战略撤退运作。

为什么盟军要在诺曼底登陆

盟军计划在西欧登陆时，有两个比较适合的地点，一个是加莱地区，一个是诺曼底地区。其中诺曼底北临英吉利海峡，与英国遥遥相望，面积约3万平方公里，海岸线全长600公里。连绵数百里的海岸几乎都是悬崖峭壁，盟军的登陆地点选在比较平缓的5个滩头。这样的登陆地点可谓易守难攻，而且6月份风浪大作，也为登陆制造了困难。诺曼底地区气候是温带海洋气候，因为大西洋暖流的原因，在夏季涨潮，适合登陆作战，然后盟军施展战略欺骗，使得德军统帅部判断错误，不仅保障了登陆作战的突然性，还保证了战役顺利进行，对整个战役具有重大影响。

什么是波茨坦会议

1945年5月德国无条件投降。为了商讨对德国的处置问题和解决战后欧洲问题的安排，以及争取苏联尽早对日作战。1945年7月17日到8月2日，美、英、苏3国首脑杜鲁门、丘吉尔、斯大林在柏林近郊的波茨坦举行战时第3次会晤，史称"波茨坦会议"或"柏林会议"。

33

西方文明千问

波茨坦会议的主要内容有：①设立苏、美、英、中、法五国外长会议，进行关于缔结对德国等战败国和约的准备工作。②苏、美、英、法四国分区占领德国解除德国全部武装铲除可用作军事生产的德国工业，一切武器、军火及战争工具均由盟国处置或予以销毁；摧毁纳粹党及其附属机构，逮捕和审判纳粹战犯，禁止德国军国主义及纳粹主义复活，使德国沿着和平民主的道路发展。③规定德国的赔偿责任等等。

这次会议是三大国首脑在战争期间召开的最长的一次会议，也是最后一次会议。它对于夺取反法西斯战争的最后胜利具有重大意义，为建立战后新秩序打下了基础，对战后国际关系的发展产生了重大影响。

为什么美国要向广岛、长崎投原子弹

1945年美国政府想要尽快让日本投降，结束战争，也想以此抑制苏联，于是美国总统杜鲁门决定在日本的首都和长崎投掷原子弹但是因为东京的雾太浓，所以选择了广岛。1945年8月6日，美国在日本广岛上空投下了一枚小小的原子弹，使这个20多万人的城市转眼之间变成了废墟。三天以后，日本长崎也被美国的原子弹摧毁。据有关资料记载，广岛24.5万人中死伤、失踪超过20万人，长崎23万人中死伤、失踪近15万人，两个城市毁坏的程度达60%～80%。全市7.6万幢建筑物全被毁坏的有4.8万幢，严重毁坏的有2.2万幢。

什么是《蒙巴顿方案》

1947年6月3日，英国政府制定的《印度独立方案》由印度总督蒙巴顿将军公布，此方案又称《蒙巴顿方案》。第二次世界大战后，英帝国主义迫于印度民族解放运动的强大压力，提出"分而治之"的方案。

1947年7月，英国议会通过《印度独立法》，同年8月14日和15日巴基斯坦、印度先后宣布独立，成为英联邦内两个自治领。英国在印度长达190年的直接殖民统治至此结束。英国在印度的经济利益基本未受影响，而印度独立法规定的内容又在印度和巴基斯坦之间形成了一些争端，其中最严重的是克什米尔问题，为印巴日后的长期冲突埋下了伏笔。

谁被誉为英国的"战争之神"

他1887年11月17日出生在伦敦肯宁顿的一个牧师家中。1944年获元帅军衔。1908年毕业于桑赫斯特军事学院。他还参加了第一次世界大战。第二次世界大战初期任步兵第三师师长，参加了在法国、比利时的作战。1942年8月起，任英国驻北非第八集团军司令，此间，在阿拉曼战役中，他率领的第八集团军彻底击败了号称"沙漠之狐"的德国名将隆美尔所指挥的非洲军团，赢得了北非作战的决定性胜利。1944年1月被任命为盟军集团军群司令。该集团军群于1944年6月6日在诺曼底登陆，从8月起，在比利时、荷兰和德国北部作战。1951—1958年任北大西洋公约组织驻欧洲武装部队第一最高副司令。他曾获美国"胜利"勋章、美国"国旗"勋章和苏联的一级苏沃洛夫勋章等等。

他的著作有《通向领导的道路》、《战争史》、《蒙哥马利回忆录》等书。

他就是被当时的英国誉为"战争之神"的蒙哥马利，是英国首相丘吉尔手下

最为得力的一名干将。1976年3月24日，蒙哥马利于奥尔顿去世，终年89岁。

谁被称为"二战纵火犯"

在第二次世界大战中，他是个出色的战术家，有"魔鬼之师"、"沙漠之狐"的美誉，有人甚至称他为"二十世纪的汉尼拔"。但是因为他是希特勒的心腹爱将，是纳粹最得力的侵略工具，因此他又被称为"二战纵火犯"。他就是隆美尔。

隆美尔1891年出生于德国符腾堡邦首府海登海姆市。1917年在伊松索河前线并因在夺取蒙特山和隆格诺恩的突击行动而荣获德意志帝国最高荣誉——"蓝色马克斯"勋章。在第一次世界大战中获二级铁十字勋章、一级铁十字勋章和功勋奖章。1940年6月，他带领第七装甲师占领瑟堡，结束了进攻法国的战斗。战斗结束后荣获一枚骑士级铁十字勋章，被纳粹德国政府誉为"战神"，装甲七师也因在隆氏指挥下被敌方誉为"魔鬼之师"。1944年7月20日，暗杀希特勒的行动失败后，他被查出与希特勒暗杀事件有联系。1944年10月14日隆美尔在家中自尽。1944年10月18日，希特勒为他举行了国葬。

谁被誉为"西点之父"

他是美国军事指挥家，五星上将军衔。他是美国奖章获得最多的一位军官，也是唯一一个参加过第一次世界大战、第二次世界大战和朝鲜战争的美国将军。他就是麦克阿瑟。1893年，麦克阿瑟进入西德克萨斯军校。1899年进入西点军校。1903年，麦克阿瑟以西点军校第一名的成绩毕业，成绩是西点军校创办一百年来最好的，总平均成绩超过98分。第一次世界大战时任美军第四十二师参谋长，1919年被任命为美国西点军校校长，是美国陆军史上最年轻的西点军校校长。"一战"中升为准将，多次获得荣誉勋章。后来，回到西点军校成为校长。第二次世界大战时期历任美国远东军司令、西南太平洋战区盟军司令、战后出任驻日盟军最高司令和"联合国军"总司令等职。1952年6月25日，美国国会为了表彰他的功绩，破例通过一个决议，批准为他专门制造一枚金质特殊荣誉勋章，这面勋章上面镌刻着他的肖像和以下文字：澳大利亚的保卫者，菲律宾的解放者，日本的征服者，朝鲜的捍卫者。1964年4月5日逝世。

麦克阿瑟

谁被誉为"铁血将军"

他有"美国陆军第一剑客"的声誉，被誉为"美国第一勇士"。他还创建了美国第一支坦克部队。他就是美国陆军上将，第二次世界大战中著名的美国军事统帅巴顿。

他之所以被人们誉为"铁血将军"，是因为他强调军人的敬业精神和良好的军事素质。他的部队是美军中军容最整军纪最严的。他的部队是美军中伤亡最小的。他要求部队必须有铁一般的纪律，不能有一丝含糊的，他认为遵守纪律是一个军人的基本素质。他18岁时进入私立维吉尼亚军事学院，一年后又进入西点军校学习，毕业后被调往美国第一集团军任骑兵少尉。一战之后，巴顿组建了美国第一支坦克部队，他因此获得"美国第一坦克兵"的美誉。1942年率4万铁骑渡大西洋登陆北非。1943年与英国将军蒙哥马利联手取得阿拉曼战役胜利。1944年任第三军团司令，作为第二梯队参加诺曼底登陆，指挥装甲兵团横扫欧洲，直至奥地利，9个月间，歼敌140万，解放大小城镇1.3万座，且相对伤亡最小。第二次世界大战后擢升四星上将，任德国巴伐利亚州的军事长官兼15军团司令。1945年12月9日，巴顿在打猎途中遇车祸受伤，12月21日殁于海德堡。

为什么德国修建了"柏林墙"

柏林墙的正式名称叫"反法西斯防卫墙"，是第二次世界大战和东西方冷战关系的产物。

1945年纳粹德国投降。战败的德国根据《克里米亚声明》和《波茨坦协定》，约11.4万平方公里的德国领土分别割让给了苏联和波兰，其余的德国领土由美苏英法4国分区占领。随着东西方冷战的加剧，苏联占领区和西方占领区各自走上了不同的发展道路。1949年10月7日，苏占区的德国人民委员会宣布成立德意志民主共和国。至此，在德国土地上形成了两个德意志国家。

1961年8月13日，一道40公里长的铁丝网沿着苏联占领区限被下，用来封锁西柏林，后改为混凝土墙，建成举世瞩目的"柏林墙"。1964年柏林墙建成。1975年柏林墙竣工。柏林墙全长169.5公里，其中包括水泥板墙104.5公里、水泥墙10公里、铁丝网55公里。墙高约3.6米。沿墙修建了253个瞭望塔、136个碉堡、270个警犬桩、108公里长的防汽车和坦克的壕沟。柏林墙设有7个过境站。总共有5千人越过柏林墙逃出，至少255人在越境时死亡，其中的171人在试图越过市中心的混凝土墙时丧生。1990年6月13日，民德政府开始拆除全部柏林墙。1990年10月3日两德实现统一。

特种部队的由来是什么

世界上最早的特种部队是英国在极端困难情况下建立的。1940年5月，德军占领了荷兰和比利时，执行"曼施坦因计划"侵入法国，击败了英法联军。英国远征军和部分法军共30余万人，溃退到法国北部敦克尔克地区，于5月27日到6月4日通过英吉利海峡撤回英国。这就是历史上有名的"敦克尔克大撤退"。为了渡过战争危机，英国在重整旗鼓、加强正规军部队建设的同时，于1940年6月10日，由陆军参谋长的副官受命组建了一支专门执行特种任务的部队，称为"豹部队"，并命名为"哥曼德"。这是世界上最早的一支特种部队。此后，各国纷纷建立了各自的特种部队。

世界上第一艘核潜艇是什么时候诞生的

鹦鹉螺号是世界上第一艘核动力潜艇，也是美国海军的第一艘核动力舰艇，鹦鹉螺号的名字来源于凡尔纳经典科幻小说《海底两万里》描写的同名潜水船。

第二章　政治与军事

1948年5月1日，美国原子能委员会与海军共同宣布，决定建造原子能潜艇。1952年6月14日，第一艘核潜艇举行了龙骨安放典礼，第一艘核潜艇被命名为鹦鹉螺号（S.S.N—571），标志着核潜艇成功有望。1954年1月21日，柯罗顿市，第一艘核潜艇鹦鹉螺号下水。它重2800吨，耗资5500万美元。它长90米，潜水深度达150米，航速每小时20海里，最快可达25海里，比普通潜艇快1倍，可以连续航行50天，全航程3万公里不需要添加燃料。核潜艇的建成，为人类开创了一个崭新的核动力世纪。

什么是"马歇尔计划"

马歇尔计划是第二次世界大战后美国援助欧洲的计划，官方名称是欧洲复兴计划，1947年6月5日，美国国务卿乔治·马歇尔在哈佛大学发表演说首先提出援助欧洲经济复兴的方案，故名马歇尔计划。但事实上真正提出和策划该计划的是美国国务院的众多官员，特别是威廉·克莱顿和乔治·凯南。马歇尔计划是二战后美国对被战争破坏的西欧各国进行经济援助、协助重建的计划，对欧洲国家的发展和世界政治格局产生了深远的影响。该计划于1947年7月正式启动，并整整持续了4个财政年度之久。

在这段时期内，西欧各国通过参加经济合作发展组织总共接受了美国包括金融、技术、设备等各种形式的援助合计130亿美元。马歇尔计划实施期间，西欧国家的国民生产总值增长25%。马歇尔计划是战后美国对外经济技术援助最成功的计划。它为北大西洋公约组织和欧洲经济共同体的建立奠定了基础，对西欧的联合和经济的恢复起了促进作用。

什么叫"冷战"

"冷战"一词起源于1947年美国政论家斯沃普在为参议员巴鲁克起草的演讲稿。冷战简单来说就是以美国为首的西方集团（即北约）和以苏联为首的东欧集团（即华约）之间在政治和外交上的对抗。二战结束后，美国对苏联和其他社会主义国家采取了敌视和遏制政策，因此巴鲁克说："美国正处于冷战方酣之中"。"冷战"是指美苏之间尽力避免导致世界范围的大规模战争（世界大战）爆发，其对抗通常通过局部代理人战争、科技和军备竞赛、外交竞争等"冷"方式进行，即"相互遏制，却又不诉诸武力"，在经济、政治、军事、外交、文化、意识形态等方面都处于对抗的状态。1947年3月12日，美国总统杜鲁门在国会两院联席会议上宣读了后来被称为"杜鲁门主义"的国情咨文，标志着美苏之间的"冷战"正式开始。而1991年东欧剧变，苏联解体是冷战结束的标志。

什么是北大西洋公约组织

北大西洋公约组织是二次世界大战后，美国为了遏制苏联，维护其在欧洲的主导地位，与西欧、北美主要发达国家为实现防卫协作而建立的一个国际军事集团组织，于1949年4月4日与加拿大、英国、法国、比利时、荷兰、卢森堡、丹麦、挪威、冰岛、葡萄牙、意大利共12国在华盛顿签订了《北大西洋公约》，简称北约。后来北约经过6次扩大，成员国逐渐达到28个。北约的最高决

37

策机构是北约理事会。理事会由成员国国家元首及政府首脑、外长、国防部长组成，常设理事会由全体成员国大使组成。北约总部设在布鲁塞尔。

北约拥有大量核武器和常规部队，是西方的重要军事力量。这是资本主义阵营在军事上实现战略同盟的标志，是马歇尔计划的发展，使美国得以控制欧洲的防务体系，是美国称霸世界的标志。

什么是华沙条约组织

1955年5月14日，苏联、捷克和斯洛伐克、保加利亚、匈牙利、民主德国、波兰、罗马尼亚、阿尔巴尼亚八国针对北约成立，在华沙签订了《友好互助合作条约》，同年6月条约生效时正式成立了军事政治同盟——华沙条约组织（简称华约）。条约有效期为二十年（到期可顺延十年）。该条约由苏联领导人赫鲁晓夫起草。华约总部设在莫斯科，俄语、德语、波兰语、捷克语为官方用语。成员国包括阿尔巴尼亚人民共和国、保加利亚人民共和国、匈牙利人民共和国、德意志民主共和国、波兰人民共和国、罗马尼亚人民共和国、苏维埃社会主义共和国联盟、捷克斯洛伐克共和国。北大西洋公约组织、华沙条约组织两大国际组织的成立，标志着双方以冷战形式的军事对抗正式开始。1991年7月1日，华沙条约组织正式解散。

什么是"古巴导弹危机"

古巴导弹危机又称加勒比海导弹危机，事件爆发的直接原因是苏联在古巴部署导弹。1962年10月苏联在古巴建立导弹基地引起苏、美两国在加勒比海地区的尖锐冲突。古巴独立后，1961年4月发生吉隆滩事件。苏联以"保卫古巴"为名，从1962年7月，把进攻性导弹秘密运进古巴，以加强对美国的威慑力量。同时，美国在古巴周围集中了大批武装力量，驻西欧和远东的美军也都处于高度戒备状态。1962年10月26日，赫鲁晓夫提出愿在联合国监督下从古巴撤出进攻性武器，并表示不再向古巴运送这种武器，交换条件是美国撤销对古巴的封锁，并保证不再入侵古巴。27日，肯尼迪要求苏联在联合国监督下从古巴撤出导弹，美国保证不入侵古巴。同年11月，苏联从古巴运走了42枚导弹，并在公海上接受美国"船靠船的观察"。12月6日，美国国防部宣布苏联轰炸机撤出古巴。至此，古巴导弹危机遂告结束。

谁被誉为"黑人之音"

马丁·路德·金是美国著名的黑人民权领袖。1929年1月29日出生于美国乔治亚州的亚特兰大。1948年他获得莫尔豪斯大学学士学位，1951年又获得柯罗泽神学院学士学位，1955年他从波士顿大学获得神学博士学位。1956年，他领导蒙哥马利城黑人抵制了当地公共汽车歧视黑人的行为，使美国最高法院宣布在交通工具上实施种族隔离为非法。1963年8月28日，他在林肯纪念堂前发表了《我有一个梦想》的演讲。1964年，他获得诺贝尔和平奖。1968年4月4日，他在田纳西州孟菲斯市清洁工人罢工斗争中被种族主义分子暗杀。

1986年，美国联邦政府宣布，把每年1月份的第三个星期一定为马丁·路德·金纪念日，全国放假一天。1986年联合国宣布：从1989年起，他的生日被定为

联合国纪念日。

什么是"布拉格之春"

布拉格之春是1968年1月5日开始的捷克斯洛伐克国内的一场政治民主化运动。这场运动直到当年8月20日苏联及华约成员国武装入侵捷克才告终。

改革的内容主要有：第一，必须充分发挥和保障选举产生的党的各级领导机构的权力，工作机关不能独揽大权；党政重大职务不能由一人兼任，防止权力过分集中，担任党内职务以4年为一届，不得超过两届等等；第二，主张实行多元化政治体制，实行责任内阁等等；第三，将国家体制改为捷克和斯洛伐克，等等。

改革以失败而告终。苏联出兵镇压"布拉格之春"是苏联走向全面停滞的重要转折点。

撒切尔夫人为何有"铁娘子"的称号

1925年10月13日撒切尔出生在英格兰林肯郡格兰瑟姆市。1943年进牛津大学萨默维尔女子学院攻读化学。大学时代参加保守党，并担任牛津大学保守党协会主席。1959年当选为保守党下院议员。1970年任教育和科学大臣。1975年2月当选保守党领袖。1979年5月3日保守党大选获胜，撒切尔夫人出任首相，成为英国历史上第一位女首相，也是欧洲历史上第一位女首相。1983年6月和1987年6月连任首相。1990年11月辞去首相职务。1992年6月被封为终身贵族。

在她任期内，严密支配内阁阁员，严格执行金融政策，促使工会服从法律的约束，以及国有企业的民营化。在她执政后期，她经教育、卫生保健和住宅的民营化，把"撒切尔革命"由财经和工业扩展到新的社会政策领域。她的果断作风和不屈不挠、强硬手段，被人称为"铁娘子"。

苏联为什么入侵阿富汗

苏联一直想实现在印度洋寻求暖水港和出海口并切断欧洲和远东联系的战略，企图以阿富汗为南下的基地，进而打通陆上通道直下印度洋，威胁中东产油区，进而包围欧洲，并与其太平洋战略互相呼应，最终实现其称霸世界的目的。

1979年12月27日苏军空降师经过集结整顿，迅速占领阿富汗首都各要害部门，解除了政府军抵抗部队的武装。1980年1月3日苏军封锁了霍贾克山口，控制了阿富汗全国主要城市和交通干线。至此，苏军基本实现了对阿富汗的占领。

两伊战争爆发的原因是什么

第一次波斯湾战争

两伊战争又称第一次波斯湾战争，是指发生于1980年9月到1988年8月的伊拉克和伊朗之间的战争。伊朗和伊拉克相邻，长约100公里的阿拉伯河是两国南部的自然边界。长期以来两国存在着边界争端。另外宗教也是两伊战争爆发的重要原因。两国虽然同属信奉伊斯兰教的国家，但是，伊朗90%的居民信仰的是伊斯兰教的什叶派，而伊拉克60%的居民也是伊斯兰教的什叶派。随着政治、宗教的矛盾激化和边界武装冲突的加剧，1980年9月22日两伊战争就全面爆发了。1987年联合国安理会求两伊立即无条件停战。1987年7月23日伊拉克宣布接受这项决议，1988年7月18日伊朗宣布正式接受这项决议。1988年8月两国宣布停火。

战争中，伊拉克直接损失3 500亿美元。伊朗直接损失3 000亿美元。两伊伤亡人数约270万，其中，死亡约100万，受伤约170万。伤亡人数约占两国总人口的4.5%，两国的经济均倒退了20年。

苏联是怎样解体的

1985年戈尔巴乔夫上台后没有取得成果。1990年，苏共中央决定放弃党的领导地位，实行多党制。1990年，立陶宛率先宣布独立。1991年年底，叶利钦同白俄罗斯及乌克兰的总统在白俄罗斯的首府明斯克签约，成立独立国家联合体。1991年12月21日，俄罗斯等11国领导人在哈萨克斯坦首都阿拉木图签署《阿拉木图宣言》。12月25日，由苏联总统戈尔巴乔夫宣布辞职的事件作为标志，苏联正式解体，为立国七十多年的苏联划上句号。

苏联解体的主要原因有：高度集中的政治经济体制；民族矛盾；戈尔巴乔夫失败的改革；西方资本主义国家的"和平演变"战略。

为什么会爆发第一次海湾战争

第一次海湾战争是以美国为首的多国联盟在联合国安理会授权下，为恢复科威特领土完整而对伊拉克进行的局部战争。1991年1月17日凌晨，以美国为首的多国部队开始实施"沙漠风暴"行动，海湾战争爆发。主要战斗包括历时42天的空袭、在伊拉克、科威特和沙特阿拉伯边境地带展开的历时100小时的陆战。2月28日8时停止战斗，海湾战争结束。伊拉克最终接受从科威特撤军。

导致海湾战争爆发的主要原因有两点：首先是伊拉克侵占科威特，成为海湾战争的直接导火索。历史上，由于种种原因，伊、科两国围绕主权和边界问题存有争端。其次是美国及其他国家想要获取在海湾地区的利益，这里拥有极丰富的石油和天然气资源。

为什么会爆发科索沃战争

科索沃战争发生时间为1999年3月24日—6月20日。这场战争是由科索沃危机引发的，而科索沃危机则根源于南斯拉夫社会主义联邦共和国的解体。后由黑山和塞尔维亚组成的南联盟共和国，反对科索沃独立。致使双方矛盾加剧。在以美国为首的北约的干预下，对南联盟实施军事打击。结果以南联盟战败而告终。1999年3月24日，以美国为首的北约绕过联合国，打着"维护人权"的旗号对南联盟实施了代号为"联田力量"的大规模空袭作战，爆发了科索沃战争。1999年6月20日，南联盟军队被迫撤出科索沃地区，北约随即宣布停止对南联盟的空袭行动。

联合国机构是怎样设置的

联合国大厦

联合国是第二次世界大战后建立的国际组织。根据1945年6月在旧金山签署的《联合国宪章》于同年10月24日正式成立。根据宪章规定，联合国的宗旨是："维护国际和平及安全"、"制止侵略行为"、"促成国际合作"等等。联合国设有大会、安全理事会、经济及社会理事会、托管理事会、国际法院和秘书处6个主要机构。此外，还有一系列由联合国大会设立的委员会和基金会，其中包括联合国儿童基金和世界粮食计划署；专门机构，其中包括世界卫生组织、国际原子能机构和国际货币基金组织，以及其他一些机构。联合国大会由全体会员国组成，每年举行一届常会。联合国总部设在美国纽约，在瑞士日内瓦设有联合国欧洲办事处。2003年9月1日，包括联合国秘书处大院及附近的其它联合国机构办公大楼在内的纽约联合国总部实行全面禁烟措施。

你知道联合国的旗帜、会徽和会歌吗

联合国大会于1947年通过了关于联合国旗帜的决议，规定旗帜以浅蓝色为底色，正中是白色的联合国会徽。联合国纽约总部和日内瓦、维也纳联合国城飘扬的就是这面旗帜。

会徽的图案是一幅从北极看去的世界地图，图上标有陆地和海域，象征联合国是一个世界性的国际组织；周围环绕着橄榄枝环，象征着联合国的根本宗旨是维护世界和平。

《联合国歌》是美国诗人H.J.罗梅于1945年联合国宣告成立时，根据前苏联作曲家肖斯塔科维奇的歌曲《相逢之歌》，重新填词而成。

联合国大会特别要求禁止以商业目的而使用这个世界组织的公章、徽记、名称或简称。

联合国教科文组织是什么时候成立的

联合国教育、科学及文化组织属联合国专门机构，简称联合国教科文组织，于1946年11月正式成立，是各国政府间讨论关于教育、科学和文化问题的国际组织，其主要机构有大会、执行局和秘书处。它是联合国专门机构。总部设在法国巴黎。联合国教科文组织大会为该组织最高权力机构，每两年开会一次，决定该组织的政策、计划和预算。执行局为大会闭幕期间的管理和监督机构；秘书处负责执行日常工作，由执行局建议，经大会任命总干事领导秘书处的工作。教科文组织宗旨是：通过教育、科学及文化来促进各国之间的合作，以增进对正义、法治及联合国宪章所确认的世界人民不分种族、性别、语言、宗教均享有人权与自由的普遍尊重。

联合国为什么要设立儿童基金会

联合国儿童基金会原名联合国国际儿童紧急救助基金会，在全球有8个地区办事处和126个国家办事处，一个位于佛罗伦萨的研究中心，一个位于哥本哈根的物资供应部，并在东京和布鲁塞尔设有办事处。联合国儿童基金会总部则位于纽约。创建于1946年12月11日的联合国儿童基金会，致力于实现全球各国儿童的生存、发展、受保护和参与的权利。联合国儿童基金会的使命是保护全世界儿童的权利。1989年通过的《儿童权利公约》对这些权利作出了明确的规定。

联合国儿童基金会执行委员会由经济与社会理事会选举产生的36个国家组成，任期3年，每年大约有1/3的国家任期满。

联合国粮食及农业组织的宗旨是什么

联合国粮食及农业组织，简称粮农组织，是联合国系统内最早的常设专门机构。根据1943年5月召开的联合国粮食及农业会议的决议，粮农组织于1945年10月16日在加拿大魁北克正式成立。1946年12月成为联合国的一个专门机构。粮农组织是联合国系统内最大的自主专门机构，拥有174个成员国和作为成员组织的欧洲联盟。粮农组织由八个部组成：农业部、林业部、渔业部、经济和社会部、可持续发展部、技术合作部、一般事务和新闻部以及行政和财务部。总部设在意大利罗马。联络处设在布鲁塞尔、日内瓦和华盛顿特区，向78个国家派驻了国别代表。

粮农组织的宗旨是提高各国人民的营养水平和生活水准；提高所有粮农产品的生产和分配效率；改善农村人口的生活状况，促进世界经济发展，最终消除饥饿和贫困。

美洲国家组织的宗旨是什么

美洲国家组织是由美国和拉丁美洲国家组成的区域性国际组织。它的前身是美洲共和国国际联盟。美洲国家组织成立于1890年4月14日，1948年在波哥大举行的第9次泛美大会上改称现名。后来，4月14日被定为"泛美日"。它的宗旨是加强本大陆的和平与安全；保障成员国之间和平解决争端；在成员国遭到侵略时，组织声援行动；谋求解决成员国间的政治、经济、法律问题，促进各国经济、社会、文化的合作；控制常规武器；加速美洲国家一体化进程。

不结盟运动因何而产生

不结盟运动萌发于冷战年代，成立于1961年9月，25个国家在南斯拉夫首都贝尔格莱德举行了第一次不结盟国家和政府首脑会议，正式宣告了不结盟运动的诞生。不结盟运动不设总部，无常设机构。它定期召开首脑会议、外长会议、协调局

外长会议及纽约协调局会议等。不结盟运动目前有118个成员国、16个观察员国家和9个观察员组织。

不结盟运动成立的根本目的是为了摆脱大国控制,避免卷入大国争斗,维护国家主权和独立,发展民族经济,采取了和平、中立和不结盟的对外政策。

不结盟运动奉行独立、自主和非集团的宗旨和原则,支持发展中国家争取和维护民族独立、捍卫国家主权以及发展民族经济和文化的斗争,坚持反对帝国主义、新老殖民主义、种族文化和一切形式的外来统治和霸权主义。

阿拉伯联盟有多少个成员国

阿拉伯国家联盟是阿拉伯国家的地区性组织简称"阿盟",一共有22个成员国。1945年3月22日,叙利亚、约旦、伊拉克、沙特阿拉伯、黎巴嫩、埃及、也门等七国代表在开罗举行会议,与会代表签订了《阿拉伯国家联盟公约》(又称《阿拉伯联盟宪章》),正式宣告联盟成立。1950年5月又签订了《阿拉伯联盟国家联合防御和经济合作条约》。总部设在埃及的开罗。1964年开始,阿拉伯联盟就一致决定:联盟不定期举行阿拉伯国家首脑会议,作为最高会议。阿拉伯国家联盟的宗旨是:加强成员国之间的紧密合作关系,协调彼此间的政治活动,捍卫独立和主权,全面考虑阿拉伯国家事务和利益等。

国际妇女同盟成立于什么时候

国际妇女同盟是国际间非政府组织妇女组织,创始于1902年,1904年在柏林正式成立,当时定名为"国际妇女选举同盟",1946年改为国际妇女同盟。现有55个国家的71个会员团体和准会员团体。

国际妇女同盟的宗旨是进行一切必要的改革,以便使男女在权利、地位和机会等方面享有真正的平等;鼓励妇女在公共生活中使用她们的权利和影响,以确保每个人的地位,不论其性别、种族和信仰,建立在尊重人格的基础上;为增进各国间的相互了解进行建设性的工作。

同盟的决策机构是代表大会,每3年召开一次。由代表大会选举产生执行委员会,下设公民和政治权利、经济、教育、国际了解、社会、国际交流年新闻与传播工具特设委员会等6个常设委员会,总部设在伦敦。

为什么要成立国际红十字会

国际红十字会是一个遍布全球的慈善救援组织,目的是为推动"红十字运动"或称"红十字与红新月运动",是全世界规模最庞大,也是最有影响力的组织。国际红十字会由瑞士银行家亨利·杜南于1863年成立。

1859年6月24日,杜南在途经意大利北部小镇时,赶上法国、撒丁国联军与奥地利军之间的一场恶战,战场上尸横遍野,死伤无数。于是他萌发了一个想法。他向国际社会呼吁,制定一个国际法律,对交战双方的战俘要实行人道主义,保证伤员中立化,一旦发生战争,应不分国籍,不分民族和信仰全力抢救伤员,减少死亡。1863年10月26日,欧洲16个国家的代表在日内瓦召开了首次外交会议,并一致通过了《红十字决议》,决定在各国建立救护团体,为了表示对瑞士的敬意,其标志定为"白底红十字"(瑞士国旗为红底白十字）。

什么是世界卫生组织

世界卫生组织是联合国下属的一个专门机构，其前身可以追溯到1907年成立于巴黎的国际公共卫生局和1920年成立于日内瓦的国际联盟卫生组织。1946年7月，世界卫生组织在纽约成立筹备会，并通过《世界卫生组织法》。1948年4月7日，该法得到26个联合国会员国的批准并生效。每年的4月7日也就成为全球性的"世界卫生日"。同年6月24日，世界卫生组织在日内瓦召开的第一届世界卫生大会上正式成立，总部设在瑞士日内瓦。世界卫生组织目前共有191个正式成员和2个准成员。

世界卫生组织的宗旨是使全世界人民获得尽可能最高水平的健康。它的主要职能是：促进流行病和地方病的防治；提供和改进公共卫生、疾病医疗和有关事项的教学与训练；推动确定生物制品的国际标准。

世界卫生组织的组织机构包括世界卫生大会、执行委员会和秘书处。世界卫生大会是这个组织的最高权力机构，每年召开一次。

国际刑警组织的主要活动有哪些

国际刑警组织是全球最大的警察组织，共有184个成员国。国际刑警组织成立于1923年最初名为国际刑警委员会 1956年更名为国际刑事警察组织简称国际刑警。总部设在奥地利首都维也纳。

国际刑警组织机构包括全体大会、执行委员会、秘书处和国家中心局、国际刑警组织的宗旨是保证和促进各成员国刑事警察部门在预防和打击刑事犯罪方面的合作、它的主要任务是汇集、审核国际犯罪资料研究犯罪对策；负责同成员国之间的情报交换；搜集各种刑事犯罪案件及犯罪指纹、照片、档案；通报重要案犯线索、通缉追捕重要罪犯和引渡重要犯罪分子；编写有关刑事犯罪方面的资料等。

石油输出国组织成立的目的是什么

石油输出国组织，简称欧佩克、油盟或油组，是一个国际组织。1960年9月，由伊朗、伊拉克、科威特、沙特阿拉伯和委内瑞拉的代表在巴格达开会，决定共同对付西方石油公司，维护石油收入。9月14日"石油输出国组织"正式宣告成立，简称"欧佩克"。随着成员的增加，欧佩克发展成为亚洲、非洲和拉丁美洲一些主要石油生产国的国际性石油组织。欧佩克总部设在维也纳。石油输出国的宗旨是协调和统一各成员国的石油政策，并确定以最适宜的手段来维护它们各自和共同的利益。该组织成立的目的是协调和统一成员国石油政策和价格，确定以最适宜的手段来维护它们各自和共同的利益；并藉撇除有害和不必要的波动，策划出不同的方法来确保国际石油市场价格的稳定；给予产油国适度的尊重和必不可少而稳定的收入；给予石油消费国有效、经济而稳定的供应；并给予石油工业投资者公平的回报。

亚太经济合作组织属什么性质的组织

亚太经济合作组织，简称亚太经合组织。该组织是亚太地区最具影响的经济合作官方论坛，成立于1989年。1989年11月5日至7日，澳大利亚、美国、加拿大、日本、韩国、新西兰和东南亚国家联盟6

国在澳大利亚首都堪培拉举行亚太经济合作会议首届部长级会议,这标志着亚太经济合作会议的成立。1993年6月改名为亚太经济合作组织。现在有21个成员国。它的宗旨和目标是相互依存,共同利益,坚持开放的多边贸易体制和减少区域贸易壁垒。亚太经合组织的组织机构包括领导人非正式会议、部长级会议、高官会、委员会和专题工作组等。其中,领导人非正式会议是亚太经合组织最高级别的会议。

现代西方民主制度的核心是什么

现代西方民主制度的核心是议会制度。西方民主制又可称做议会民主制或代议民主制。可以说,现代议会制度是资产阶级革命的产物。议会民主制,也称议会制,是一种民主政治制度,特点是其政府首脑需要获得议会的支持才能工作,而这种支持一般通过信任投票的方式得到体现。因此,在采用这种政治体制的国家中,立法体系与行政体系并不完全分立。议会民主制的政府一般拥有多个党派,而且政府首脑与国家元首分开。

现代意义上的议会民主制可追溯到18世纪的英国。议会民主制的开始可被认为是在1707年。议会民主制在欧洲的传播主要是在第一次世界大战之后,真正成熟是在第二次世界大战之后。目前除了法国采用的是混和的总统制和议会制的政治体制外,大多数西欧国家都采用议会民主制。

资本主义国家政权机构的构成形式是什么

资本主义国家政权机构的构成形式主要有两种,一种是君主立宪制。君主立宪制是以君主(或国王、皇帝、天皇等)为国家的世袭元首、其所掌握的国家最高权力受国家宪法所制约的政权组织形式。君主立宪制分为议会君主制和二元君主制两种类型;一种是民主共和制。民主共和制是由选举所产生的政权机构和国家元首掌握权力,并有一定任期的政权组织形式。民主共和制分为议会共和制与总统共和制两种类型。

最早设立两党制的是哪个国家

两党制是指在一个资本主义国家中,由两个势均力敌的政党通过竞选取得议会多数席位,或者赢得总统选举的胜利而轮流执掌政权的政党制度。是指一国内两大政党轮流执政的政治制度,并不是说实行两党制的国家内只存在两个执政党。最早设立两党制的国家是英国。英国的两党制是由议会发展而来的。英国两党分别起源于早期的"辉格党"和"托利党",最早是在1679年英格兰下院讨论《排斥法案》时正式出现的。以美国为代表的总统制。它是到了19世纪50年代,才形成共和党和民主党的对立。两党制是资本主义民主政治制度的一种表现,实质上是为资产阶级服务的,是掩盖资产阶级专政本质的一种手段。

法国为什么会成为最早建立多党制的国家

多党制是指在一个国家中,通常由不确定的两个或两个以上的政党联合执政的政治制度,也有一个政党控制多数议席而单独组阁的情况,但那只是一种特殊情况。多党制起源于法国。1789年法国大革命后,有30多个政治派别在活动,并且参加了当时国民议会的选举。各个派别为了争取议会多数上

西方文明千问

台执政，便组成联盟参加竞选。1875年法兰西第三共和国宪法通过以后，法国正式确立多党制的政党制度。随着议会制在欧洲大陆的推行和发展，德国、意大利、爱尔兰、比利时、卢森堡、荷兰、丹麦、希腊等国也实行了多党制。

什么是虚位元首、实权元首

虚位元首是指作为国家象征但缺少对国家管理权力的元首，存在于议会内阁制国家（如德国、意大利、西班牙、希腊等）和一元君主立宪制国家（如英国、日本、荷兰等）。在实行内阁制的国家里，国家元首是"虚位元首"，一般不直接掌握实权，只以国家的名义，从事一些象征性和礼仪性的活动，国家实权操纵于内阁之手；在一元君主立宪制国家，君主统而不治，没有实际权力，主要起一种象征作用。在共和制国家中，国家元首被称为总统或国家主席，由选举方式产生并有一定的任期，由于其往往兼任政府首脑，掌握很大权利，并是国家权利的中心，因此被称为"实权元首"。实权元首具有很大权力，在国家机构中起十分重要的作用。

什么是文官制度

所谓文官制度是指西方国家的政府以法律为依据对各级文官分门别类进行管理的一系列的规章制度。英国是世界上最早建立文官制度的国家。1870年6月4日英政府颁布的正式确立公开竞争考试制度的枢密令，作为英国文官制度正式建立的标志。加拿大和美国在英国的影响下，分别于1882年和1883年建立自己的文官制度。德国、法国、日本长期保留封建官僚制度，第二次世界大战后，才真正确立现代文官制度。文官制度大致经历了"恩赐官职制"、"政党分赃制"和"考试择优录用制"等三个历史阶段。现在英国的文官制度是1968年改革后的产物。

什么是白皮书

一国政府或议会正式发表的以白色封面装帧的重要文件或报告书的别称。各国的文件分别有其惯用的颜色，封面用白色，就叫白皮书。白皮书最初是因为书的封皮和正文所用的纸皆为白色而得名。英语中"WHITE PAPER"和"WHITE BOOK"汉语均译做白皮书。但两者是有区别的。在英国，"WHITE PAPER"主要指政府发表的短篇幅报告。任何题材、任何组织机构均可使用，亦可用于包含背景材料的政治性官方声明。"WHITE BOOK"篇幅较长，内容更为重要和充实，主要是有关重大事务的一种官方报告书。

什么是引渡

引渡是指一国应某外国的请求，把在其境内被该外国指控为犯罪或判刑的外国人，移交给该外国审理或处罚的一种国际司法协助行为。引渡是根据引渡条约进行的，除非国家间签订了引渡条约，否则一国没有引渡的义务。一般情况下，可以提出引渡请求的国家有：罪犯国籍所属国、犯罪行为地国、受害国即犯罪结果发生地国。

引渡制度由来已久。早在公元前1280年，埃及和赫梯签订的和平条约中就有归还逃犯的规定。到了14世纪，欧洲出现了第一个引渡条约，但它所引渡的不是普通犯罪，而是异教徒和政治犯等。

第三章 经济与管理

"经济"一词源自哪里

"经济"这一词来源于希腊语其意思为"管理一个家庭的人"。唯物主义代表色诺芬在他的《经济论》中将"家庭"及"管理"两词的结合理解为经济。严复曾将经济一词翻为生计。它是人类社会的物质基础。与政治是人类社会的上层建筑一样，是构建人类社会并维系人类社会运行的必要条件。其具体含义随语言环境的不同而不同，大到一国的国民经济，小到一家的收入支出，有时候用来表示财政状态，有时候又会用去表示生产状态，是当前非常活跃的词语之一。

经济学为什么在西方被称为"社会科学的皇后"

西方经济学是研究资本主义经济制度下如何实现资源最佳配置和利用的一门社会学科，研究的根本目的在于宣传资本主义制度的合理性和优越性。它的科学性和在我国的适用性都值得怀疑。这就要求我们在学习和借鉴西方经济学的过程中，要进行认真地取舍，保持一种批判的眼光。

自1776年，英国著名经济学家亚当·斯密出版《国民财富的性质和原因研究》（《国富论》）使经济学成为一门独立科学以来，经济学已经有200多年的历史了。在西方，经济学被称为"社会科学的皇后"，在西方国家，经济学因为其严密的理论体系和对社会的巨大影响力，被形象地称为"社会科学的皇后"，享有很高的学术和社会地位。因为在他们眼中，女性是伟大的。对圣母的无穷歌颂就是一个很好的例子。而"皇后"的寓意在于表明其有生育能力，象征其他学科乃其所"生"，因此才称之为"皇后"。

苏美尔人是怎么进行商业贸易的

苏美尔人，黄色人种，是历史上两河流域（底格里斯河和幼发拉底河中下游）早期的定居民族，他们所建立的苏美尔文

表现苏美尔人进行商业贸易活动的壁画

明是整个美索不达米亚文明中最早，同时也是全世界最早产生的文明。

考古发现的来自安那托利亚的黑曜石、来自阿富汗东北部的青金石、来自迪尔蒙（今天的巴林）的珠串和一些刻有印度河文明的文字的印章说明当时在波斯湾沿岸有着很广的贸易网。

吉尔伽美什史诗中提到与遥远国家的贸易来换取美索不达米亚稀少的货物如木头。尤其黎巴嫩的雪松木获得好评。而他们使用奴隶，但是奴隶不是苏美尔经济的支柱。女奴隶被用来从事织布、印刷、做磨房工和搬运工。

什么是"黑劳士制度"

黑劳士制度是古代希腊奴隶制重要类型之一，除斯巴达外，其他城邦也存在过类似的制度。古希腊斯巴达人在对外征服过程中实行的一种就地奴役被征服者的制度。大约形成于公元前8世纪后期。当时斯巴达人征服拉科尼亚南部海岸的黑劳士城，使其居民沦为奴隶，这些奴隶就因地名而称为"黑劳士"。也有人认为"黑劳士"意为"俘虏"。此外，大批被征服的美塞尼亚人也沦为黑劳士，是从事农业劳动的奴隶，实质上是国有财产，只有国家才能释放或贩卖。斯巴达城邦将被征服的土地分成份地，强迫被征服者（黑劳士）在这些份地上劳动。

英国资产阶级古典政治经济学的完成者是谁

资产阶级古典政治经济学是在西欧资本主义制度由产生到成长阶段所形成的一种代表新兴资产阶级利益的经济理论，它产生于17世纪中叶，由大卫·李嘉图完成于19世纪初。又是小资产阶级政治经济学的代表人物西斯蒙第1819年发表了《政治经济学新原理》；马克思的最主要著作《资本论》的副标题也叫《政治经济学批判》，而且政治经济学成了马克思主义的三个组成部分之一。

世界上最早建立专利制度的是哪个国家

世界上第一个建立专利制度的国家是当时的威尼斯。1474年威尼斯颁布了世界上第一部专利法。这部专利法虽具有现代专利法的某些特点和因素，但相当简单和粗糙，且带有浓厚的封建特权色彩，保障效能甚低。真正具有现代化特点的专利制度是从17世纪以来随着资本主义经济的不断发展和资本主义生产方式的牢固确立而逐步形成、发展和完善起来的。1624年英国颁布了"垄断法"，被人们称之为现代专利法之始。它的基本原则和某些具体规定被许多国家制定专利法时仿效和借鉴。进入18世纪以后，欧美各国相继颁布了专利法。到目前为止，全世界实行专利制度的国家和地区已达170多个。

什么是"庸俗经济学"

庸俗经济学是马克思所选定的表明后李嘉图经济学特征的用语。从那时起，这个词就由马克思主义著述者作了多种含义的表述，它既包括后李嘉图古典经济学，也包括新古典经济学。

特指专注于分析表面现象（如需求和供给）的著作，指忽视结构上的价值关系，也指不愿意以公正的科学方法探

究经济关系，尤其害怕对潜藏在商品交换行为下的阶级关系的研究。这后一方面，使庸俗经济学具有辩护性，也就是说，它更感兴趣的是维护资产阶级利益上的合理性，而不惜牺牲科学上的公正性。

什么是"重商主义"

重商主义也称作"商业本位"，16至18世纪。该名称最初是由亚当·斯密在《国民财富的性质和原因的研究》（《国富论》）一书中提出来的。

它是18世纪在欧洲受欢迎的政治经济体制。它建立在这样的信念上：即一国的国力基于通过贸易的顺差，即出口额大于进口额所能获得的财富。封建主义解体之后的16～17世纪是西欧资本原始积累时期的一种经济理论或经济体系，反映资本原始积累时期商业资产阶级利益的经济理论和政策体系。15～18世纪中在欧洲流行，后为古典经济学取代。

什么是"重农主义"

18世纪50～70年代法国资产阶级古典政治经济学学说。它是以自然秩序为最高信条，视农业为财富的唯一来源和社会一切收入的基础，认为保障财产权利和个人经济自由是社会繁荣的必要因素。是18世纪中期法国封建王朝货币改革的失败和七年战争的失败表明了法国重商主义的破产，从而出现了与重商主义完全对立的重农主义。它的理论体系存在着资本主义实质和封建主义外观的矛盾，重农主义实际主张建立的是资本主义制度，但又只求对旧制度改良，其目的是巩固现存的制度。

什么是第一次工业革命

第一次工业革命是18世纪从英国发起的技术革命，是技术发展史上的一次巨大革命，它开创了以机器代替手工工具的时代。这不仅是一次技术改革，更是一场深刻的社会变革。这场革命是以工作机的诞生开始的，以蒸汽机作为动力机被广泛使用为标志的。这一次技术革命和与之相关的社会关系的变革，被称为第一次工业革命或者产业革命。从生产技术方面来说，工业革命使工厂制代替了手工工场，用机器代替了手工劳动；从社会关系来说，工业革命使依附于落后生产方式的自耕农阶级消失了，工业资产阶级和工业无产阶级形成和壮大起来。

什么是"圈地运动"

在15世纪以前，英国的生产主要还是以农业为主，纺织业在人们的生活中，还是个不起眼的行业。随着新航路的发现，国际间贸易的扩大，在欧洲大陆的西北角的佛兰得尔地区，毛纺织业突然繁盛起来，在它附近的英国也被带动起来。毛纺织业的迅猛发展，使得羊毛的需求量逐渐增大，市场上的羊毛价格开始猛涨。英国本来是一个传统的养羊大国，这时除了满足国内的需要而外，还要满足国外的羊毛需要。因此，养羊业与农业相比，就变得越来越有利可图。这时，一些有钱的贵族开始投资养羊业。养羊需要大片的土地。贵族们纷纷把原来租种他们土地的农民赶走，甚至把他们的房屋拆除，把可以养羊的土地圈占起来。一时间，在英国到处可以看到被木栅栏、篱笆、沟渠和围墙分成一块块的草地。被赶出家园的农民，则变成了无家可归的流浪者。这

西方文明千问

就是圈地运动。

什么是"采邑"制

"采邑"制是中世纪在西欧实施的一种土地占有制度。最初是查理·马特在担任法兰克王国宫相时（735年左右）实施的，将土地及当地农民一起作为采邑分封给有功劳的人，以服骑兵役为条件，供终身享用，但是不能世袭。

采邑跟封地的意思有点接近，采邑主拥有采邑上的一切权力，包括土地、人民和武装，采邑主享受采邑上的赋税收入，在采邑上组织自己的私卒家兵。而国君不拥有采邑上的权力。采邑主对国君只有跟随征战的义务。当采邑主权力达到威胁压倒国君的时候，他们就会对国君取而代之。

什么是"凯恩斯革命"

凯恩斯"革命"以30年代经济危机为时代背景，适应垄断资产阶级的迫切需要，创建以需求管理的政府干预为中心思想的收入分析宏观经济学。它对西方国家垄断资本主义的发展以及对西方经济学的发展都有巨大而深远的影响。

它的经济政策的实施在一定程度上缓和了资本主义的经济危机，减少了失业，促进了经济增长，使西方世界经历了长达25年之久的"繁荣"。但是，长期推行凯恩斯主义膨胀性经济政策的后果带来了70年代的"滞胀"，使凯恩斯主义不得不退出"官方经济学"宝座，让位于新保守主义经济学。

什么是"张伯伦革命"

1939年3月，德国法西斯吞并捷克斯

张伯伦

洛伐克之后，英国政府首相张伯伦因感到德国法西斯对侵略与领土要求欲壑难填，永不满足，而推行的加强本国武装军备，准备战争的动员政策。当时西方资本主义国家对张伯伦此举的评价很高，称为"张伯伦革命"，实际上并不是一种遏制德国法西斯的政策，在二战开始时的"静坐战"便是例子。其实"张伯伦革命"只是绥靖政策下的一种无重大作用的政策。

什么是"恩格尔定律"

恩格尔定律是19世纪德国统计学家恩格尔根据统计资料，对消费结构的变化得出一个规律：随着家庭和个人收入增加，收入中用于食品方面的支出比例就越小这一定率被称为恩格尔定律。

恩格尔定律主要表述的是食品支出占总消费支出随收入变化而变化的一定趋势。揭示了居民收入和食品支出之间的定量关系和相关关系，用食品支出占消费总支出的比例来说明生产发展、收入增加对生活消费的影响程度。

什么是"垄断"

垄断即独占，指少数大资本家联合起来对某种商品绝大部分的生产和销售的控制。它是通过垄断组织实现的。垄断和垄断组织反映了资本主义社会资产阶级对生产资料的占有情况，它属于生产关系的范畴。它的产生并迅速发展成为主要资本主义国家经济领域中的统治形式，不是偶然的，它是这一时期资本主义迅速发展的产物。垄断主要有四种形式：卡特尔；托拉斯；辛迪加；康采恩。垄断本身在各方面都是不断发展的。从垄断统治的范围看在20世纪初期垄断组织主要存在于如煤炭、钢铁、石油等重工业部门，今天垄断统治的范围已经扩展到轻工业、交通运输业、商业、农业以至各种服务性行业等领域。

什么是通货膨胀

通货膨胀指在纸币流通条件下，因货币供给大于货币实际需求，也即现实购买力大于产出供给导致货币贬值而引起的一段时间内物价持续而普遍地上涨现象。其实质是社会总需求大于社会总供给。

在经济学上，通货膨胀意指整体物价水平持续性上升。一般性通货膨胀为货币贬值或购买力下降，而货币贬值为两经济体间之币值相对性降低。前者用于形容全国性的币值，而后者用于形容国际市场上的附加价值。两者之相关性为经济学上的争议之一。

大萧条发生在什么时候

大萧条是指1929年至1933年之间全球性的经济大衰退。这次经济萧条是以农产品价格下跌为起点：首先发生在木材的价格上，这主要是由于苏联的木材竞争的缘故；但更大的灾难是在1929年到来，加拿大小麦的过量生产，美国强迫压低所有农产品产地基本谷物的价格。不管是欧洲、美洲还是澳大利亚，农业衰退由于金融的大崩溃而进一步恶化，尤其在美国，一股投机热导致大量资金从欧洲抽回，随后在1929年10月发生了令人恐慌的华尔街股市暴跌。1931年法国银行家收回了给奥地利银行的贷款，但这并不足以偿还债务。这场灾难使中欧和东欧许多国家的制度破产了：它导致了德国银行家为了自保，而延期偿还外债，进而也危及到了在德国有很大投资的英国银行家。在所有国家中，经济衰退的后果是大规模失业：美国1370万，德国560万，英国280万。大萧条对拉丁美洲也有重大影响，使得在一个几乎被欧美银行家和商人企业家完全支配的地区失去了外资和商品出口。

为什么美国会爆发第一次经济危机

1857年经济危机在资本主义历史上是第一次具有世界性特点的普遍生产过剩危机。这次危机也是第一次在美国、而不是在英国开始的危机。仅一年时间就有近5000家企业破产。粮食生产过剩，粮价和粮食出口下降，加上英国工业品的剧烈竞

西方文明千问

第一次经济危机失业的人

争，促使了美国经济危机的加深。

二战后美国经济的发展，大体可以划分为三个阶段：第一阶段，战争结束后，经过恢复与改造，到20世纪五六十年代，经济持续发展，西部、南部呈现繁荣景象；第二阶段，面对危机与"通胀"，经过调整，80年代中期以后，经济形势好转，但债务负担沉重；第三阶段，通过调整政策，90年代以来，经济持续稳定发展，进入新经济时代。

罗斯福

什么是罗斯福新政

罗斯福新政的背景是这样的：1929年，美国爆发史上最严重的经济危机。经济危机爆发的同时，美国也发生了同样严重的社会危机。根据当时的实际，顺应人民的意志，实施了如下新政：改革金融制度；调节农业和工业；投资公共工程，救济失业；建立社会保障制度；调整三权分立体制；发明"路边谈话"，贴近和鼓舞了美国人民。新政促使经济回升，失业下降，征服权利加强，借鉴社会主义的长处，巩固了资本主义制度。新政对美国以及整个资本主义世界都具有重要意义。

什么是公证

公证是公证机构根据自然人、法人或者其他组织的申请，依照法定程序对民事法律行为、有法律意义的事实和文书的真实性、合法性予以证明的活动。公证是由私证演变而来的。私证在奴隶制时代的古罗马就已经萌芽了。后来，出现了一种专门从事代书职业的人——"达中伦"，他们不仅代拟各种法律文书，而且还签字做证明，为当事人提供法律帮助。这种代书人制度被认为是现代公证制度的雏形。19世纪初，法国首先发布公证人法。之后，意大利、德国等国相继实行公证制度。

什么是专利

"专利"一词来源于拉丁语，意为公

开的信件或公共文献,是中世纪的君主用来颁布某种特权的证明,后来指英国国王亲自签署的独占权利证书。英国国王亨利三世于1236年给波尔市的15年期限的垄断权,是历史上最早的专利,即只许波尔市制作色布、染布,不许其他人再制作同样的色布、染布。英国当时授予专利权是以国王亲自签署的文书公之于众的。英国于1617年方由王室核准专利该由政府部门和法院办理。英国政府在1617年正式批准第一件专利。世界上最早建立专利制度的是威尼斯共和国。它于1474年正式颁布了世界上第一部专利法。

什么是布雷顿森林体系

布雷顿森林货币体系是指战后以美元为中心的国际货币体系。关税总协定作为1944年布雷顿森林会议的补充,连同布雷顿森林会议通过的各项协定,统称为"布雷顿森林体系",即以外汇自由化、资本自由化和贸易自由化为主要内容的多边经济制度,构成资本主义集团的核心内容,是按照美国制定的原则,实现美国经济霸权的体制。

欧洲共同体是什么时候建立的

欧洲共同体(欧共体)是欧洲若干资本主义发达国家在自愿的基础上组成的一个地区性经济、政治一体化联合体。包括欧洲煤钢共同体(欧洲煤钢联营)、欧洲原子能共同体(欧洲原子能联营)和欧洲经济共同体(欧洲共同市场)。共同体在其产生及其发展过程中,首要内容是经济共同体,即欧洲经济一体化。1965年4月8日,6国签署布鲁塞尔条约,决定将欧洲煤钢共同体、欧洲原子能共同体和欧洲经济共同体的所属机构进行统一联合,统称欧洲共同体,简称欧共体。该条约于1967年7月1日生效。它的目的是抗衡美苏,加强在世界市场的竞争力;促进西欧各国间的密切关系。

欧洲联盟是什么时候成立的

欧洲联盟,简称欧盟,是由欧洲共同体发展而来的,是一个集政治实体和经济实体于一身、在世界上具有重要影响的区域一体化组织。

1991年12月,欧洲共同体马斯特里赫特首脑会议通过《欧洲联盟条约》,通称《马斯特里赫特条约》(简称《马约》)。1993年11月1日,《马约》正式生效,欧盟正式诞生。欧盟现有25个成员国和4.56亿人口(2004年1月),总部设在比利时首都布鲁塞尔。欧盟拥有自己的盟旗,盟曲及建盟庆祝日——5月9日。

欧盟实质上是欧洲人民之间的一个更紧密的联合,其所做出的一些决定尽可能满足人民的利益。欧盟的宗旨是为了促进盟员国的经济及社会进步,使欧洲以一个整体出现在世界舞台上,使其盟员国的公民具有欧盟公民身份。

《巴拿马运河条约》包括什么

《巴拿马运河条约》又称《托里霍斯·卡特条约》,是巴拿马军政府领导人马丁·托里霍斯与美国总统卡特于1977年9月17日签订的关于巴拿马运河主权过渡的条约,以取代原1903年签订的旧条约。新条约规定,巴拿马运河由两国官员组成的运河管理委员会管理,运河区的司法和移民机构、海关、邮局等逐步交由巴拿马管辖和经营，新条约期满后，由巴拿马承担运河的管理和防务。根据这个条约，美国应在1999年前把巴拿马运河及运河区全部归还巴拿马，美国驻扎在运河区16个基地的军队将全部撤走。运河收回后，巴拿马政府将另外成立专门的管理机构统一处理运河事务。

什么是第二次工业革命

第二次工业革命起于19世纪七十年代，主要标志：电力的广泛应用（即电气时代）。1870年以后，科学技术的发展突飞猛进，各种新技术、新发明层出不穷，并被迅速应用于工业生产，大大促进了经济的发展。这就是第二次工业革命。当时，科学技术的突出发展主要表现在三个方面，即电力的广泛应用、内燃机和新交通工具的创制、新通讯手段的发明。

为什么说瑞典是世界上福利最高的国家

福利程度取决于国家的经济状况和税收政策。高福利由高税收支撑，所以税率会直接决定福利的程度，而且国家如果出现太多赤字的话也会影响福利。福利和国家的经济，政治政策和社会状况有关。因为瑞典没有战事的困扰，也没有太高的人口增长，所以没有太多的开销。而且瑞典的税率高得惊人，最高税率为57%，加上养老保险总共为75%。所以瑞典政府有着足够的税源来维持高福利。它是永久中立国，人民生活相对稳定，国家不需要花太多的钱发展军事，因而有充足的资金用于提高人们的福利。

什么是货币

货币是指任何一种可以执行交换媒介、价值尺度、延期支付标准和完全流动的财富储藏手段等功能的商品，都可被看作是货币；从商品中分离出来固定地充当一般等价物的商品，就是货币；货币是商品交换发展到一定阶段的产物。它本质就是一般等价物。每个国家都只使用唯一的一种货币，并由中央银行发行和控制。不过也存在例外，亦即多个国家可以使用同一种货币。例如在欧盟国家通用的欧元，在西非经济共同体的法郎，以及在19世纪的拉丁货币同盟，名称不同但能在联盟内部自由流通的等值货币。一个国家可以选择别国的货币作为法定流通货币，比如，巴拿马选择美元作为法定货币。不同国家的货币还可能使用相同的名字，比如，在法国和比利时使用欧元之前，它们和瑞士的货币都叫法郎。有时因为特殊原因，同

美元

第三章　经济与管理

一个国家内的不同自治体可能也会发行不同版本的货币，例如在英国，包括英格兰、苏格兰或甚至偏远离岛的泽西岛、根西岛都拥有各自发行的不同版本英镑，并且互相可在英国境内的其他地区交易，但唯有英格兰英镑才是国际承认的交易货币，其他版本的英镑拿出英国境外后可能会被拒绝收受。

"剩余价值"的概念是在哪一本书中提到的

剩余价值是指由雇佣工人在生产过程中所创造的被资本家无偿占有的超过劳动力价值的价值，是资本家阶级不付任何等价物就占有的价值额的一般形式。这一理论主要包括剩余价值的起源和本质、剩余价值的生产和分配或转化等理论。"剩余价值"的概念是马克思在《资本论》一书中提出的。剩余价值概念是马克思主义政治经济学的核心概念。他认为资本主义生产的实质就是剩余价值的生产，剩余价值规律是资本主义的基本经济规律，它决定着资本主义的一切主要方面和矛盾发展的全部过程；决定着资本主义生产的高涨和危机；决定着资本主义的发展和灭亡。马克思科学地揭示剩余价值的起源和本质，关键在于把"劳动力"与"劳动"区分开来，并且依据价值规律阐明了劳动力这个商品的特殊性质。

黄金为何成为硬通货

硬通货就是一直都可以当作货币来使用的不分国界和时代的东西。黄金是具有价值的国际货币。因为黄金是稀有金属，但是在世界范围内的储备又恰到人们所需

黄金

要的好处，所以就是各国用来证明财富的象征。黄金因其具有体积小、价值大、便于携带、容易分割、久藏不坏等特点成为充当货币的最佳材料。黄金有"硬通货"之称，即可以在国际上广泛优先计价、支付、结算手段使用的货币。从某种意义上讲，一个国家拥有的黄金储备数量，标志着这个国家财力。

世界银行总部

什么是世界银行

世界银行是世界银行集团的俗称，"世界银行"这个名称一直是用于指国际复兴开发银行和国际开发协会。它是联合国属下的一个专门机构，负责长期贷款的国际金融机构。是根据1944年美国布雷顿森林会议上通过的《国际复兴开发银行协定》成立的。主要通过对生产事业的投资，资助成员国的复兴和开发工作；通过对贷款的保证或参与贷款及其他和人投资的方式促进外国和人投资，当成员国不能在合理的条件下获得私人资本时，则在适当条件下以世界银行本身资金或筹集的资金及其它资金给予成员国直接贷款，来补充私人投资的不足；通过鼓励国际投资，开发成员国的生产资源，提供技术咨询和提高生产能力，以促进成员国国际贸易的均衡增长及国际收支状况的改善。

银行最早出现在什么时候

1694年，英格兰银行的建立，标志着西方现代商业银行制度的建立。西方典型的商业银行的产业，是以1694年英格兰银行的建立为标志的。作为一家私人股份公司，英格兰银行筹集了120万英镑的资本，开始的业务主要是对政府贷款以支持英国的对法战争，后来则主要从事资金存放这一典型的商业银行业务，利润来源主要是票据业务、对公司的短期贷款和政府债券的流通管理。

第四章　法律与道德

什么是《汉谟拉比法典》

《汉谟拉比法典》是目前所知的世界上第一部比较完整的成文法典，竭力维护不平等的社会等级制度和奴隶主贵族

《汉谟拉比法典》

的利益，比较全面地反映了古巴比伦社会的情况。法典分为序言、正文和结语三部分。正文共有282条，内容包括诉讼程序、保护私产、租佃、债务、高利贷和婚姻家庭等。它刻在一根高2.25米，上周长1.65米，底部周长1.90米的黑色玄武岩柱上，共3500行，是汉谟拉比为了向神明显示自己的功绩而纂集的。为后人研究古巴比伦社会经济关系和西亚法律史提供了珍贵材料。

现存最早的国际条约是什么

埃及第十九王朝（公元前1320—前1200年）的统治者们继续推行对亚洲的扩张政策，攻占推罗，进军叙利亚，企图维持第十八王朝的疆界。此时位于小亚细亚的赫梯人日益强大起来，开始图谋叙利亚，与埃及形成对峙的局面。于是，这两个奴隶主集团为了争夺对叙利亚地区的统治权发生了战争。拉美西斯二世调集三万大军与赫梯王所率领的军队大战于奥伦特河畔，双方都没有取得决定性的胜利。后来，双方断断续续进行了十六年的会战，最后埃及战胜了赫梯。公元前1280年，双方签订了《赫梯国王哈吐什尔和埃及法老拉美西斯二世的和平条约》。这是现存的世界上最早的一部国际条约。缔约双方瓜分了叙利亚的领土，双方规定确立和平，互不侵犯，并结成军事同盟以对付共同的敌人，同时还商定了互补接纳并引渡对方的"亡命者"。

柏拉图的《法律篇》主要阐述了什么思想

柏拉图的对话总共约150万字其中最长的就是《法律篇》约30万字共12卷。《法律篇》是柏拉图的晚期作品。柏拉图在去世时并没有留下一部完整的稿子。现在人们看到的《法律篇》是柏拉图死后由他的学生、奥巴斯的腓力浦整理后出版。《法律篇》认为法律应当是至高无上的。全书大致全面地反映了古希腊特别是雅典的城邦的建立、地理位置、政府结构、选举制度等情况。对话内容涉及法律、宗教、教育、历史、哲学、艺术、伦理、外交、贸易、家庭、婚姻、技艺、公民生活等。

古罗马五大法学家都是谁

古罗马五大法学家是盖尤斯、乌尔比安、伯比尼安、保罗、莫迪斯蒂努斯。公元426年，西罗马皇帝瓦伦丁尼安三世颁布《引证法》，给予这五名法学家的著述以法律效力，并许可其论点在法庭上作为法律引用，由此奠定了他们在罗马法制中的重要地位。后世因之称其为罗马五大法学家。

《查士丁尼民法大全》是什么时候颁布的

《查士丁尼民法大全》是《查士丁尼法典》、《查士丁尼学说汇编》、《查士丁尼法学总论》和《查士丁尼新律》的合称。其中，《查士丁尼法典》是历代罗马皇帝所颁布的宪令，按年代顺序编排，共编出10卷，凡未被列入的都一律作废。《法学总论》是一本罗马私法教科书，由皇帝钦定，本身具有法律效力。565年法学家又把查士丁尼皇帝在法典编完后陆续颁布的168条新敕令汇

查士丁尼皇帝颁布法典

编成集，称为《查士丁尼新律》此大全是罗马法的精华和集锦，它总结和汇集了罗马法和罗马法学发展的最高成就，对罗马法的广泛传播起了不可忽视的重大作用。它的颁布标志着罗马法已经发展到完备阶段。

什么是《德拉古法典》

古希腊雅典一直没有成文法，只有传统的习惯。贵族利用手中的权力任意解释说明。基伦暴动被镇压后，雅典社会矛盾继续激化，人们试图在原先的体制内实行改革。由于贵族掌握国家权力肆意歪曲法律实行法制改革制定成文法成为改革的方向之一。为了避免贵族随便杜撰或仿造习惯法，广大平民经常要求制定成文法。在他们的压力下，贵族被迫让步。公元前621年，为了用平息人民的怨恨的方法加强贵族对雅典的统治力，雅典当局委托司法执政官之一的司法执政官德拉古制定了雅典第一部成文法典，称之为《德拉古法典》。

什么是《万民法》

《万民法》意即"各民族共有的法律"，是继公民法之后，逐渐形成和发展起来的罗马司法体系的一个重要组成部分，是用来调整罗马公民和异邦人之间以及异邦人和异邦人之间民事法律关系的罗马法律。在罗马法司法体系中，万民法是比较成熟和发达的部分，也是后期罗马法的基本内容。《万民法》实际上是罗马统治范围内的"国际法"。它是按照罗马奴隶主阶级的需要，吸收了各民族已有的法典成果，在远为复杂的关系中发展起来的。到帝国时期，罗

第四章 法律与道德

马法律的内容更加丰富，法学的研究、法典的编纂也更加系统化了。

什么是《十二铜表法》

法。公元前452—公元前451年，在平民保民官的强烈要求和平民的努力下，古罗马编订出十个法表，镌刻在十块青铜板上，公布于罗马广场。但他主要由贵族编制并为贵族利益服务，引起平民不满。公元前450年，又增两表，这就是著名的《十二铜表法》。

什么是"末日审判书"

末日审判书其正式名称应是《土地赋税调查书》或《温彻斯特书》，又称"最终税册"。

英王威廉一世(征服者)下令进行的全国土地调查情况的汇编。目的在于了解王田及国王的直接封臣的地产情况，以便收取租税，加强财政管理，并确定封臣的封建义务。1086年由国王指定的教俗封建主在全境进行广泛的土地调查。把全国划分为7~8个区，每个区包括若干郡。按郡、百户区、村的系统了解情况。调查内容包括当地地产归属情况，每个庄园的面积、工具和牲畜数量，各类农民人数，以及草地、牧场、森林、鱼塘的面积，该地产的价值等。调查结果汇总整理，编定成册，称《末日审判书》。由于他派出的调查员个个如凶神恶煞，调查内容又极细致，使被调查者如履薄冰，好像在接受上帝使者的末日审判一样，所以调查结果被称为《末日审判书》。

什么是"普通法"

在西方国家的法学中，普通法最早是指英国12世纪左右开始形成的一种以判例形式出现的适用于全国的法律。

目前世界上通行的法律体系主要有普通法体系和大陆法体系两种。中国、法国、德国等国实行的是大陆法体系，而英美等国则属于普通法体系。普通法体系与大陆法体系最大的不同就在于，作为案例法，普通法是以案例为判决依据的；而作为成文法的大陆法系，则是以法律条文为判决依据。

《拿破仑法典》是什么时候颁布的

《拿破仑法典》是法国执政府时期制定的《民法典》，1807年改称为《拿破仑法典》。拿破仑取得政权后，为了从法律上巩固资产阶级革命的成果，维护资产阶级统治，以《人权宣言》和宪法为基础，制定了一部完整的法典。

1804年3月21日，立法院正式通过《法国民法典》，拿破仑签署后正式颁布实施。《法国民法典》除总则外分为3编，共2281条。法典保证了私有财产的神圣不可侵犯，巩固了小农的土地所有权，规定在法律面前人人平等和契约自由等原则。它对于打击欧洲封建势力，推动欧洲资本主义的发展起了积极作用。

海牙国际法庭是怎么成立的

海牙国际法庭成立于1946年，正式名称为国际法院。因设在荷兰的海牙，亦称海牙国际法庭。

1899年第一次海牙和平大会决定建立仲裁常设法庭，和平宫就是为仲裁常设法庭而建。由美国企业巨头安德鲁捐助150万美元作为建设经费。1907年奠基，

59

西方文明千问

海牙国际法庭

1913年竣工。为四方形两层建筑，带有两座尖耸的高塔。周围有茂密的林木，环境清幽。在建设过程中，各国政府都捐献了建筑材料和内部陈列的工艺品，象征各国协力缔造和平之意。和平宫建成的第二年，就爆发了第一次世界大战。战后国际联盟将它的仲裁常设法庭设在和平宫内。第二次世界大战后，联合国代替了国际联盟，仲裁常设法庭于1946年解散。现在设在这里的国际法院是联合国的一个司法机构，是联合国六个主要机构之一。

是谁提出了"功利主义法学"

功利主义法学产生于18世纪末至19世纪初的英国，是边沁把功利主义运用到法学领域而产生的法学流派。功利主义基于这样一种伦理原则：人的本性是避苦求乐的，人的行为是受功利支配的，追求功利就是追求幸福；而对于社会或政府来说，追求最大多数人的最大幸福是基本职能。功利主义法学的最基本特点就是强调追求"最大幸福"的功利主义原则是立法的宗旨、评判法律优秀的标准和法律实务欧洲大陆，对政治学、法学的发展起了巨大的推动作用。20世纪以后，功利主义法学的一些基本原理被西方法学、社会法学、自由主义法学、经济法学等所吸收。

英国历史法学的集大成者是谁

梅因是历史法学的集大成者。梅因早年在基督教慈惠学院就学，后来去剑桥大学彭布鲁克学院学习法律。1847年至1854年间他在该校任钦定民法教授，期间在1850年取得律师资格。两年后他到伦敦四大律师学院任罗马法和法理学的第一高级讲师。1861年《古代法》的出版，为他赢得了很大的声誉。这期间他还担任过一段时间的王室法官。1862年至1869年间他去印度担任总督府参事室参事，曾经参加制定英国的地方立法，协助编纂印度法典。这使他对印度的古代法进行了深入研究。回到英国后他担任牛津大学法理学主讲人，牛津大学三一学院院长和惠韦尔讲座国家法教授，他担任这一职位直到1888年去世。

梅因的一生除参与教学和从事法律实务之外，绝大部分时间都集中精力从事法律史的研究。他对雅利安民族不同支系，特别是罗马人、英国人、爱尔兰人、斯拉夫人和印度人的古代社会的风俗、习惯、法的起源以及法律制度进行了深入系统的研究和比较。所以，人们尊称他为近代法律史学科和比较法学科的开路先锋。他的主要著作有《古代法》、《古代法律史》以及《平民政府》等。梅因也因其著作《古代法》而被西方学者公认为英国历史法学的创始人在西方法学界影响颇大。梅因的《古代法》出版后，很快便成为欧美法学界普遍研究的经典之作。

第五章 艺术与审美

什么是基督教美术

基督教美术是指盛行于中世纪欧洲各地的一种官方美术样式。其思想内容是宣扬基督教的神学思想和崇拜封建帝王的观念，为巩固贵族和都会的统治服务。基督教美术的特点是利用教堂建筑、雕刻、绘画和镶嵌画造成神秘、肃穆的宗教氛围，以庄重、理性的形式达到情感上的升华。它因基督教的各种派别（天主教、新教、东正教及一些小教派等）的不同，或由于时代（早期基督教、中世纪早期、拜占庭式、罗马式、哥特式、文艺复兴、巴洛克、现代等）和地域（南欧、北欧、东欧、美洲、亚洲）的变化，而具有明显的多样性。

什么是拜占庭美术

拜占庭美术是指君士坦丁堡时期的罗马帝国美术。拜占庭美术首先是宗教美术。拜占庭建筑是基督教教会的建筑绘画作品多取材于《圣经》其形式和人物表情处理都须遵循具有神学意义的传统模式。拜占庭绘画的主要形式，是镶嵌画、壁画、抄本插图以及独幅圣像画。镶嵌画可以说是拜占庭绘画最主要的形式，以彩色玻璃片和大理石子为材料，色彩以红、黄、绿、蓝为主。圣索菲亚大教堂被看作是拜占庭美术的杰出代表。拜占庭美术也是封建帝国的艺术。它炫耀帝国的强大和

圣维他耳教堂

帝王的威严，把帝王表现为基督在尘世的代理人。拜占庭美术还被看作东西方融合的艺术。它注重色彩的灿烂，装饰的华丽强调人物精神的表现。

什么是罗马美术

公元前509—公元476年罗马帝国的美术，是欧洲古典美术的组成部分。它上承希腊美术成就，发扬埃特鲁斯坎美术的传统，融会欧洲、北非、西亚美术的地方因素，创造了巨量的美术作品，将古典美术遍播西方世界，第一次完成了西方美术的汇集和统一。罗马美术在内容上侧重描绘享乐性的世俗生活，在形式上追求宏伟壮丽的风格，在人物表现上强调个性化。其突出成就主要反映在建筑、肖像雕刻和壁画方面。

西方文明千问

罗马人借助火山灰调成的灰浆和混凝土这种建筑材料之便，大量建造城市、广场、剧场、浴场等等。这些建筑以其庞大的体形和雄伟的气派，成为罗马帝国强盛的象征。罗马角斗场是罗马帝国建筑的典型代表。万神庙是拱顶建筑的杰出代表。罗马时期的绘画主要包括壁画和镶嵌画。罗马工艺美术的最高成就主要体现在银器、玻璃和青铜工艺方面。罗马美术对文艺复兴及18世纪的洛可可美术具有一定影响。

什么是哥特式美术

公元5世纪至15世纪文艺复兴运动开始的1000多年时间，美术史上称为中世纪。其中13—15世纪的中世纪美术被称为哥特式美术。哥特式风格最早兴起于法国，继而迅速流行于整个欧洲。十字军的几次东征把哥特式风格传播到更远的东方，使之成为国际风格，也创造了欧洲中世纪美术的一个高峰。哥特式美术主要表现在三个方面：哥特式建筑、哥特式绘画与哥特式雕塑。哥特式美术总的风格特点是：轻盈、上升、热情、崇高。哥特式美术的形成与发展和中世纪宗教信仰有非常大的关系，可以说，哥特式美术是宗教信仰狂热发展的结果。

古希腊瓶画的特点是什么

古希腊瓶画是希腊陶器上的装饰画依附于陶器而得以流传下来代表了希腊绘画风貌。希腊陶器主要有盛酒的瓶、罐(大)和饮酒的杯、碗(小)两大类瓶罐装饰画多绘于腹部，画面展开近似方形；杯碗装饰画又分内外，内部的装饰画呈圆形画面，外部的呈环形。古希腊瓶画曾出现过东方风格、黑绘制风格和红绘制风格等。古希腊瓶画内容丰富，寓意深刻，风格多样，技艺精湛，装饰性很强，艺术水平极高，在希腊美术中占有极为重要的地位。古希腊神话和瓶画是希腊艺术的大宝库，深远地影响了古罗马、文艺复兴及近代艺术。

谁被誉为"欧洲绘画之父"

乔托（1266—1337年），是意大利文艺复兴时期杰出的雕刻家，画家和建筑师，被认定为是意大利文艺复兴时期的开创者，被誉为"欧洲绘画之父"。德沃夏克则赞誉乔托的艺术是意大利文艺复兴美术的新福音。从1305年至1308年，乔托在巴多瓦阿累那教堂创作了一组壁画，在教堂的左、中、右三面墙上一共绘有38幅连环画，其内容是描绘圣母及基督的生平事迹。这些壁画被誉为"14世纪意大利艺术的重要纪念碑"。所有壁画至今保存完好，参观者络绎不绝，这座教堂成为世界重要艺术宝库之一。在阿累那教堂众多的壁画中，最著名

夏特尔大教堂

第五章　艺术与审美

的四幅是：《金门之会》、《逃亡埃及》、《犹大之吻》和《哀悼基督》，后两幅是乔托最有名的杰作。1334年6月，乔托设计了佛罗伦萨大教堂的钟楼，并为此楼设计了部分浮雕。当年，佛罗伦萨共和国政府授予他"艺术大师"称号。乔托在艺术上开创的人文主义思想和写实主义的表现方法为欧洲绘画的发展奠定了基础。

画面上人数最多的油画是哪幅

世界上画面上人数最多的油画是意大利文艺复兴时代后期威尼斯派的重要画家丁托列托（1518—1594年）在1590年画成的《天堂》。这幅高10米、宽25米的画中人物共有700人之多。丁托列托是意大利文艺复兴时代后期威尼斯派的重要画家之一。他出生在威尼斯的一个染工家庭，曾入著名画家提香画室学画。作品多以宗教历史深化为题材，宣传对宗教的虔诚。色彩绚丽，并善用豪放、激动的手法绘画构图宏大、富有想象力的画幅。

"波提切利"是谁的绰号

他原名亚里山德罗·菲力佩皮（1444—1510年），"波提切利"是他的绰号、艺名，意为"小桶"。他是15世纪欧洲文艺复兴早期佛罗伦萨画派的最后一位画家。他画的圣母子像非常出名。受尼德兰肖像画的影响，波提切利又是意大利肖像画的先驱者。15岁时在画家菲利浦·利皮的画室学画。后来波提切利又转从委罗基奥门下，与比他小7岁的达·芬奇同窗共学。1470年，他自立门户，开设个人绘画工作室，很快就受到美第奇家族的赏识，向他订购了大量的画作。他逐渐成为美奇宫廷画家中的领袖。波提切利一生的作品虽很多，但最具有代表性，并最能代表15世纪佛罗伦萨时代特征的作品，无疑是《春》及《维纳斯的诞生》。

谁被称为"文艺复兴时代最完美的代表人物"

他是整个欧洲文艺复兴时期最杰出的代表人物之一。他是艺术家、科学家、文艺理论家、哲学家、诗人、音乐家、工程师和发明家。他就是达·芬奇（1452—1519年）。他在几乎每个领域都做出了巨大的贡献。在天文学上，达·芬奇对传统的"地球中心说"持否定的观点。在物理学方面，达·芬奇重新发现了液体压力的概念，提出了连通器原理。达·芬奇在解剖学和生理学上也取得了巨大的成就，被认为是近代生理解剖学的始祖。他的研究和发明还涉及到军事和机械方面，他发明了飞行机械、直升飞机、降落伞、战车、各种火炮、潜水服、土木用机械等等。他还在数学领域和水利工程等方面作出了重大的贡献。绘画方面，最重要的代表作有《最后的晚餐》和《蒙娜·丽莎》。后代的学者称他是"文艺复兴时代最完美的代表"，是"第一流的学者"，是一位"旷世奇才"。

为什么米开朗基罗被称为"神"

米开朗基罗（1475—1564年)是意大利文艺复兴时期伟大的绘画家、雕塑家、建筑师和诗人，文艺复兴时期雕塑艺术最高峰的代表。他与拉斐尔和达芬奇并称为文艺复兴后三杰。1499年《哀悼基督》是他的成名之作，解剖学科的艺术实践和细致入微的匠心

63

西方文明千问

《创世纪》

独运吻合了、甚至超出了人们可以理喻的"鬼斧神工",被誉为15世纪最动人的人性拥抱神性的作品。他的雕刻作品《大卫》举世闻名,此外著名的雕塑作品还有《摩西像》、《大奴隶》等等。1512年,人们在梵蒂冈西斯廷教堂的天花板上,看到了世界美术史上最大的壁画之一——《创世纪》。1519年开始,他为美第奇一家建造墓地教堂,直到1534年才完工。同一年,59岁的米开朗基罗返回他取得最辉煌成就的地方——西斯廷教堂。他辛勤地工作了7年,终于在1541年他66岁时,完成了又一部骇世之作《最后的审判》。1564年他在罗马去世,他的风格影响了几乎三个世纪的艺术家。在漫长的一生中,米开朗基罗还创作了许多脍炙人口的诗篇。因为他在雕塑、绘画、建筑、诗歌等等方面取得的辉煌成就,被人们尊称为"神"。

文艺复兴时期谁是"艺坛三杰"中最年轻的一位

拉斐尔(1483—1520年)是文艺复兴时期"艺坛三杰"中最年轻的一位。拉斐尔是意大利杰出的画家,和达·芬奇、米开朗基罗并称文艺复兴时期艺坛三杰。他父亲是宫廷的二级画师。他从小随父学画,后又转入佩鲁吉诺门下。从22岁到25岁,他创作了大量圣母像。他善于把"神"画成具有"人"的形象,他画的圣母就是生活中神态优美、心地善良的普通母亲的形象。他的代表作是壁画《西斯廷圣母》。这幅作品体现了拉斐尔独特的画风和人文主义思想。因为他的作品博采众家之长,形成了自己独特的风格,代表了当时人们最崇尚的审美趣味,所以成为后世古典主义者不可企及的典范。其他重要的作品有壁画《雅典学院》、《带金莺的圣母》、《福利尼奥的圣母》、《阿尔巴圣母》等等。

什么是威尼斯画派

威尼斯画派是意大利文艺复兴时期主要画派之一。因为该派画家主要生活在威尼斯而得名。作品风格欢快明朗、色彩绚丽、构图新颖、诗意浓郁。主要是以16世纪威尼斯画家乔尔乔内和提香为代表的绘画形式。他们吸收了文艺复兴鼎盛时期画家的精华,但大胆在色彩上创新,使画作更为生动明快,同时人物背景的风景比例更大。乔尔乔内的著名作品《沉睡的维纳斯》、《暴风雨》等;提香的著名作品有大型壁画《圣母升天》、《欧罗巴被劫》等等。威尼斯画派对其后的巴洛克艺术时

期画家有很大的影响。

威尼斯画派的创始人是谁

乔凡尼·贝里尼（约1430—1516年），是威尼斯绘画派的创立人。是他把威尼斯的绘画由乡村落后的风格带到文艺复兴的前线，成为西方艺术的主流。在贝里尼的生涯末期，他已成为当时最伟大的风景画画家之一。他最擅长用丰富的色调刻画人物，给人以清新的充满生命力的感觉，构图严谨，色彩明快，丢勒称他为威尼斯最卓越的画家。他为两位大弟子乔尔乔内和提香的艺术发展奠定了基础，成为文艺复兴晚期威尼斯画派的宗师。他的代表作品有《圣母子》、《有小树的圣母像》、《草地上的圣母》等作品。

被称为"油画之父"的文艺复兴时期的画家是谁

被誉为西方"油画之父"的是意大利文艺复兴盛期威尼斯派画的代表画家——提香。提香（1490—1576年)出生于威尼斯的山区小镇。早年曾赴威尼斯学艺，是乔凡尼·贝里尼的学生，与著名画家乔尔乔奈是师兄弟。提香继承和发展了威尼斯派的绘画艺术，把油画的色彩、造型和笔触的运用推进到新的阶段。他是画坛上著名的色彩大师。他的代表作有《花神》、《睡着的维纳斯》、《圣母升天》、《爱神节》、《酒神与阿丽亚德尼公主》等等。

为什么称丢勒所处的美术史时代为"丢勒时代"

丢勒生于纽伦堡，是德国的画家、版画家及木版画设计家。丢勒的作品包括木刻版画及其他版画、油画、素描草图以及素描作品。他的作品中，以版画最具影响力。他是最出色的木刻版画和铜版画家之一。主要作品有《启示录》、《基督大难》、《小受难》、《男人浴室》、《海怪》、《浪荡子》、《伟大的命运》、《亚当与夏娃》、《骑士、死亡与恶魔》等。他的水彩风景画是他最伟大的成就之一，这些作品气氛和情感表现得极其生动。因为他学识渊博，多才多艺，在很多领域都留下了巨大的成果，所以德国美术史上称他所处的时代是"丢勒时代"。

什么是巴洛克艺术

"巴洛克"一词源自葡萄牙文原意指贝壳不规则的、怪异的形状。一开始主要针对17世纪意大利的建筑风格而言。巴洛克艺术是17世纪欧洲的艺术风格，最初发源于17世纪教皇统治的罗马，那时意大利是欧洲艺术中心，但在巴洛克后期，欧洲艺术中心转移到法国。文艺复兴意味着平衡、适中、庄重、理性与逻辑；而巴洛克却意味着追求新奇、不安和对比以及各种艺术形式的大胆融合。巴洛克艺术一反文艺复兴艺术的平静和克制，而表现为戏剧性、豪华与夸张。17世纪欧洲强权扩张，掠夺海外殖民地累聚巨富，生活上提倡豪华享受，因此对建筑、音乐、美术也要求豪华生动、富于热情的情调。17世纪巴洛克艺术步入全盛期，18世纪逐渐衰落。

巴洛克美术的代表人物是谁

巴洛克美术的代表人物是鲁本斯。鲁本斯(1577—1640年)是法兰德斯大画家他是欧洲第一个巴洛克式的画家他的绘画具有巴洛克艺术的壮丽风格。他吸收了威尼斯画派的色彩、光线和松快自由的表现手法，画了许多大型的、巴洛克风格的祭坛画、天顶画。他以丰富的想象力和全面的油画技巧，用暖色调的色彩，把人物从暗到明呼唤出来，塑造了许多生气勃勃的形象。他不仅是一个宫廷肖像画家，也是一个宗教题材画家。鲁本斯晚年从事风景画的创作。他把佛兰德斯风格主义传统与阿尔卑斯山南北两面伟大的文艺复兴传统结合在一起，将欧洲绘画艺术推到一个新的高峰。他的作品有《亚马逊之战》、《帕里斯的评判》等。

什么是洛可可艺术

"洛可可"一词源于法语"贝壳工艺"，意思是此风格以岩石和蚌壳装饰为其特色。洛可可风格起源于18世纪的法国，最初是为了反对宫廷的繁文缛节艺术而兴起的。洛可可风格虽保有巴洛克风格的综合特性，但却缺乏巴洛克风格之宗教气息和夸张的情感表现，尤其强调精美柔软的气氛并大量使用光线。洛可可的建筑外观，与巴洛克的建筑相近，着重内部繁复的装饰。雕刻则与家具等成为室内装饰的一部份，缺乏独立的机能。洛可可的绘画题材，除了豪华的贵族生活以外，还有肖像、风景、神话以及平民生活等。

什么是巴比松画派

巴比松画派是法国19世纪的风景画派。巴比松为法国巴黎枫丹白露森林进口处，风景优美。19世纪30～40年代，一批不满七月王朝统治和学院派绘画的画家，陆续来此定居作画，形成画派。巴比松画派的画家们主张走出画室在自然光下对景写生，然后以写生稿为基础，进行风景画创作。他们的创作经验，特别是对景写生，以求获得真实新鲜的感受和使画面色调响亮起来的艺术主张和实践，给欧美风景画家，包括印象主义画家以重要启示。

巴比松画派的代表人物是谁

法国画家米勒（1814—1875年）是19世纪法国最杰出的以表现农民题材而著称的现实主义画家，也是巴比松画派的代表人物。1849年7月，他带着妻子和5个孩子来到巴比松村。此后的时间，是米勒一生中创作最为丰富的时期。许多法国人民家喻户晓的名画作品《牧羊女》、《拾穗者》、《晚钟》、《扶锄的男子》等等，都是在这里完成的。他的《牧羊女》与《晚钟》、《拾穗者》一起被公认为是米勒的代表作之一。米勒创作的作品以描绘农民的劳动和生活为主，具有浓郁的农村生活气息。他用新鲜的眼光去观察自然，反对当时学院派一些人认为高贵的绘画必须表现高贵人物的错误观念。

什么是荷兰画派

荷兰画派兴起于17世纪的荷兰。该画派用写实手法描绘人民生活和自然风景。除肖像画和宗教历史画外，还发展了风景画、风俗画、静物画及动物画。代表人物有哈尔斯、伦勃朗、维米尔。宗教、神话与历史画这类油画在荷兰虽然不像过去那样发达，但17世纪时并未绝迹。乌德勒支画派便以绘制意大利式的风格主义宗教画

第五章 艺术与审美

而出名。此外，伦勃朗、维米尔等也曾从事于宗教画创作。荷兰画派继承了15、16世纪尼德兰民族艺术传统，以写实，纯朴为特点，反映人的现实生活和人的情感和愿望，描绘日常生活和各阶层人物以及美丽的自然景色。

荷兰画派的代表人物是谁

伦勃朗《自画像》

荷兰画派的代表人物是伦勃朗（1606—1669年），他是欧洲17世纪最伟大的画家之一，也是荷兰历史上最伟大的画家。伦勃朗一生留下600多幅油画，300多幅蚀版画和2000多幅素描，几乎画了100多幅自画像，而且几乎他所有的家人都在他的画中出现过。他的作品在他在世时即享有盛名，几乎当时所有重要的荷兰画家都出自他的门下。伦勃朗的顶峰之作当属肖像画，包括自画像以及取自圣经内容的绘画。他的一系列自画像如同一部独一无二的自传，画家的自我审视真诚而不矫饰。在油画和版画创作中，伦布朗展现了他对古典意象的完美把握，同时加入了他自身的经验和观察。正由于这种感同身受的力量，他被称为"文明的先知"。

谁被授予黄金桂冠称号

让·奥古斯特·多米尼克·安格尔于1780年8月29日生于蒙托邦，1867年1月14日卒于巴黎。早年入图卢兹学院。1801年以《阿伽门农的使者》一画获罗马大奖。后来到罗马学习和工作近20年，其间曾任罗马法兰西学院院长。1824年回国为蒙托邦教堂绘制《路易十三的誓愿》，翌年被选为皇家美术院院士。由于他在绘画方面的杰出贡献，蒙托邦市在1863年授予他黄金桂冠称号。他把对古典美的理想和对具体对象的描绘达到了完美统一的程度。从1820年开始直到1856年才最后完成的《泉》，是他毕生致力于美的追求的结晶。他的其他代表作有《大宫女》、《瓦平松的浴女》、《土耳其浴室》等。

什么是古典主义画派

古典主义画派是18世纪欧洲流行的古典主义思潮在美术界的表现。古典主义绘画派是利用古代的艺术精神、理想与规范来表现现实的道德观念，它竭力追求一种完美的崇高感，在表现形式上创造一种完整的典范性，塑造一种类型的艺术形象。在技巧上强调精确的素描技术和柔缓微妙的明暗色调，追求宏大的构图和庄重的风格与气魄。从艺术倾向上分为古典主义、新古典主义和学院古典主义。古典主义画派的代表是法国画家雅克·路易·大卫。他画风严谨，技法精工。他的画《处死自己儿子的布鲁斯》为法国大革命制造了舆

《马拉之死》

论。大革命后他被选为公安委员会的艺术委员，创作了著名的《马拉之死》。波旁王朝复辟后，大卫逃亡到布鲁塞尔，客死异乡。但他的学生们继承了他的画风，古典主义画派掌握了法兰西学院几十年，直到浪漫主义画派兴起。其他代表作有《劫夺萨宾妇女》、《荷拉斯兄弟之誓》。

什么是浪漫主义画派

浪漫主义画派是19世纪初叶，资产阶级民主革命时期兴起于法国画坛的一个艺术流派。这一画派摆脱了当时学院派和古典主义的羁绊，偏重于发挥艺术家自己的想象和创造，创作题材取自现实生活、中世纪传说和文学名著（如莎士比亚、但丁、歌德、拜伦的作品）等，有一定的进步性。代表作品有籍里柯的《梅杜萨之筏》、德拉克洛瓦的《自由领导人民》。画面色彩热烈，笔触奔放，富有运动感。浪漫主义在技法上，重视色彩而非线描，线描是经由明确的轮廓线获得形态的把握。浪漫主义在绘画上，是与以官方学院派为代表的新古典主义相对立的，其表现特征是：注重性表现，耽于幻想和夸张，选择惊人事件作题材，情绪激越。浪漫画派抛弃了新古典画派的匀称庄重的形式，完美平衡的构图，主张通过饱满的色彩、强烈的阴暗对比、急速的节奏来刻画现实生活中英勇豪迈而有意义的事件，从而造成动人心弦的场面。

浪漫主义画派的代表人物是谁

浪漫主义画派的代表人物是法国著名画家德拉克罗瓦（1798—1863年），曾师从法国著名的古典主义画派画家雅克·路易·大卫学习绘画，但却非常欣赏荷兰画家鲁本斯的强烈色彩的绘画，并受到同时代画家热里科的影响，热心发展色彩的作用，成为浪漫主义画派的典型代表。他的画作对后期崛起的印象派画家和梵高的画风有很大的影响。他的代表作《自由领导人民》反映了1830年革命，是他最具有浪漫主义色彩的作品之一。他以奔放的热情歌颂了这次工人、小资产阶级和知识分子参加的革命运动。高举三色旗的象征自由之神的妇女形象在这里突出地体现了浪漫主义特征。她健康、有力、坚决、美丽而朴素，正领导着工人、知识分子的革命队伍奋勇前进。强烈的光影所形成的戏剧性效果，与丰富而炽烈的色彩和充满着动力的构图形成了一种强烈、紧张、激昂的气氛，使得这幅画具有生动活跃的激动人心的力量。

第五章　艺术与审美

什么是印象派

马奈《阳台》

印象派，也叫印象主义，又称为"外光派"，是19世纪60—90年代在法国兴起的画派。当时因莫奈的油画《日出·印象》受到一位记者嘲讽而得名。代表人物有莫奈、马奈、雷诺阿、德加、塞尚等等。印象派强调对客观事物的感觉和印象，反对因循守旧，主张艺术的革新。绘画技巧上对光和色进行了探讨，研究出用外光描写对象的方法，并认识到色彩的变化是由光色造成的，色彩是随着观察位置，受光状态的不同和环境的影响而发生变化，同时把这种科学原理运用到绘画中去。

印象派画派的奠基人是谁

马奈（1832—1883年）是法国印象主义画派中的著名画家，他被认为是印象主义画派的奠基人。马奈的成就主要体现在人物画方面，第一个把印象主义的光和色彩带进了人物画，开创了印象主义画风。受到日本浮世绘及西班牙画风的影响，马奈大胆采用鲜明色彩，舍弃传统绘画的中间色调，将绘画从追求三元次立体空间的传统束缚中解放出来，朝二元次的平面创作迈出革命性的一大步。他深具革新精神的艺术创作态度，深深地影响了莫奈、塞尚、凡高等新兴画家，进而将绘画带入现代主义的道路上。

谁被誉为"印象派之父"

克劳德·莫奈（1840—1926年），是法国画家，印象派代表人物和创始人之一。他被誉为"印象派之父"。印象派的名称即由他的《日出·印象》一画而来。莫奈擅长光与影的实验与表现技法。初从布丹学习，并受容金和柯罗的影响；后转向外光的描写，马奈和透纳的作品给了他很大的启发。莫奈的创作目的主要是探索表现大自然的方法，记录下瞬间的感觉印象和他所看到的充满生命力和运动的东西。他最重要的风格是改变了阴影和轮廓线的画法。他的主要作品有《草地上的午餐》、《圣阿德列斯的阳台》、《花园里的女人们》、《巴黎圣拉查尔火车站》、《干草垛》和组画《睡莲》等。

谁实践了"光是绘画的主人"这句话

雷诺阿是法国印象画派的著名画家、雕刻家。1841年雷诺阿生在法国的一个裁缝家庭，早年进瓷器厂学徒，作过瓷画，后入美术学校。1861年，雷诺阿师从学院

69

派画家格莱尔。1870年普法战争时期，雷诺阿曾应征入骑兵团。1874年雷诺阿以《包厢》一画参加首次印象派画展，这标志着雷诺阿风格的成熟。后来，1876年，他又在《红磨坊街的露天舞会》一画中，用这种方法表现规模宏大的场面，透过树丛的星星点点的阳光，洒落在人们的身上、脸上、桌上和草地上，真正实践了"光是绘画的主人"这一句印象主义者的口号。雷诺阿一生都坚持户外写生与创作，共留了6000多幅充满光与影的嬉戏的户外作品。雷诺阿主要作品有《裸女》、《桨手们的午餐》、《利莎》、《浴女》、《舞会》等。1919年12月3日，法国印象主义大画家雷诺阿逝世。

谁被誉为"现代绘画之父"

他从19世纪末便被推崇为"新艺术之父"，作为现代艺术的先驱，西方现代画家称他为"现代艺术之父"或"现代绘画之父"。他就是法国著名画家，后期印象派的主将——塞尚（1839—1906年）。他反对传统绘画观念中把素描和色彩割裂开来的做法，追求通过色彩表现物体的透视。他的画面，色彩和谐美丽。代表作有油画《玩纸牌者》、《浴女们》、《打阳伞的女人》、《温室中的塞尚夫人》、《圣维克多山》、《果盘》等。他认为"一切物体都是球形的、圆锥形、圆柱形"，对西方艺术影响很大，他的静物画配置适当，色块艳丽，给人美感，素描作品浑然拙朴、方正大器。

谁被誉为"表现主义"的先锋

他是荷兰后印象派画家，也是表现主义的先驱，并深深影响了20世纪艺术，尤其是野兽派与德国表现主义。他就是梵高（1853—1890年）。梵高早年经商，后热衷于宗教，1880年以后开始学习绘画。他的作品有《吃马铃薯的人》《向日葵》、《邮递员鲁兰》、《咖啡馆夜市》、《包扎着耳朵的自画像》、《星光灿烂》、《梵高在阿尔勒卧室》等，都包含着深刻的悲剧意识以及强烈的个性和形式上的独特追求。当时他的作品虽很难被人接受，却对西方20世纪的绘画艺术有深远的影响。1890年7月29日，梵高终因精神疾病的困扰，在美丽的法国瓦兹河畔结束了他年轻的生命。

被誉为"象征派的创始人"是谁

他是后期印象画派代表人物、雕塑家、陶艺家及版画家。他就是法国画家高更。1848年6月7日，高更生于法国巴黎。1873年高更开始绘画，并收藏印象派画家作品。他拥有毕沙罗、马奈、雷诺阿、莫奈、塞尚等人的作品。高更的作品中往往充满具象征性的物与人。1881年在巴黎参加印象派画展。1883年成为职业画家。1886年在布列塔尼组织"阿旺桥画派"。1891年到南太平洋塔希提岛生活，开始形成独特的画风。高更厌倦都市的虚伪繁华，向往海岛的纯朴自然。画作多描绘岛民原始风俗与仪式，人物造型浑厚丰实，色彩大面积平涂，线条轮廓醒目，富于象征意味和装饰效果，对象征主义和超现实主义影响较大。1903年5月1日逝世。代表作有《雅各与天使搏斗》、《亡灵的注视》、《敬神节》、《我们从哪里来？我们是什么？我们到哪里去？》、《两个塔希提妇女》等。

"青骑士社"是谁创立的

青骑士社是德国表现主义美术社团。1911年成立于慕尼黑。"青骑士"一词，出自康定斯基在1903年创作的一幅画的标题，也是取自康定斯基与马尔克组织编写的出版物的名称。他们于1911年12月—1912年1月在慕尼黑的坦豪塞画廊举办首次画展，选取青骑士为标记，1912年以后所出版的年鉴也以此为名。该社团成员围绕对画面形式的共同关注，在创作中进行了广泛的探索。青骑士社对德国乃至欧洲的现代绘画起了推动作用。

谁被誉为"抽象主义的鼻祖"

他曾经组织"青骑士"画派，后任德国包豪斯学院教授。他就是俄裔法国画家、艺术理论家——康定斯基（1866—1944年）。他曾在莫斯科学法律和政治经济学，1896年移居慕尼黑开始拜师学习绘画。此后在德国、法国和苏联从事美术活动。他的作品多采用印象主义技法，又受野兽主义影响，被认为是抽象主义的鼻祖，主要作品均采用音乐名称，诸如《乐曲》、《即兴曲》、《构图2号》等。他受音乐的启发，强调即兴式的情感宣泄，有着澎湃的激情，因此被誉为"热抽象"艺术，享有"画布上的乐师"美称。《抒情诗》、《乳牛》、《抽象水彩》等等。

什么是达达主义艺术

达达主义艺术运动是1916年至1923年间出现于法国、德国和瑞士的一种绘画风格。达达主义艺术是20世纪初在欧洲产生的一种资产阶级的文艺流派。它的最重要代表人物是杜尚、毕卡比亚等等。达达主义绘画否定一切传统的审美观念，主张"废除绘画和所有的审美要求"，要创造一种"全新的艺术"，用一些怪诞抽象甚至是枯燥的符号组成画面。达达主义绘画除了否定一切外，没有对绘画艺术提出任何建设性的主张，作品也没有美学价值。几年之后这一流派便告解体。

被誉为"现代艺术的守护神"的是哪位画家

他是20世纪实验艺术的先验，纽约达达主义的团体的核心人物，被誉为"现代艺术的守护神"。他就是法国艺术家——杜尚（1887—1968年）。1955年杜尚成为美国公民，在绘画、雕塑、电影领域内都有建树，对于第二次世界大战前的西方艺术有着重要的影响，达达主义及超现实主义的代表人物之一。他的出现改变了西方现代艺术的进程。可以说西方现代艺术尤其是第二次世界大战之后的西方艺术主要是沿着杜尚的思想轨迹行进的。因此了解杜尚是了解西方现代艺术的关键。他的主要代表作品有《下楼的女人》、《下棋》等。

什么是野兽主义

野兽主义是自1898—1908年在法国盛行一时的一个现代绘画潮流。野兽派是20世纪以后，最早形成的艺术运动之一。野兽派的画家受后印象主义影响，认为绘画要表达主观的感受，不作明暗表现，常大

71

胆地应用平涂式的强烈原色和弯曲起伏的轮廓线，并将描绘的景物予以简化，画面颇富于装饰性。野兽派画家热衷于运用鲜艳、浓重的色彩，往往用直接从颜料管中挤出的颜料，以直率、粗放的笔法，创造强烈的画面效果，充分显示出追求情感表达的表现主义倾向。

野兽主义的创始人是谁

他是野兽主义的创始人和主要代表人物，也是一位雕塑家、版画家。他就是法国著名画家——马蒂斯（1869—1954年）。他以使用鲜明、大胆的色彩而著名。他在青年时代曾在巴黎装饰美术学校学习，1895年进巴黎美术学院，从象征派画家莫罗学习，后受后期印象派的影响，并吸取东方艺术及非洲艺术的表现方法，形式"综合的单纯化"画风，提出"纯粹绘画"的主张，1906年后的作品，造型夸张，多用单纯的线描和色块的组合，形成装饰感的画风，追求装饰和形式感，是马蒂斯艺术的本质。他也是一位出色的雕塑家，他是现代派雕塑的先驱者之一，其雕塑作品追求简洁、结实的风格。他的作品有《红色的和谐》、《马蒂斯夫人像》、《蓝衣妇女》等等。

享有"当代艺术魔法大师"是哪位画家

他是超现实主义绘画大师级人物，西班牙超现实主义画家和版画家享有"当代艺术魔法大师"的盛誉。他就是与毕加索、马蒂斯并称为20世纪最有代表性的画家之一——达利。达利于1904年5月11日出生于西班牙。1989年1月23日逝世。他所创造的奇怪、梦艺般的形象，不仅启发了人们的想象力、诱发人们的幻觉，且以非凡的力量，吸引着观赏者的视觉焦点，更是以探索潜意识的意象著称。代表作有《永恒的记忆》、《回顾的女人》、《梅西的红唇房子装置》、《太空象》、《抽屉人》。

作品最多的画家是哪位

作品最多的画家是西班牙画家、雕塑家，法国共产党党员，现代艺术的创始人，西方现代派绘画的主要代表——毕加索。毕加索出生于一位图画教师的家庭，自幼受艺术的熏陶，爱好绘画。他的风格一变再变，早期作品形象简练，中年以后趋向现实主义，晚年又制作了大量的雕塑和陶器。它既有相当强的写实能力，又有极高的艺术造诣，是一位创作活动非常丰富而多产的著名画家。他的代表作有《亚威农少女》、《拿烟斗的男孩》。毕加索也是位多产画家，据统计，他的作品总计近37000件，包括：油画1885幅，素描7089幅，版画20000幅，平版画6121幅。毕加索的一生辉煌之至，他是有史以来第一个活着亲眼看到自己的作品被收藏进卢浮宫的画家。

《伏尔加河上的纤夫》是谁的作品

《伏尔加河上的纤夫》的作者是俄罗斯19世纪后期伟大的俄罗斯批判现实主义绘画大师——列宾。1844年7月24日，列宾生于乌克兰丘古耶夫，1930年9月29日病逝于故乡。早年随圣像画师学画圣像，1864年进入皇家美术学院，1871年参加毕业生命题创作竞赛获金质大奖。1870—1873年创作《伏尔加河上的纤夫》。为了创作这幅描绘沙皇统治下俄国人民痛苦生活的作品,他两度到伏尔加去,深入观察纤夫生活,使画面上的纤夫既是生活在社会底层受压迫的人,又是具有坚强毅力的生活的强者,表现了人民的强大力量和精神美。1873年去法国进修,绘画技巧得到进一步提高。他的其他代表作品有《宣传者被捕》、《意外归来》、《查波罗什人复信土耳其苏丹》及《托尔斯泰》等。

谁被誉为"俄罗斯第一风景画家"

他是俄国杰出的写生画家,现实主义风景画大师,巡回展览画派的成员之一。他就是列维坦(1861—1900年)。他出生在立陶宛山城基巴尔塔一个犹太人家庭,父亲是铁路上的低级职员。1873年,列维坦进入莫斯科绘画、雕刻、建筑学校,被编入著名风景画家、巡回展览协会发起人之一的萨甫拉索夫的风景画班学习。列维坦在风景画中的成功,主要是由于他勤奋地在俄罗斯各地写生,在写生中灌输满腔抒情力量,使画面具有诗意的境界。他常年沿着伏尔加河写生,曾经哺育过列宾和瓦西里耶夫的伏尔加,同样给列维坦以无穷无尽的灵感和无限丰富的题材。尤其是1886—1888年的伏尔加之行,使他洞察自然美的真谛,从而使他形成了成熟的抒情风景画风格。他的代表作有《金色的秋天》、《深渊》、《索科尔尼克的秋日》等等。

什么是《命运三女神》

《命运三女神》是希腊古典时期大理石浮雕。该雕塑是古希腊雕刻家菲狄亚斯及其学生于公元前438年—前432年所作。它是古希腊著名建筑物帕特农神庙东山墙上群雕《雅典娜诞生》中的一组雕像,现存3个无头无臂的女神,名字分别叫做阿特洛波斯、克罗托和拉刻西斯。她们是纺人的生命之线的神灵。三位女神身着长裙,体态优美多姿,错落有致,尤其古代希腊式的宽大衣裙,刻画得柔软轻薄,衣纹线条流畅轻盈,透露出命运三女神的优美、丰满而生命力旺盛的躯体,表现了古希腊雕塑艺术的高度水平,堪称古希腊艺术珍品。现藏英国伦敦不列颠博物馆。

雕塑《掷铁饼者》是谁的作品

《掷铁饼者》是古希腊著名的雕塑家米隆的作品。他被认为是希腊艺术黄金时期——古典时期的开创者。这座雕塑是米隆于约公元前450年所做。原作已佚,现为复制品。这座雕塑高约152厘米,原作为青铜。雕像选取运动员投掷铁饼过程中的瞬间动作,这正是铁饼出手前一系列瞬间万变动作中的暂时恒定状态,运动员右手握铁饼摆到最高点,全身重心落在右脚上,左脚趾反贴地面,膝部弯曲成钝角,整个形体有产生一种紧张的爆发力和弹力的感觉。形体造型是紧张的,然而在整体结构处理上,以及头部的表情上,却给人以沉着平稳的印象,这正是古典主义风格所追求的。掷铁饼者雕像,被公认为体育运动和健美体魄的象征。

雕塑《断臂维纳斯》是谁的作品

《断臂维纳斯》,也称《米洛的维纳斯》,是一尊希腊神话中,代表爱与美的女神维纳斯的大理石雕塑,高203厘米,由两块大理石拼接而成,两块大理石连接处非常巧妙,在身躯裸露部分与裹巾

西方文明千问

《断臂维纳斯》

的相邻处。这座雕塑是希腊米洛农民伊奥尔科斯1820年春天刨地时掘获的。后来，人们在这座雕像的基座上发现了铭文："美安德罗河畔、安屈克亚的阿历山德罗斯作"。经过专家的解读和确认，认为这座雕像是希腊化时期雕刻家阿历山德罗斯的作品。从铭文的书体看，应当是公元前100年左右的作品。雕像从头到足的曲线变化，使人体以无比圣洁的姿态展现在人们的眼前，沉静的表情里有种坦荡而自尊的神态。

为什么《大卫》被誉为最杰出的人体雕塑

《大卫》是米开朗基罗创作于公元1501—1504年的雕塑。像高2.5米，连基座高5.5米，重5000多公斤，现收藏于佛罗伦萨美术学院。1504年9月8日，大卫像首次在佛罗伦萨展出。这个圣经上的英雄人物年轻、英俊、健壮、神态坚定自若，左手上举，握住搭在肩上的"抛石带"，右手下垂，似将握拳，头部微俯，直视前方，准备投入战斗。他坚毅的精神使他的表情安祥宁静，但全身紧张的肌肉却表现了敏捷矫健，尤其是颈部肌肉硬直，手握战败巨人哥利亚的武器——投掷器与石头，更是英姿飒爽。为了使雕像在台座上显得雄伟壮观，大师有意放大了它的头部和两个胳膊，这样，观者的仰视角度在视觉上显得坚挺有力。如果能走近雕塑，你甚至可以看到手臂上的血管，显示了大师对人体构造的精深造诣。

为什么古希腊雕塑几乎都是裸体的

在古希腊人眼中，理想的人应是血统好、发育好、比例匀称、身手矫健、擅长各种运动的裸体男女。基于这种思想，裸体雕塑自然而然地成了当时的主流艺术。从艺术规律来看，作为三维空间艺术的雕塑，其最理想的模特儿应是运动场上的优胜者和那些健壮美丽的肌体。古希腊人认为人体美是美学境界中的最高表现，比例匀衡、肌肉强健的肉体就是"真善美"的实物体现。但古希腊雕塑也不一定都是裸体。希腊人在民主自由和激烈竞争的环境中不仅发现、孕育和创造了美，而且也创造了神，在希腊人的心目中最完美的人就是神，因此希腊人尊重人，把人提高到神的高度加以肯定，神和人是同形同性，希腊人把强健的身体看成是一切善与美的本原。它的主要标志是人体美，希腊人为人类贡献了高不可及的艺术典范之作。

《执矛者》是谁的作品

《执矛者》是古希腊著名雕塑家波利克里托斯的作品。《执矛者》高约198厘米，现收藏于意大利那不勒斯国立考古博物馆，原作为青铜制。在当时他是与菲狄亚斯齐名的雕塑大师。他在人体结构方面的研究非常深入，提出了头与身长比为1：7的最美的人体结构原则。《执矛者》就是他为了支持这个比例原则而作。雕像塑造的青年战士肌肉发达，左手持矛，右腿站立，身体的重心落在右腿上；右手下垂，左腿则稍稍向后弯曲着地。整个的人体动态十分统一和谐，右脚支撑身体，躯干向左倾，头向右转，全身近似于一个优美的"S"型。除了《执矛者》之外，他还创作过黄金象牙雕像《赫拉女神像》，还参加过阿耳忒弥斯神庙雕刻《阿玛宗人》的竞赛并获第一名，并且还写过一本论述人体比例的著作《法式》。

迈锡尼工艺雕塑有什么特点

迈锡尼城位于希腊半岛南端的伯罗奔尼撒半岛的东部。发生于这个地区的文化因迈锡尼城而得名，史称"迈锡尼文化"，成为克里特文化之后的又一重要文化。在荷马史诗的记载中，荷马常用"多金的"这个词来形容迈锡尼。其实它并不盛产黄金，但是金银工艺制品相当发达，其中最引人注目的是金面具、金酒器等。雕塑艺术成就主要表现在金银工艺制品上。动物雕塑在酒器工艺中被广泛运用。《狮头酒杯》是用金箔敲打而成的，形象以写实为基调，着力于装饰雕琢，简练概括，呈现狮子的基本形象特征。金面具是丧葬品，模仿死者的面容制成，一般是罩在身份高贵的死者的脸上，这些面具实际上就是氏族部落首领的遗像。

古希腊雕塑和古罗马雕塑有什么区别

古希腊雕塑的审美理想是追求真实的美。古希腊雕塑艺术的总体特点是富于理想主义质朴注重共性雅致也就是说返璞归真。希腊雕刻的题材大部分取自神话或体育竞技。古典时期，希腊人的社会思想和宗教观念起了很大的变化，雕刻艺术逐渐趋向强调人物性格情感的刻画。

古罗马雕刻很大程度上是在继承了希腊雕刻遗产的基础上发展起来的，且在肖像雕刻方面却有独特的贡献，这与罗马人崇拜祖先遗容的传统风俗是分不开的。罗马人按照自己的判断和选择把各种风格的雕刻调和起来出现了现实性很强的肖像雕刻和叙事性雕刻。这些雕刻的基本创作原则是求真写实，体现了罗马民族质朴务实的精神。由于僧侣风俗和祭祀礼节的流行，古罗马雕刻家较多刻画着衣人物形象。

《拉奥孔》雕塑取材何处

1506年出土的《拉奥孔》是历史上保存最完整的古希腊雕塑，教皇尤利乌斯二世把它放在梵蒂冈博物馆。这件艺术精品极大地影响了人们对古希腊以及视觉艺术的认识。

《拉奥孔》的故事来源于希腊和特洛伊战争中那个家喻户晓的神话传说。为夺回美女海伦，希腊与特洛伊交战。十年间，希腊人始终攻不下特洛伊城。于是，他们设计了一批能把全副武装的士兵装在里面的木马，放在特洛伊城外。特洛伊人想把木马拉进城。这时特洛伊城负责在礼拜仪式上进行监督的官员拉奥孔劝阻他们不要将木马拖到城中，以免遭来失城亡国之恨。他的举动激怒了女神雅典娜，因为木马计就是在她的提示下设计的，她是希腊的保护神。于是，她遣来两条巨蟒，将拉奥孔父子三人活活杀死。雕塑表现的就是巨蟒杀死拉奥孔父子三人，父子三人与巨蟒在生死搏斗中苦苦挣扎的情形。这座雕塑表现了一种不可抗拒的神的威力和人的愤懑抗争，体现出一种悲剧性的力量。

母狼为何会成为罗马城徽

　　当年特洛伊城被希腊人攻陷以后，年幼的埃涅阿斯跟随父亲逃到了亚平宁半岛，并在台伯河口定居下来。埃涅阿斯长大以后，在阿尔班山上建立了自己的王国阿尔巴隆加。但是由于后世子孙争夺王位而引起的纷争，身为王室血脉的孪生兄弟罗慕路斯和雷穆斯，刚出生就被装到篮子里丢进了台伯河。幸运的是他们并没有被淹死，而是顺着水流被冲到了帕拉丁山脚下。孩子的啼哭声引来了一只母狼，善良的母狼不仅没有伤害这两个婴儿，还俯下身来让婴儿吮吸自己的乳汁。一位过路的牧羊人看到这一情景后起了怜悯之心，决定将婴儿抱回家，并一直把他们抚养成人。两兄弟长大后，领导族人在台伯河畔建立起属于自己的城市——罗马。后来，罗慕路斯在争夺统治权的内讧中杀死了自己的亲弟弟雷穆斯，成了城市的唯一主人，并于公元前753年成为罗马的第一位国王。后人为了纪念这位城市缔造者的传奇式经历，把母狼哺育两个婴儿的情景制作成雕像。"母狼育婴"图案也由此成为罗马的著名城徽。

世界上最古老及残存至今的建筑物是哪座

　　吉萨金字塔群，又称吉萨陵墓区，是埃及的历史遗迹，现位于开罗市市郊。它是世界八大奇迹中，用了超过20年时间兴建，约在西元前2560年完成。它作为古埃及第四王朝法老胡夫的陵寝，也称大金字塔。吉萨金字塔是一个群体的总称，而不是一座单独的金字塔。吉萨金字塔中三座最大、保存最完好的金字塔是胡夫金字塔、海夫拉金字塔和门卡乌拉金字塔，是由第四王朝的3位皇帝在公元前2600年至公元前2500年建造的。

　　金字塔的旁边还有一些皇族和贵族的小小的金字塔和长方形台式陵墓。最初铺盖金字塔的外层磨光的灰白色石灰石块几乎全部消失。如今见到的是下面淡黄色的石灰大石块，显露出其内部结构。金字塔中心有墓室，可以从甬道进去，墓室顶上分层架着几块几十吨重的大石块。建成的金字塔被用作陵墓。古埃及人相信死后永生，金字塔内的墓穴起初堆满了黄金和各种贵重物品。金字塔都是正方位的，但互以对角线相接，造成建筑群参差的轮廓。

世界上最大的金字塔是哪座

　　位于埃及首都开罗西南约10公里吉萨高地的胡夫金字塔是埃及现存规模最大的金字塔，被喻为"世界古代八大奇迹"之一。胡夫金字塔建于埃及第四王朝第二位法老胡夫统治时期（约公元前2670年），被认为是胡夫为自己修建的陵墓。在古埃及，每位法老从登基之日起，即着手为自

第五章　艺术与审美

己修筑陵墓，以求死后超度为神。胡夫大金字塔的4个斜面正对东、南、西、北四方，误差不超过圆弧的3分，底边原长230米，由于塔外层石灰石脱落，现在底边减短为227米，倾角为51度52分。塔原高146.59米，因顶端剥落，现高136.5米，相当于一座40层摩天大楼，塔底面呈正方形，占地5.29万平方米。胡夫金字塔的塔身由大小不一的230万块巨石组成，每块重量在1.5吨至160吨，石块间合缝严密，不用任何粘合物。如把这些石头凿成平均一立方英尺的小块并排列成行，其长度相当于地球周长的2/3。胡夫金字塔工程浩大，结构精细，其建造涉及测量学、天文学、力学、物理学和数学等各领域，被称之为人类历史上最伟大的石头建筑。

什么是狮身人面像

狮身人面像，又译为"斯芬克斯"，坐落在开罗西南的吉萨大金字塔近旁。像高21米，长57米，耳朵就有2米长。除了前伸达15米的狮爪是用大石块镶砌外，整座像是在一块含有贝壳之类杂质的巨石上雕成。面部是古埃及第四王朝法老哈夫拉的脸型。公元前2610年，法老哈夫拉来这里巡视自己快要竣工的陵墓——金字塔，发现采石场上还留下一块巨石。哈夫拉当即命令石匠们，按照他的脸型，雕一座狮身人面像。石工们冒着酷暑，一年又一年精雕细刻，终于完成了它。像高二十米，长五十七米，脸长五米，头戴"奈姆斯"皇冠，额上刻着"库伯拉"圣蛇浮雕，下颌有帝王的标志——下垂的长须。一只耳朵，有2米多长。雕像坐西向东，蹲伏在哈夫拉的陵墓旁。由于它状如希腊神话中的人面怪物斯芬克斯，西方人因此以"斯芬克斯"称呼它。

谁建造了空中花园

所谓的空中花园并不是凭空在空中出现花园而是在一个高地上种上很多花草树木从远处看好象在空中一样所以叫"空中花园"。古巴比伦国王尼布甲尼撒二世（公元前604—前562年）曾以兴建宏伟的城市和宫殿建筑闻名于世，他在位时主持建造了这座名园。相传，他娶波斯国公主赛米拉米斯为妃。公主日夜思念花木繁茂的故土，郁郁寡欢。国王为取悦爱妃，即下令在都城巴比伦兴建了高达25米的花园。此园采用立体叠园手法，在高高的平台上，分层重叠，层层遍植奇花异草，并埋设了灌溉用的水源和水管，花园由镶嵌着许多彩色狮子的高墙环绕。

世界上最大的室内雕塑是哪座

公元前457年，在第一届奥林匹克运动会(公元前776年)的举办地——希腊奥林匹亚城，完工了一座巨大的雕像，这就是宙斯神像。宙斯神像也是当时世界上最大的室内雕像。这是一座高14米的坐像。神像头戴橄榄叶编织的环，右手握着由象牙和黄金制成的胜利女神像，左手拿着一把光彩夺目的权杖，权杖上停着一只威风凛凛的雄鹰。神像宝座的四周围绕着狮身人面像、胜利女神等神话人物。不包括宝座，仅神像就相当于4层楼的高度。雕像脚部署有作者的名字，那就是古希腊最杰出的雕塑家菲狄亚斯，雅典娜神像就出自他的手。他完成雅典娜神像之后，就着手制作宙斯神像。公元5年，宙斯神殿被一

77

场大火摧毁。出于安全的考虑，幸免遇难的宙斯神像被运到了君士坦丁堡。可终归是厄运难逃，公元462年又一场大火，将宙斯神像彻底焚毁。今天，我们能看到的就只有奥林匹亚城宙斯神殿的断壁残垣了。

阿尔特弥斯神庙位于哪儿

阿尔特弥斯神庙位于今天土耳其的爱奥尼亚海滨，《圣经》里把这个地方称为以弗所，就是现在的艾菲索斯。人们崇拜女神阿尔特弥斯便以她的名义修建了神庙。该建筑属于双层围柱式柱廊结构，其左右两侧各两排的柱子每排21根如果加上主厅内部的柱子这座建筑物的柱子多达130余根。它属于爱奥尼亚式建筑。神殿由希腊建筑师车西夫若恩设计，当时希腊著名的雕刻家菲迪亚斯、坡留克来妥斯和克列休拉斯等也参与到了这一宏大的工程当中，神殿中的许多技艺精湛的青铜雕像和阿尔特弥斯神像也出自这几位艺术家之手。规模超过了雅典卫城的帕特农神庙，也是最早的完全用大理石兴建的建筑之一。它还一度享有对逃亡者的"庇护权"。公元前356年7月21日的深夜，这座壮丽的神殿在一场大火中变成了废墟。神庙被焚毁后，在亚历山大王的帮助下，按原建筑式样重建。

古希腊建筑的特点是什么

古代希腊是欧洲文化的发源地，是西方文明的摇篮。古希腊建筑开欧洲建筑的先河。古希腊的发展时期大致为公元前8世纪—公元前1世纪，即到希腊被罗马帝国兼并为止。从时间上分，古希腊建筑的发展时期大体上可以分为早期爱琴时期、中期古典时期和晚期希腊化时期三大发展序列。古希腊建筑的结构属梁柱体系，早期主要建筑都用石料。限于材料性能，石梁跨度一般是4~5米，最大不过7~8米。墙体也用石砌块垒成，砌块平整精细，砌缝严密，不用胶结材料。希腊建筑的主要特征表现为：平面构成为1：1.618（黄金比）或1：2的矩形；柱式的定型有四种：陶立克柱式、爱奥尼克柱式、科林斯式柱式、女郎雕像柱式；建筑的双面披坡屋顶形成了建筑前后的山花墙装饰的特定手法；由平民进步的艺术趣味而产生的崇尚人体美与比例数的和谐。希腊建筑的杰出代表有：雅典卫城、宙斯神庙、帕特农神庙等等。

雅典卫城修建于什么时候

雅典卫城面积约有4平方千米，位于雅典市中心的卫城山丘上，始建于公元前580年是祭祀雅典守护神雅典娜的神圣地，建筑群建设的总负责人是雕刻家菲迪亚斯。雅典卫城是希腊最杰出的古建筑群，是综合性的公共建筑，为宗教政治的中心地。卫城，原意是奴隶主统治者的圣地，古代在此建有神庙，同时又是城市防卫要塞。公元前5世纪，雅典奴隶主民主政治时期，雅典卫城遂成为国家的宗教活动中心，自希腊联合各城邦战胜波斯入侵后，更被视为国家的象征。每逢宗教节日或国家庆典，公民列队上山进行祭神活动。现存的主要建筑有山门、帕特农神庙、伊瑞克提翁神庙、埃雷赫修神庙等。

第五章　艺术与审美

帕提农神庙建造于什么时期

帕提农神庙是希腊雅典卫城中祀奉雅典保护神雅典娜的神庙。建于公元前447—前432年，是古希腊多立克式建筑的最高成就，古代建筑艺术杰作。建筑师是伊克蒂诺和卡利克拉特，主要雕塑师为菲迪亚斯。帕提农神庙处于卫城最高点，东西端各有8根多立克式柱，两侧另有17根柱，立于3级无柱础台基上。东端为主要入口，经前廊入神殿。殿内供奉雅典娜立像，环像3面沿墙建有两层多立克式回廊。神庙以西为帕提农神庙（圣女宫），曾用于存放财宝和档案。它历尽沧桑，如今仅剩残垣断壁。

古罗马时期最大的圆形角斗场是哪座

位于意大利首都罗马的威尼斯广场南面，是古罗马时期最大的圆形角斗场，也是古罗马帝国的象征。角斗场又名斗兽场、露天竞技场。因它建于弗拉维王朝（69—96年）时期，故又称弗拉维露天剧场。但其真正的名字是科洛塞奥，意为"高大"，因广场上原有尼禄皇帝的一个高大铜像而得名。这座椭圆形的建筑物是由维斯帕西安皇帝于72年开始修建，其子提图斯皇帝于80年隆重揭幕。据说是为了纪念罗马帝国征服耶路撒冷的胜利，强迫8万名犹太俘虏服了10年苦役建成的。角斗场是斗兽、赛马、竞技、阅兵、歌舞等的场所，用淡黄色巨石垒砌。占地2万平方米，外部高48.5米，周长527米，椭圆长径188米，短径155米，四周可容观众5万人。当初为观赏水中斗兽情景，还采用了引湖淹灌的办法。后来在台下改建成许多地窖，供角斗士化装准备搏斗和关闭猛兽之用。据记载，角斗场竣工后，各种表演持续了100天，动用了5000头狮子、老虎和其他猛兽，还有3000名由奴隶、俘虏、罪犯和基督徒组成的角斗士。

被米开朗基罗赞叹为"天使的设计"是哪座建筑

万神庙是古罗马的象征，同时它也是罗马最古老、保存最完好、最受欢迎的历史古迹之一。它位于古城中心，于1980年列入教科文组织《世界遗产名录》。万神庙最初的历史可追溯到公元前27年的罗马共和国时期，该庙由罗马总督阿格里帕所建，为的是庆贺屋大维打败安东尼和埃及艳后克丽奥佩特拉的亚克兴战役，及奉祀帝国诸神而建造的。这座早先建造的万神庙是一座传统的长方形庙宇，存世约半个世纪，于公元80年毁于一场大火。公元120—124年，哈德良皇帝亲自设计了这座神庙，作为奉

古罗马角斗场遗迹

祀诸神的神殿。他创造性地将神庙建成了圆形，而在此之前神庙大多是东西向的长方形建筑。万神庙穹顶直径43米的记录直到20世纪还未被打破。庙内的地面和城墙用色彩鲜明的大理石建成。公元609年，万神庙成为基督教教堂。17世纪时，青铜层顶被移走并熔化，以用作梵蒂冈城圣彼得大教堂的内部装饰以及罗马圣安杰洛城堡的大炮制造。

什么是哥特式建筑

哥特式建筑是11世纪下半叶起源于法国，13—15世纪流行于欧洲的一种建筑风格。主要见于天主教堂，也影响到世俗建筑。它由罗曼式建筑发展而来，为文艺复兴建筑所继承。哥特式建筑主要由石头的骨架券和飞扶壁组成。其基本单元是在一个正方形或矩形平面四角的柱子上作双圆心骨架尖券，四边和对角线上各一道，屋面石板架在券上，形成拱顶。采用这种方式，可以在不同跨度上作出矢高相同的券，拱顶重量轻，交线分明，减少了券脚的推力，简化了施工。最著名的哥特式建筑有俄罗斯圣母大教堂、意大利米兰大教堂、德国科隆大教堂、英国威斯敏斯特大教堂、法国巴黎圣母院。

什么是拜占庭建筑

君士坦丁一世是第一个于4世纪接受基督教的罗马皇帝。早期的基督教徒们把古罗马带侧廊的巴西利卡改建成第一批教堂。结果这种建筑风格成了东罗马或拜占廷帝国常见的风格，并被称为拜占廷风格。该建筑具有鲜明的宗教色彩，其突出特点是屋顶的圆形。它的特点主要是：第一个方面是屋顶造型，普遍使用"穹窿顶"。第二个特征是整体造型中心突出。那既高又大的圆穹顶，往往成为整座建筑的构图中心。第三个特点是它创造了把穹顶支承在独立方柱上的结构方法和与之相应的集中式建筑形制。第四个特点是色彩灿烂夺目。其代表建筑是圣索菲亚大教堂。

比萨斜塔为什么被誉为世界七大奇迹之一

土耳其索菲亚大教堂

比萨斜塔于1173年8月9日动工，建至第三层时即出现倾斜现象，被迫于1178年停工。1272年继续施工，建至第七层时又曾停工，后又于1278年复工，至1350年斜塔终于竣工，当时塔顶中心点已偏离垂直中心线2.1米。这个高54.5米的8层圆柱形建筑，塔基直径19.6米，重约14500吨。600多年来，比萨斜塔继续缓慢向南倾斜，特别是自1938年至1990年的50多年里，比萨斜塔的倾斜速度加快，使顶部中心点偏离垂直中心线达4.5米。因为它倾斜的原因，所以被誉为世界七大奇迹之一。为保护斜塔，自1989年起不再向游人开放。

第五章 艺术与审美

哪座教堂被誉为"世界上最美的教堂"

佛罗伦萨大教堂也叫"花之圣母大教堂","圣母百花大教堂",被誉为世界上最美的教堂,是文艺复兴期的第一个标志性建筑,意大利第二大教堂,能同时容纳1.5万人同时礼拜。佛罗伦萨大教堂是13世纪末行会从贵族手中夺取了政权后,作为共和政体的纪念碑而建造的。教堂建于1296—1462年。教堂长82米,由4个18.3米的间跨组成,东、南、北三面各有一个半八角形的巨室,巨室外是5个小礼拜堂。教堂造型很有独创性,虽然大体还是拉丁十字式的,但突破了教会的禁制,把东部歌坛设计成近似集中式的,预计用穹顶。15世纪初,布鲁内列斯基着手设计穹顶。教堂内部穹顶上的浮雕是达·芬奇的《最后的晚餐》。

世界上最大的哥特式教堂

举世闻名的米兰大教堂,坐落于意大利米兰市中心的广场,是世界上最大的哥特式教堂,也是仅次于梵蒂冈的圣彼得教堂和西班牙的塞维利亚教堂的欧洲第三大教堂。它始建于1386年,到1485年才完成。这座教堂全由白色大理石筑成,大厅宽达59米,长130米,中间拱顶最高45米。教堂的特点在它的外形:有135个尖塔,每个塔尖上有神的雕像。教堂外部总共有2000多个雕像。如果连内部雕像总共有6000多尊,是世界上雕像最多的哥特式教堂。它的建筑风格包含了哥特式、新古典式和巴洛克式。上半部分是哥特式的尖塔。下半部分是典型的巴洛克式风格。教堂有24扇世界上最大的彩绘玻璃窗。米兰大教堂可供4万人举行宗教活动。

《意大利米兰大教堂》

什么是"真理之口"

意大利罗马科斯梅丁·圣玛利亚教堂拱廊左侧的拐角,有一个雕有河神头像的圆石盘,石盘侧棱和表面都可清楚的看到岁月留下的缺口和低凹,石盘下方的石质基座同样沧桑满布,而高度则不及圆盘的半径长度,更显出圆盘之大,这就是著名的真理之口。真理之口相传原为井盖,其"口"即为出水口。17世纪中叶真理之口被发现于科斯梅丁·圣玛利亚教堂外墙,后被作为检测谎言的神器。据说凡在真理之口前所言不实之人,将手伸进口中,便会被咬住。电影《罗马假日》中,奥黛丽·赫本在真理之口前的特写镜头,也是如此。真理之口所在的科斯梅丁·圣玛利亚教堂本身也是一座罗马的古建筑,教堂的罗马尼克式钟楼是典型的中世纪建筑。科斯梅丁·圣玛利亚教堂内古朴肃穆,具有浓厚的宗教气息。

被誉为"艺术之宫"的是哪座建筑

乌菲兹美术馆,以收藏绘画艺术品为主,是意大利最大的博物馆,也是欧洲第一个现代化的博物馆,素有"艺术之宫"之称。乌菲兹美术馆共有45个展

81

西方文明千问

厅，藏品超过10万件。乌菲兹美术馆始建于1550年，直到1765年才正式对外开放。乌菲兹美术馆位于乌菲兹宫的第二层和第三层，共有45个展厅。乌菲兹美术馆珍藏了大批意大利文艺复兴时期的绘画作品、书籍资料及雕塑陶瓷等。著名的藏品包括米开朗基罗的《圣家族》，波提切利的《维纳斯的诞生》、《春》以及提香的《花神》等等。

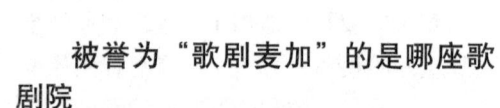

被誉为"歌剧麦加"的是哪座歌剧院

歌剧的发源地是意大利，而斯卡拉歌剧院在音乐界有"歌剧麦加"之称。斯汤达认为它是"意大利最好的歌剧院"。斯卡拉歌剧院位于米兰市中心，由朱塞佩·皮耶尔马里尼设计，于1776年开工建设，1778年8月3日建成并投入使用。因为在圣玛利亚斯卡拉教堂的遗址之上兴建而成，所以得名斯卡拉歌剧院。斯卡拉歌剧院拥有座椅超过3000个，剧院造型呈马蹄形，使歌剧声音在传播中损失最小。剧院的包厢在第一层到第四层，共有包厢409个，每个包厢可坐6到8人，第五、六层为普通座位，最贵的门票可达到3334美元。斯卡拉歌剧院内还设有赌博设施、图书馆及小型的剧院博物馆，展出与斯卡拉歌剧院相关的歌剧手稿、剧院历史资料等。

世界上第一座大圆顶教堂是哪座

作为哥特建筑的最高表现，圣玛丽亚鲜花大教堂建于1296年，又称"圣母无原罪之花"，位于德国西部的特里尔。圣玛

圣玛丽亚鲜花大教堂

丽亚鲜花大教堂高91米，最大直径45.52米。圆顶内还陈列了米开朗杰罗雕刻的圣彼德像和约200平方米的巨幅壁画《末日的审判》。教堂侧面有两扇十分壮观的大门：北面是十五世纪的曼多尔拉门，南面是十四世纪的卡诺尼奇门。教堂内部为拉丁十字形，长153米，宽38米，可同时容纳一万人，是世界第四大教堂。教堂的外立面到1587年仍未完成，约三个世纪后的1887年竣工，用的是卡拉拉的白色大理石、普拉托的绿色大理石和玛雷玛的粉红色大理石，整座建筑显得十分精美。

哪座广场被拿破仑誉为"世界上最美的广场"

1797年拿破仑进入威尼斯，称赞圣马可广场是"世界上最美的广场"和"欧洲最美的客厅"。圣马可广场又称威尼斯中心广场，一直是威尼斯的政治、宗教和传统节日的公共活动中心。圣马可广场是由公爵府、圣马可大教堂、圣马可钟楼、新、旧行政官邸大楼、连接两大楼的拿破仑翼大楼、圣马可大教堂的四角形钟楼和圣马可图书馆等建筑和威尼斯大运河所围成的长方形广场，长约170米，东边宽约

80米，西侧宽约55米。广场四周的建筑都是文艺复兴时期的精美建筑。

"叹息桥"怎么来的

叹息桥建于1603年，因桥上死囚的叹息声而得名。叹息桥两端连结着威尼斯共和国总督府（都卡雷宫）和威尼斯监狱，是古代由法院向监狱押送死囚的必经之路。叹息桥造型属早期巴洛克式风格，桥呈房屋状，上部穹隆覆盖，封闭得很严实，只有向运河一侧有两个小窗，当犯人在总督府接受审判之后，重罪犯被带到地牢中，在经过这座密不透气的桥时，只能透过小窗看见蓝天，从此失去了自由，不由自主的发出叹息之声，叹息桥由此得名。

世界上最大的教堂是哪座

世界上最大的教堂，天主教的朝圣之地，梵蒂冈与外界的分界线，罗马基督教的中心教堂，欧洲天主教徒的朝圣地与梵蒂冈罗马教皇的教廷，也是巴洛克艺术的经典代表。这就是位于梵蒂冈的圣彼得大教堂。圣彼得大教堂的总面积2.3万平方米，主体建筑高45.4米，长约211米，最多可容纳近6万人同时祈祷。它是全世界第一大圆顶教堂。这座教堂最初是由君士坦丁大帝在圣彼得墓地上修建的，于公元326年落成。16世纪，教皇朱利奥二世决定重建圣彼得教堂，并于1506年破土动工。在长达120年的重建过程中，意大利最优秀的建筑师布拉曼特、米开朗基罗、德拉·波尔塔和卡洛·马泰尔相继主持过设计和施工，直到1626年11月18日才正式宣告落成。登上教堂正中的圆穹顶部，可欣赏圆穹内壁的大型镶嵌画。其中比较著名的有米开朗琪罗的《大卫》雕像、《创世纪》天花板壁画、拉斐尔的《雅典学院》油画等。教堂下面的廊檐上方有11尊雕像，中间是耶稣基督；两侧各有一座钟，右边是格林威治标准时间，左边是罗马时间。

哪座建筑被誉为"中世纪最美丽的花"

巴黎圣母院坐落于巴黎市中心塞纳河中的西岱岛上，也是天主教巴黎总教区的主教座堂。始建于1163年，是巴黎大主教莫里斯·德·苏利决定兴建的，整座教堂在1345年才全部建成，历时180多年。巴黎圣母院的正外立面被壁柱纵向分隔为三大块；三条装饰带又将它横向划分为三部分，其中，最下面有三个内凹的门洞。门洞上方是所谓的"国王廊"，上有分别代表以色列和犹太国历代国王的二十八尊雕塑。"长廊"上面为中央部分，两侧为两个巨大的石质中棂窗子，中间一个玫瑰花形的大圆窗，其直径约10米，建于1220—1225年。中央供奉着圣母圣婴，两边立着天使的塑像，两侧立的是亚当和夏娃的塑像。大厅可容纳9000人，其中1500人可坐在讲台上。厅内的大管风琴也很有名，共有6000根音管。曾经有许多重大的典礼在这里举行，例如宣读1945年第二次世界大战胜利的赞美诗，又如1970年法国总统戴高乐将军的葬礼等。

被誉为"集巨大与纤细于一身令人惊异的建筑"是哪座建筑

斯特拉斯堡大教堂也被称为斯特拉斯堡圣母大教堂，坐落在法国城市斯特拉斯

西方文明千问

斯特拉斯堡大教堂

堡市中心，是中世纪时期最重要的历史建筑之一，也是欧洲著名的哥特式教堂。法国作家雨果曾以"集巨大与纤细于一身令人惊异的建筑"来形容这座教堂。斯特拉斯堡大教堂始建于1176年，直到1439年才全部竣工，主体建筑全部采用孚日山的粉红色砂岩石料筑成，正面的尖塔高达142米，曾经是欧洲最高的建筑。教堂里有两个重要的物什就是席伯尔曼的管风琴和一个天文钟。天文钟自1842年开始运作，每隔15分钟有孩童、青年、成人及老人代表人生4个阶段的雕像出现，但每一整点就有死神提着斧出来报时，至今准确无误，到中午12:30左右鸣钟以乐声报时。

世界最大的表演正歌剧的剧院是哪座

巴黎歌剧院位于巴黎市中心的歌剧院广场，正式名称为巴黎艺术学园。自建成后它的名称经历过许多变化：1791年以后叫做"歌剧剧院"，1794年改名为"艺术剧院"，1804年又变成"帝国音乐学会"，而在1814年以后变为"皇家音乐学会"。在非常时期，它还充任过押禁囚犯的拘留所。剧院于1861年开工，但当工人挖掘地基时，发现在地下有大量的地下水。为此，进行了8个月的抽水工作，将水位降到地下近4层的深度，地下第5层作为水道，工程才得以继续。直至今日，巴黎歌剧院的地下仍有一个人工湖。经过10多年的建设，巴黎歌剧院终于完工，总面积达到1.1万平方米。巴黎歌剧院作为全世界最大的歌剧院之一，其建筑将古希腊罗马式柱廊、巴洛克等几种建筑形式完美地结合在一起，规模宏大，精美细致。巴黎歌剧院的外观分为3个层次，皇冠形穹顶、三角形山墙和正立面的柱廊。巴黎歌剧院有着全世界最大的舞台，它宽32米、深27米，台口部分宽为16米、高13.75米，前、后台都很宽敞，可同时容纳450名演员在台上演出。舞台的台面略微向观众厅倾斜，并比观众厅高出0.95米。

欧洲最大的凯旋门位于哪个国家

欧洲最大的凯旋门是位于法国的巴黎凯旋门，又称雄狮凯旋门。这座凯旋门是拿破仑为纪念1805年打败俄奥联军的胜利，于1806年下令修建而成的。拿破仑被推翻后，凯旋门工程中途辍止。波旁王朝被推翻后又重新复工，到1836年终于全部竣工。凯旋门高49.54米，宽44.82米，厚22.21米，中心拱门高36.6米，宽14.6米。在凯旋门两面门墩的墙面上，有4组以战争为题材的大型浮雕："出征"、"胜利"、"和平"和"抵抗"；其中有些人物雕塑还高达五六米。凯旋门的四周都有门，门内刻有跟随拿破仑远征的386名将军和96场胜战的名字，门上刻有1792年至1815年间的法国战事史。凯旋门的正下方，是1920年11月11日建造的无名战士墓，墓是平的，地上嵌着红色的墓志："这里安息的是为国牺牲的法国军人。"据说，墓中睡着的是在第一次世界大战中牺牲的一位无名战士，他代表着在大战中死难的150万法国官兵。

为什么称先贤祠为"巴黎万神庙"

"先贤祠"词源于希腊语，意为"所有的神"，中译"万神殿"。巴黎先贤祠又称伟人公墓、万神庙或哲人堂。先贤祠为新古典主义型建筑。平面为希腊十字形。长110米，宽82米，穹顶高83米，在埃菲尔铁塔建成前是巴黎的最高建筑。先贤祠原为法国国王路易十五许愿为巴黎保护神圣热纳维埃沃修建的一座教堂，由建筑师苏夫洛负责建造，工程从1758年开始，于1789年竣工。建筑的正面仿照罗马万神庙，故而有人称先贤祠为巴黎万神庙），本堂与侧廊之间，用华丽的科林斯式柱廊分割。由22根柱子组成的巨大柱廊耸峙在台阶上，柱高19米，配置方式奇特。柱廊上立三角形山墙（即"山花"），这是古希腊神庙正面的顶部特征，这里对山花的使用在巴黎还是第一次。两百多年来先后安葬在先贤祠的72人中，其中仅有11人是政治家。是否能安葬于先贤祠，必须经过法国国民议会讨论通过，并由总统最终签署命令才能实现。

"法国第一宫殿"是指哪座建筑

法国的爱丽舍宫，是法兰西共和国总统府，是"法国第一宫殿"，也是法国最高权力的象征。这幢建筑最早以其舒适、幽静而闻名巴黎。"爱丽舍"一词源于希腊语，意为"乐土、福地"。爱丽舍宫建于18世纪初，当时一位叫戴佛尔的伯爵在巴黎的市中心建起这座宫殿，取名为"戴佛尔大厦"。1789年法国大革命爆发后改名为爱丽舍宫，1848年拿破仑三世称帝，把爱丽舍宫改为皇宫。法兰西第三共和国成立，爱丽舍宫被改为总统府，此后一百年来，一直是法国总统办公的地方。按艺术史的划分，爱丽舍宫为洛可可时期的建筑风格，洛可可艺术特点是极尽豪华，装饰讲究、布置华丽。爱丽舍宫的装饰和布局可以说是"洛可可"艺术的典型代表。

卢浮宫为什么被誉为"万宝之宫"

卢浮宫整体建造形状呈"U"字形，建筑面积达48000平方米，其内藏品丰富，超过40万件，素有"万宝之宫"之称。卢浮宫始建于腓力二世时期（1190年），当时是用作防御目的，后来经过一系列的扩建和修缮，逐渐成为一个金碧辉煌的王宫。位于卢浮宫广场中心的玻璃金字塔，建于1989年，是卢浮宫的主要入口。卢浮宫主要有8大展馆，分别为东方艺术馆、伊斯兰艺术馆、古希腊及古罗马艺术馆、古埃及艺术馆、珍宝馆、绘

卢浮宫

画馆、雕塑馆、亚洲非洲大洋洲美洲文明馆。其中最重要的镇宫三宝是世人皆知的：《米洛的维纳斯》，达芬奇的《蒙娜丽莎》和《萨莫特拉斯的胜利女神》。

法国为什么要修建埃菲尔铁塔

埃菲尔铁塔，是为迎接法国大革命胜利百年和万国博览会而建造的。埃菲尔铁塔，始建于1887年1月26日，1889年建成，设计者古斯塔夫·埃菲尔为其揭幕。因其设计者古斯塔夫·埃菲尔而得名，这座世界第一高度的钢铁高塔位于巴黎市战神广场上，铁塔除四脚为固定使用混凝土外，其他都使用钢铁建造，通透的结构，堪称奇迹。铁塔高324米，总重量10000吨，使用了1500000个铆钉、12000个钢铁铸件，共有1711级台阶等等。第一层平台距地面57米，设商店和餐厅；第二层平台高115米，设有咖啡馆；第三层平台高达276米，供游人远眺，底部面积10000平方米，在第三层处建筑结构猛然收缩，直指苍穹。从一侧望去，象倒写的字母"Y"。

伦敦塔为什么被称为"血腥之塔"

伦敦塔位于泰晤士河北岸的塔山上，是一个占地达18英亩由城堡、炮台和箭楼等组成的庞大建筑群。1078年，威廉一世在泰晤士河的北岸建造了堡垒伦敦塔，以此证明保卫伦敦的决心和实力。它的官方名称是"女王陛下的宫殿与城堡，伦敦塔"。白塔（每个角上都有塔楼的方形建筑）实际上是在伦敦泰晤士河边的几座建筑的组合体中间，这些建筑曾作为堡垒、军械库、国库、铸币厂、宫殿、刑场、公共档案办公室、天文台、避难所和监狱，特别关押上层阶级的囚犯。在相当长的时期里，伦敦塔犹如壁垒森严的监狱，隐藏着英国王室血腥、暴力的宫廷斗争。英格兰历史上有多位失败的国王、失宠的王后、王妃、王子、大臣和贵族囚禁于此，甚至被送上断头台。例如英国空想社会主义者、《乌托邦》的作者托马斯·莫尔也曾囚禁在伦敦塔内。因此被称为"血腥之塔"。

世界上有人居住的城堡中最大的一个是哪座城堡

温莎城堡位于英国英格兰东南部区域伯克郡温莎·梅登黑德皇家自治市镇。温莎，是世界上有人居住的城堡中最大的一个。1066年，诺曼底公爵即后来的威廉一世，为了防止英国人民的反抗，在伦敦周围郊区，建造了9座相隔32公里左右的大型城堡，组成了一道可以互相支援的碉堡防线，温莎城堡是9座城堡中最大的一座。温莎城堡分为上中下三区，沿着城堡丘进入城堡，就是城堡中区。中区最明显的地标是被玫瑰花园围绕的圆塔。上区的国家套房内有丰富的皇家珍藏艺术品，皇室重要仪式或宴会均在此举办，包括女王迎接宾客的谒见厅、女王交谊厅等。下区的圣乔治礼拜堂是温莎城堡的建筑经典，豪华的15世纪哥特式建筑，以细致艳丽的彩绘玻璃著称，有10位英国王室埋葬于此。

西斯敏寺大教堂修建于什么时候

英国西敏寺大教堂，亦译作威斯

第五章 艺术与审美

敏斯特寺，坐落在英国伦敦议会广场西南侧的威斯敏斯特大教堂，正式名称为"圣彼得联合教堂"。它最初由笃信宗教的国王"忏悔者"爱德华一世于1050年下令修建，1065年建成。现存的教堂为1245年亨利三世时重建，以后历代都有增建，直到15世纪末才告竣工。教堂平面呈拉丁十字形，全长156米，宽22米，大穹窿顶高31米，钟楼高68.5米，整座建筑既金碧辉煌，又静谧肃穆，被认为是英国哥特式建筑的杰作。西斯敏寺大教堂是英国历史文物的集萃之地，它不仅是20多位英国国王的墓地，也是一些著名政治家、科学家、军事家、文学家的墓地，其中丘吉尔、牛顿、达尔文、狄更斯、布朗宁等各界名人都长眠于此。

白金汉宫修建于什么时候

白金汉宫是英国的王宫，位于伦敦最高权利的所在地——威斯敏特区。1703年由白金汉公爵兴建，故称"白金汉宫"。1702白金汉公爵开始建造第一所房子，60年后被卖给乔治三世，成为王室成员住所。1761年乔治三世加以扩建。由白金汉屋转变为白金汉宫的工作由乔治四世和他所器重的建筑师约翰·纳什完成。1837年维多利亚女王即位后正式成为王宫。10年后，左右两翼被连接起来。1863年始成为英国历代君主的寝宫，是英皇权力的中心地。宫殿前面的广场有很多雕像，以及由爱德华七世扩建完成的维多利亚女王纪念堂。其中维多利亚女王像上的金色天使，代表皇室希望能再创造维多利亚时代的光辉，若皇宫正上方飘扬着英国皇帝旗帜时，则表示女王仍在宫中。

水晶宫是什么时候建造的

1849年，英国白金汉宫决定举办一届规模宏大、有世界各国参与的国际性博览会。由英国园艺师J·帕克斯顿按照当时建造的植物园温室和铁路站棚的方式设计，大部分为铁结构，外墙和屋面均为玻璃，整个建筑通体透明，宽敞明亮，故被誉为"水晶宫"。它占地约7.4万平方米，长约564米，宽约125米，高三层。主要建材为铁，包括铁柱3300根，铁梁2300条。世博会结束后，水晶宫如期在1852年拆除。1852—1854年，水晶宫移至伦敦南部的锡德纳姆山重建，规模有所扩大，并且添建了一些仿古代埃及、希腊、罗马和尼尼微的庭院。1854年6月10日由维多利亚女王主持向公众开放。在建成的80多年间，作为世界各地艺术品的博物馆，曾举办过各种演出、展览会、音乐会、足球比赛和其他娱乐活动，每年吸引了大约200万人来参观，并因其焰火表演而享有盛名。1936年11月30日晚，水晶宫毁于一场大火。

伦敦的象征是什么

作为伦敦市的标志以及英国的象征，建于1859年的大本钟巨大而华丽，重13.5吨，时针和分针长度分别为2.75米和4.27米，钟摆重305公斤，四个钟面的面积有两平方米左右。1859年，它被安装在西敏寺桥北议会大厦东侧高95米的钟楼上。大本钟是由埃德蒙德·格林斯罗普勋爵设计，并由爱德华·登特及他的儿子弗雷德里克建造的。大本钟是世界上第二大的同时朝向四个方向的时钟。每个钟面的底座上刻着拉丁文的题词,"上帝啊,请保佑我们的女王维多利亚一世的安全。"

哪座城堡还被称为"白雪公主堡"

被称为"白雪公主堡"的新天鹅堡是巴伐利亚国王路德维希二世于1869年开始修建的,1886年竣工,位于德国巴伐利亚西南方。这座城堡是新罗马建筑风格并模仿了德国中世纪的骑士城堡。这座城堡共有360个房间,其中只有14个房间依照设计完工,其他的346个房间则因为国王在1886年逝世而未完成。整个建造工程,耗费了相当多的材料与物资,单是1872年,就用了450吨的水泥,1845立方米的石灰。1879年至1880年,保守的估计就用了465吨萨尔斯堡的大理石。美国迪斯尼乐园里的堡垒,就是以新天鹅堡为原型设计的。

哪座城堡被誉为"欧洲最美丽的中世纪城堡之一"

西庸城堡被称为"欧洲最美丽的中世纪城堡之一",是为了控制军事意义重大的南北通道和湖水、山之间的小道而建立的军事要塞。西庸城堡是一座瑞士的中世纪水上城堡,紧邻日内瓦湖畔。城堡由100座独立的建筑组合而成。城堡最古老的部分并没有确切的修建年份,但是对于城堡的第一份手写档案记录是在1160年或1005年。从公元12世纪中叶,该城堡成为了萨佛依伯爵的居所。公元13世纪时,彼得二世对西庸城堡进行了扩建。西庸城堡的成名还有赖于英国诗人拜伦。1530年至1536年间,日内瓦的独立主义者弗朗索瓦·博尼瓦被关押在此,后来英国诗人拜伦所写的著名诗歌《西庸的囚徒》,一举将西庸城堡名字散播至了整个欧洲。城堡内的中世纪古迹相当丰富,包括防御塔楼、军火库、公爵居所、纹章大厅、礼拜堂等等,地下室设有监狱。

欧洲北部最大的教堂是什么

德国科隆大教堂是欧洲北部最大的教堂,它以法国兰斯主教堂和亚眠主教堂为范本,是德国第一座完全按照法国哥特盛期样式建造的教堂。科隆大教堂始建于1248年,一直到1880年建成。大教堂工程规模浩大,至今仍保存着成千上万张设计图,是迄今为止人类建筑史上建造时间最长的一座"哥特式"建筑物,其建筑期长达632年。1880年10月15日,科隆大教堂举行了盛大的竣工典礼。科隆大教堂占地8000平方米,建筑面积约6000平方米,东西长144.55米,南北宽86.25米。主体部分就有135米高,大门两边的两座尖塔高达157.38米。大教堂内分为5个礼拜堂,中央大礼拜堂穹顶高达43.35米,中厅跨度为15.5米,各堂排有整齐的木制席位,圣职人员的座位有104个。科隆大教堂与巴黎圣母院、罗马圣彼得大教堂并称为欧洲三大宗教建筑。

阿兰布拉宫修建于什么时候

阿兰布拉宫,又叫阿尔汗布拉宫,位于西班牙南部城市格拉纳达太阳山脊上,是一座阿拉伯国王的宫殿建筑群,宫殿群的大部分建筑是在尤素夫一世(1333—1354年)及其儿子穆罕默德五世(1353—1391年)时期建造的。之所以将这座宫殿叫做"阿兰布拉"是因为它拥有的红色围墙。在阿拉伯语中,"阿兰布拉"是"红色城堡"意思。阿兰布拉宫所在位置是一重要的战略要地,在当时,阿兰布拉宫不仅作为宫殿,同时还被作为具有战略意义的城堡。在阿兰布拉宫中可以非常清楚的看到整个城市,这可以保证在敌人进攻之前就可以做好一切防御准备。

欧洲第三大皇宫是哪座

西班牙皇宫又叫马德里皇宫,坐落在曼萨亚斯河左岸的山冈上,是欧洲仅次于凡尔赛宫和维也纳的皇宫,也是世界上保存最完整设计最精美的宫殿之一。西班牙皇宫修建于18世纪中期的卡洛斯三世时代,是具有波旁王朝代表性的文化遗迹。皇宫整体布局呈正方形,每边均为180米长,外观与卢浮宫的建筑特点相同,内部则以意大利风格装潢,华丽的天花板绘画、内墙上手工完成的刺绣壁画等。宫内独立建筑无数,著名的有阿拉巴特洛斯大厅、大柱、镜子厅和卡洛斯三世国王房间等。王宫里还可以欣赏到委拉斯凯斯、鲁本斯等大师的画作。

圣彼得堡是由谁下令建造的

圣彼得堡市于1703年由俄国沙皇彼得一世下令建造。1712年俄国首都从莫斯科迁至此城。在以后的二百多年里,它一直是俄国的政治、经济、文化中心。历史上该市三易其名。最初沙皇彼得大帝将它命名为圣彼得堡(1703—1914年),以后更名为彼得格勒(1914—1924年),1924年列宁逝世后,改名列宁格勒。1991年后,恢复了圣彼得堡的名称。这主要是由于该城有1000多个保存完好的名胜古迹,包括548座宫殿、庭院和大型建筑物,32座纪念碑,137座艺术园林,此外还有大量的桥梁、塑像等等。最著名的名胜古迹有彼得保罗要塞、彼得保罗大教堂,以及要塞附近的彼得大帝小舍、海军部岛上的彼得大帝夏花园、华西里耶夫岛上的缅希科夫公爵府、涅瓦河畔的伏罗佐夫大臣府和斯特罗加诺夫大臣府等等。

俄罗斯现存最古老的教堂是哪座

乌斯宾斯基圣母升天大教堂坐落在市区克利亚济马河岩陡峭高地上,是俄罗斯现存最古老的教堂。以12世纪当地流行的"无色人工宝石建筑结构"而闻名,是12世纪俄罗斯建筑中最伟大的创造之一。在12到15世纪期间,沙皇都在此加冕。在共产主义禁教时期,唯有此教堂仍为民众敞开大门,受到东正教的推崇。到了19世纪,由于原教堂不再使用,在原教堂右侧盖了白色大石教堂。教堂内还有文化中心、图书馆等。大教堂白石上装饰着《亚历山大·马其顿升天》等石刻画面,以及狮头和妇女头像浮雕,象征着基督永生,也表明教堂用于圣母崇拜。教堂西部的水彩壁画《最后的审判》,有部分被保存下来。教堂里面安葬着12~13世纪弗拉基米尔的大公和主教等。

被誉为"俄罗斯的心脏"是哪座建筑

"克里姆林"在俄语中意为"城堡",克里姆林宫始建于1156年伊凡三世统治时期,初为木墙,1367年改为石墙。15世纪的砖砌宫墙周长2.5公里,高约3至6

米，厚约1至3米，全由赭红色砖块砌成。克里姆林宫位于莫斯科红场的西北角，莫斯科湖北岸，处于涅格林纳河与莫斯科河交汇处的鲍罗维茨丘陵上，亚历山大花园的东南部，是现在俄罗斯的总统府和国家领导人办公的地方。克里姆林宫被一面红色的宫墙圈成一个大致的不等边三角形，全长2235米。中央教堂广场上有15至16世纪建成的圣母升天教堂、天使教堂、报喜教堂，伊凡大帝钟楼和用多棱形石头砌成的多棱宫，还有金碧辉煌的乌斯宾斯基大教堂和装饰精美的斯巴斯卡雅塔楼等等。

冬宫修建于什么时候

冬宫是俄罗斯著名皇宫，现为国立艾尔米塔日博物馆。由著名建筑师拉斯特雷利设计，建于1754年至1762年。曾经是沙皇的宫殿和住所，1922年起改作国家博物馆。冬宫装饰华丽，许多大厅用俄国宝石——孔雀石、碧玉、玛瑙制品装饰，如孔雀大厅就用了2吨孔雀石，拼花地板用了9重贵重木材。御座大厅的御座背后，有用4.5万颗彩石镶嵌成的一幅地图。宫殿共有三层，长约230米，宽140米，高22米，成封闭式长方形，占地9万平方米，建筑面积超过4.6万平方米。冬宫收藏有世界各国的艺术品，油画、雕像、地毯、家具、工艺品等一应俱全，内有400个展厅和陈列室，其中古希腊的瓶绘艺术、古罗马的雕刻艺术和西欧艺术三部分藏品在世界收藏界享誉盛名。油画则包括14—20世纪700年的跨度，其中达·芬奇、毕加索、拉斐尔等的作品均有收藏。世界留传至今的达芬奇的油画总计不过十幅，《戴花的圣母》和《圣母丽达》就陈列在这里。拉斐尔的《科涅斯塔比勒圣母》和《圣家族》、米开朗基罗的雕塑品《蜷缩成一团的小男孩》，都是该馆的珍品。

莫斯科红场修建于什么时候

莫斯科红场

红场是俄罗斯首都莫斯科市中心的著名广场，位于莫斯科市中心西南与克里姆林宫相毗连。它是伊凡雷帝为了纪念1552年战胜喀山鞑靼军队而下令建筑的。15世纪90年代，莫斯科发生了一场大火，火灾之后的空旷之地成了广场，曾被称为"火烧场"。17世纪中叶起称红场。"红色的"在俄语中有"美丽的"意思，红场即为"美丽的广场"。莫斯科市中心的广场，南北长695米，东西宽130米，总面积9.035万平方米，呈不规则的长方形，是用一块块长方形的黑色鹅卵石铺筑成的，与克里姆林宫相毗连。在红场的西侧是列宁陵墓和克里姆林宫的红墙。宫墙左右两边对称地耸立着著名的斯巴斯克和尼古拉塔楼，塔顶上有红星日夜闪耀。红场南面是著名的瓦西里·勃拉仁内升天大教堂，外观奇巧瑰丽。红场北面是19世纪用红砖建造、具有俄罗斯风格的历史博物馆。

第五章　艺术与审美

哪座教堂被誉为"一个石头的神话"

圣瓦西里大教堂

圣瓦西里大教堂原名为波克洛夫斯基教堂，位于俄罗斯首都莫斯科市中心的红场南端，紧傍克里姆林宫。被誉为"一个石头的神话"的圣瓦西里大教堂，于1553—1554年为纪念伊凡四世战胜喀山汗国而建（由7个木制小教堂组成），由俄罗斯建筑师巴尔马和波斯特尼克根据沙皇和伊凡大公的命令主持修建。并于1555—1561年奉命改建为9个石制教堂，造型别致，多奇异雕刻，主台柱高57米。圣瓦西里大教堂分为两层，由基座和第二层组成。与其他东正教建筑相比，圣瓦西里大教堂更注重外部设计，内部设计反而显得相对简朴。从外面看，八个色彩各异，大小不一的塔状洋葱形圆顶错落有致地包围着最高最大的波克洛斯基圆顶周围。

悉尼歌剧院是谁设计的

从1950年起，悉尼歌剧院开始构想兴建，1955年起公开征求世界各地的设计作品，来自丹麦建筑师约恩·乌特松的设计被选中。由于和澳大利亚政府发生争执，乌特松在歌剧院全部完工之前就离开了澳大利亚。悉尼歌剧院共耗时16年、斥资1200万澳币完成建造，为了筹措经费，除了募集基金外，澳洲当局还曾于1959年刊行悉尼歌剧院彩券。悉尼歌剧院最后在1973年10月20日正式揭幕。它的造型奇特，像莲花，又像风帆，听说是设计师剥橘子时产生的灵感。

自由女神像位于哪个城市

自由女神像位于纽约曼哈顿西部的自由岛上，是法国在1876年赠送给美国独立100周年的礼物。自由女神像的创意来自雕像的设计者巴托尔迪，他也是整个雕塑工程的主导者。自由女神像内的巨大钢架则是由埃菲尔铁塔的工程师埃菲尔负责完成的。自由女神像重45万磅，高46米，底座高45米，其全称为"自由女神铜像国家纪念碑"，正式名称是"照耀世界的自由女神"。整座铜像以120吨钢铁为骨架，80吨铜片为外皮，30万只铆钉装配固定在支架上，总重量达225吨。举世闻名的自由女神像象征着美国人民对美好生活的向往与追求。

哪座建筑被誉为"全球最著名的办公大厦"

帝国大厦位于纽约市，共102层，是

91

世界上著名的摩天大楼。帝国大厦起建于1930年3月，使用的是当时最轻的材料，建成于1931年。因为当时正值经济危机时期，所以帝国大厦的建成也成为了美国经济复苏的象征。帝国大厦原本共381米，20世纪50年代安装的天线使它的高度上升至443.5米。根据估算，建造帝国大厦的材料约有33万吨。大厦总共拥有6500个窗户、73部电梯，从底层步行至顶层须经过1860级台阶。它的总建筑面积为204385平方米。

哪座建筑被誉为"瀑布上的经典"

流水别墅是现代建筑的杰作之一，它位于美国匹兹堡市郊区的熊溪河畔，由F.L.赖特设计。有人将流水别墅的特色形象地概括为"瀑布上的经典"。这座赖特为德国移民考夫曼设计的郊外别墅，房屋不大，共三层，建筑面积仅400平方米，位于一片风景优美的山林之中，建在地形复杂、溪水跌落形成的小瀑布之上。以二层（主入口层）的起居室为中心，其余房间向左右铺展开来，别墅外形强调块体组合，使建筑带有明显的雕塑感。两层巨大的平台高低错落，一层平台向左右延伸，二层平台向前方挑出，几片高耸的片石墙交错着插在平台之间，很有力度。溪水由平台下怡然流出，建筑与溪水、山石、树木自然地结合在一起，象是由地下生长出来似的。主要的一层几乎是一个完整的大房间，通过空间处理而形成相互流通的各种从属空间，并且有小梯与下面的水池联系。正面在窗台与天棚之间，是一金属窗框的大玻璃，虚实对比十分强烈。整个构思是大胆的，成为无与伦比的世界最著名的

现代建筑。自从1964年对外开放以来，流水别墅吸引了350多万的参观者，在此前一年，这座别墅由它的原主人爱德加·考夫曼捐赠给了宾夕法尼亚自然保护管理局。

什么是包豪斯建筑

"包豪斯"（Bauhaus）一词是著名建筑师格罗庇乌斯生造出来的。Bauhaus由德文Bau、Haus两个词根构成。Bau为建筑，动词Haus为建造之意。1919年，格罗皮乌斯创办了德国包豪斯设计学院。该学院以包豪斯为基地，在1920年代形成了现代建筑中的一个重要派别——现代主义建筑。主张适应现代大工业生产和生活需要，以讲求建筑功能、技术和经济效益为特征的学派。包豪斯一词又指这个学派。说起来，其本义是造平民化的房子。包豪斯的历程就是现代设计诞生的历程，也是在艺术和机械技术这两个相去甚远的门类间搭建桥梁的历程。无论是在建筑学、美术学、工业设计，包豪斯都占有主导地位。代表建筑有：德国法古斯工厂、包豪斯校舍等等。

马赛公寓为什么被称为超级公寓住宅

1952年在法国马赛市郊建成了一座举世瞩目的超级公寓住宅——马赛公寓大楼，它像一座方便的"小城"。被人们称为"马赛公寓"的建筑，是勒·柯布西耶著名的代表作之一。勒·柯布西耶是20世纪最重要的建筑师之一，是现代建筑运动的激进分子和主将。马赛公寓长165米，宽24米，高56米。地面层

是敞开的柱墩，上面有17层，其中1—6层和9—17层是居住层，可住337户1600人。这里有23种适合各种类型住户的单元，从单身汉到有八个孩子的家庭都可找到合适的住房。大部分住户采用"跃层式"的布局，有独用小楼梯上下联接；每三层只需设一条公共走道，节省了交通面积。

享有"早期罗马式建筑瑰宝"之称的是哪座教堂

希尔德斯海姆大教堂包括圣玛丽亚大教堂与圣米夏埃尔教堂。希尔德斯海姆坐落于德国西北部的哈茨山的西北侧、汉诺威东南的伊内尔斯特河畔。有"早期罗马式建筑宝库"之称的希尔德斯海姆从公元8世纪时开始建城，这里以贝恩沃德主教修建的罗马式教堂闻名，是神圣罗马帝国的罗马式宗教艺术典范。希尔德斯海姆教堂为半木质结构，享有"早期罗马式建筑瑰宝"之美称。大教堂里最有代表性的珍品是两件巨大的青铜器，一件叫做"伯尔尼瓦特的窗子"，一件叫做"基督的圆柱"。希尔德斯海姆大教堂建于872年到1061年，于二次世界大战时被严重摧毁，后于1950年到1960年依照原样重建。

有"炼油厂"和"文化工厂"之称的是哪座建筑

国立蓬皮杜文化中心，简称蓬皮杜中心，建于1972—1977年，设在法国巴黎市中心区，距卢佛宫和巴黎圣母院各约1000米。1969年时，法国总统乔治·蓬皮杜为纪念带领法国于第二次世界大战时击退希特勒的戴高乐总统，于是倡议兴建一座现代艺术馆。蓬皮杜文化中心由英国建筑师R.罗杰斯和意大利建筑师R.皮亚诺合作设计。蓬皮杜中心主楼长166米，宽60米，6层，总面积98300平方米。蓬皮杜中心主要包括四个部分：公共图书馆、现代艺术博物馆、工业美术设计中心、音乐和声响研究中心。整个建筑物由28根圆形钢管柱支承。其中除去一道防火隔墙以外，没有一根内柱，也没有其他固定墙面。各种使用空间由活动隔断、屏幕、家具或栏杆临时大致划分，内部布置可以随时改变，使用灵活方便。钢结构梁、柱、桁架、拉杆等甚至涂上颜色的各种管线都不加遮掩地暴露在立面上。红色的是交通运输设备，蓝色的是空调设备，绿色的是给水、排水管道，黄色的是电气设施和管线。

被誉为"建筑学界的诺贝尔"是哪个建筑奖

被誉为"建筑学界的诺贝尔"的是普列茨克奖，是海约特基金会于1979年所设立的。每年一次的颁奖都由美国总统颁发并致颁奖词。该奖项一向是当代建筑风潮的指针性奖项，历届得奖的建筑师都是重量级的代表人物。至今获奖的有：贝聿铭、安藤忠雄、伦佐·皮亚诺等等。获得者将得到10万美元奖金、一份证书和一个铜制奖章。奖章正面图案的设计是以有"摩天楼之父"美称的芝加哥著名建筑沙里文的设计为基础，刻有普列茨克奖字样，获奖者的姓名刻在奖章正中，奖章背面刻着亨利·沃顿1624年在其《建筑的要素》一书中提出的建筑的三个基本条件："坚固、实用、愉悦"。

哪位西方设计师被誉为"白色派"教父

理查德·迈耶

理查德·迈耶，美国建筑师，现代主义建筑"白色派"教父，被誉为建筑界诺贝尔的普列茨克奖最年轻的获得者。1935年，理查德·麦耶出生于美国新泽西东北部的城市纽华克，曾就学于纽约州伊萨卡城康奈尔大学。早年曾在纽约的事务所任职，并兼任过许多大学的教职，1963年自行开业。大学毕业后，麦耶在马塞尔·布劳耶等建筑师的指导下继续学习和工作，他还是"建筑界五巨头"之一。由于受到勒·柯布西耶的影响，其大部分早期的作品都体现出了勒·柯布西耶的风格。1963年，麦耶在纽约组建了自己的工作室。麦耶的作品以"顺应自然"的理论为基础，表面材料常用白色，以绿色的自然景物衬托，使人觉得清新脱俗，他还善于利用白色表达建筑本身与周围环境的和谐关系。迈耶的代表作品有法兰克福装饰艺术博物院、海牙市政厅、亚特兰大高级美术馆等等。

谁被誉为"现代建筑的最后大师"

贝聿铭，美籍华人建筑师，被誉为"现代建筑的最后大师"。1935年远赴美国留学先后在麻省理工学院和哈佛大学学习建筑于1955年建立建筑事务所，1990年退休。作为最后一个现代主义建筑大师，他被人描述成为一个注重于抽象形式的建筑师。他喜好的材料只包括石材、混凝土、玻璃和钢。他曾多次获奖，其中包括1979年美国建筑师协会金奖和1983年普列茨克奖等。他的代表作有科罗拉多州美国大气研究中心、费城社会岭住宅区、纽约肯尼迪国际机场候机楼、达拉斯市政厅、华盛顿国家美术馆东馆、波士顿肯尼迪图书馆、拿破仑庭园4座玻璃金字塔等。

"博物馆"一词是怎么来的

公元前3世纪托勒密·索托在埃及的亚历山大城创建了一座专门收藏文化珍品的缪斯神庙。这座"缪斯神庙"，被公认为是人类历史上最早的"博物馆"。"博物馆"一词，也就由希腊文的"缪斯"演变而来。托勒密所建立的是一个可称之为大学的庞大的教育系统，它有两个规模宏大的中心，其中之一即被称作博物馆，收藏有各种文化艺术品。除了博物馆，这里还建有图书馆、气象台、植物园和动物园等，其中图书馆是古代最大的一座，收藏有手抄本书五十万册，包括柏拉图和亚里士多德的部分手稿。这里集中了诸如欧几里得、阿基米德等大批专业学者。博物馆在这里是学术研究和教育的中心，是整个学术教育活动的有机组成部分。

梵蒂冈博物馆是如何起源的

梵蒂冈博物馆位于罗马市中心，是世界上最小的国家博物馆。梵蒂冈博物馆的

第五章 艺术与审美

梵蒂冈博物馆

馆址是世界上博物馆中最早的公元5世纪末就有了雏形。在16世纪扩建总面积为5.5公顷。西斯廷小教堂和拉斐尔画室是梵蒂冈博物馆的镇馆之宝。文艺复兴时期的三大画圣就有米开朗基罗和拉斐尔。两圣把近10年时间贡献给了梵蒂冈博物馆所以被西方称为现代化源泉的文艺复兴的收藏。馆藏包括：米开朗基罗所作西斯廷小教堂穹顶画《创世纪》、巨幅壁画《最后的审判》，拉斐尔的《雅典学院》，以及提香、达芬奇的作品等等。

被誉为"欧洲最美的博物馆"的是哪座博物馆

被誉为"欧洲最美的博物馆"的奥赛博物馆坐落于法国巴黎赛纳河的左岸。1898年奥塞博物馆的原址为巴黎通往法国西南郊区的一个火车站，但在1940年即已没落，闲置了约47年之后，1986年将火车站改建成奥塞博物馆。博物馆收藏的艺术品已有4000多件，其中包括绘画、雕塑、设计绘图以及家俱陈设，展出面积超过45000平方米。著名的藏品包括：梵·高的《向日葵》、安格尔的《泉》以及莫奈、马奈等人的作品。

被公认是英语世界中第一个成立的大学博物馆是哪座

阿什莫尔博物馆被公认是英语世界中第一个成立的大学博物馆，牛津大学四个博物馆之一，也是英国最古老的艺术、考古学和博物学的公共博物馆。1675年，阿什莫尔将其收藏珍品捐赠给大学，1683年对外开放。初期收藏品主要是博物学方面的，在150余年间一直是牛津大学的科学研究中心。该馆现设古器物部、西方艺术部、东方艺术部、赫伯登钱币室四个部门。

纽约现代美术馆修建于什么时候

纽约现代美术馆建于1929年。纽约现代美术馆从1929年的九件作品起家，发展成了从绘画、雕刻、素描、版画、电影、摄影照片到建筑模型和工业设计图形收藏的大型美术馆，从梵·高和毕加索的画作到最新的直升机和多媒体艺术品，收藏品达十万件以上，拥有世界最为完整的现当代艺术藏品。纽约现代美术馆包含了六种门类：油画、雕塑；建筑设计；电影媒体；影像；绘画；印刷品和装置。收藏作品主要有毕加索的《镜前的少女》、塞尚的《泳者》、莫奈的《睡莲》、高更的《月亮和地球》、卢梭的《梦》等等。

南半球最大的博物馆是哪座

墨尔本博物馆是南半球最大的博物馆。它是全球硕果仅存的"万国博览会时代"的大型展览馆，与周围的园林一起成为澳大利亚唯一的世界文化遗产。博物馆位于墨尔本中心商业区的南边缘，修建于1996年7月，总建筑面积8万平方米，于

西方文明千问

2000年11月正式对公众开放。作为一个综合性博物馆,墨尔本博物馆的收藏和展示都令人惊叹。

世界五大博物馆是哪五座博物馆

世界五大博物馆是指法国的卢浮宫、英国的大不列颠博物馆(大英博物馆)、美国的大都会博物馆、俄罗斯的埃米塔什博物馆(冬宫)、中国的故宫博物院。其中前四个是世界公认的具有世界性文物收藏的博物馆。在文化殿堂之上在悠悠岁月之中娓娓道来曾经的尊荣与沧桑。博物馆是人类文明的集中体现,五大博物馆以丰富的藏品和独特的历史享誉世界,成为当之无愧的"博物馆之王"。它对人类和人类环境的见证物进行了搜集、保存、研究、传播和展览,具有教化作用。

博物馆最多的是哪个国家

英国是最早发展出现代博物馆学并拥有全世界最高博物馆密度的国家。英国有博物馆近2000家。它们中既有大名鼎鼎的大英博物馆、当地人偏爱的维多利亚·阿尔伯特博物馆、帝国战争纪念馆等全国性大型博物馆,也有许多名不见经传的地方博物馆,涵盖了从天空到海洋、从军事到历史、从铁路到服装等方方面面。位于伦敦西部的南肯辛顿地铁站因是通往维多利亚·阿尔伯特博物馆、自然历史博物馆和科学博物馆的必经之地,使得南肯辛顿站成为伦敦市客流量最大的地铁站之一。

世界上最大的记录奥林匹克运动发展史的博物馆位于哪儿

奥林匹克博物馆是世界上最大的记录奥林匹克运动发展史的博物馆,也是世界上奥运资料最齐全的收藏所,坐落在瑞士洛桑的奥林匹克公园内,毗邻国际奥委会总部。奥林匹克博物馆是在顾拜旦的倡议下筹建,由国际奥委会主席萨马兰齐确定进行改扩建的。博物馆由国际奥委会委员、墨西哥建筑设计师佩德罗·拉米雷斯·巴斯克斯和瑞士建筑设计师皮埃尔·卡昂共同设计,共同主持施工。1993年6月23日开馆。奥林匹克博物馆是一座五层的建筑,其中三层在地下。建筑面积为11000平方米,展览面积为3400平方米。博物馆设有奥林匹克研究中心,这里有大量的图书、音像资料和照片。

世界最大的基督教木制教堂是哪座

世界上最大的基督教木制教堂是位于芬兰的——凯里迈基教堂。教堂修建于1847年。该教堂长45米,宽42米,高27米,可容纳3000余人。凯里迈基教堂融合了新哥德和新拜占庭风格,结构紧密宏伟,色彩淡雅。因为教堂内没有暖气设备,所以只在夏日才使用。

世界上历史最悠久、规模最宏伟的综合性博物馆是哪座

世界上历史最悠久、规模最宏伟的综合性博物馆就是大英博物馆,又名不列颠博物馆,位于英国伦敦新牛津大街北面的大罗素广场,成立于1753年,1759年1月15日起正式对公众开放,也是世界上规模最大、最著名的博物馆之一。目前博物馆拥有藏品600多万件。对公众开放于1759年。大英博物馆目前分为10个分馆:古近

东馆、硬币和纪念币馆、埃及馆、民族馆、希腊和罗马馆、日本馆、中世纪及近代欧洲馆、东方馆、史前及早期欧洲、版画和素描馆以及西亚馆。现有建筑为19世纪中叶所建,共有100多个陈列室,面积六七万平方米。

"欧洲最佳博物馆"是哪座

维多利亚与艾伯特博物馆

"欧洲最佳博物馆"是英国的维多利亚与阿尔伯特博物馆。是为纪念1851年5月1日万国博览会而建立。博物馆一开始的经费来自1851年伦敦万国博览会的盈余,由维多利亚女王的丈夫阿尔伯特王子负责筹办。1859年,接管了伦敦世博会大多数展品的维多利亚博物馆正式完工,发展到今天,成为全世界规模最大、创立最早的装饰艺术博物馆。博物馆展示空间共分4层楼。为了提高大量生产时代的设计和工艺水准而创设,故馆藏多为中世纪到现代的工艺品,并不刻意强调收藏品的年代,因而也少有世界知名的收藏品。

英国国家肖像馆修建于什么时候

英国国家肖像馆是英国的一个肖像艺术画廊,坐落在伦敦特拉法加广场旁边,成立于1856年。从1856年肖像馆向公众开放以来,其一直致力于收藏对英国历史、文化和社会做出过卓越贡献的名人肖像,并以其为主要媒介,通过对肖像艺术作品的评价和阐释来展示和促进英国历史和文化的发展。肖像馆收藏的上万件作品包括录像、摄影、绘画、素描与雕塑等创作形态,其中展出的1300多件肖像作品中,包括了中世纪晚期至今的诸多英国重要人物,如亨利八世、佛罗伦斯·南丁格尔、丘吉尔、甲壳虫乐队等等。国家肖像馆组织每年一度的"BP肖像艺术奖"。

"世界上最有意义、最美丽的博物馆"是哪座

毕尔巴鄂古根海姆博物馆

1997年,毕尔巴鄂古根海姆博物馆的落成,被誉为是"世界上最有意义、最美丽的博物馆"。西班牙毕尔巴鄂古根海姆博物馆是由加州建筑师弗兰克·盖里设计的,1997年正式落成启用。博物馆在建材方面使用玻璃、钢和石灰岩,部分表面还包覆钛金属物。该馆占地24000平方公尺,陈列的空间则有11000千平方公尺,分成19个展示厅,其中一间还是全世界最大的艺廊之一。古根海姆博物馆是索罗门.R.古根海姆基金会旗下所有博物馆的总称,它是世界上最著名的私人现代艺术博

物馆之一，也是全球性的一家以连锁方式经营的艺术场馆。西班牙的毕尔巴鄂古根海姆博物馆就是其中之一。

世界上第一所露天博物馆是哪座

世界上第一所露天博物馆是位于在瑞典斯德哥尔摩的斯坎森露天博物馆。斯坎森露天博物馆1880年筹建，1891年建成。占地30余公顷。有从斯德哥尔摩旧市区迁来的15栋店铺和手工作坊，有从瑞典圣地迁来的各个不同时期的83栋农舍，还有教堂、钟楼、风车等各种建筑30余栋。农舍是博物馆的主体，大体可分为北部地区和南部地区两种类型，都是木结构建筑。

世界上第一座儿童博物馆是哪座

世界上第一座儿童博物馆是位于纽约布鲁克林布劳尔公园布鲁克林儿童博物馆。布鲁克林儿童博物馆于1899年创办，原来是1823年建立的布鲁克林科学艺术馆的一部分。博物馆藏品包罗历史、民族、自然、地质、矿物、动物、工艺、机械等各类学科的实物和标本5万余件，通过展览反映自然发展规律及人类文化的发展进程。博物馆设有礼堂、儿童资料图书馆、儿童照相、艺术、音乐、科学、地质等工场。博物馆的目的是创造一个良好的儿童教育环境，通过儿童亲身体验，自己动手，帮助儿童更好地了解世界。

世界上规模最大的自然史博物馆是哪座

世界上规模最大的自然史博物馆是位于纽约曼哈顿区的美国自然史博物馆。美国自然史博物馆始建于1869年。陈列品包括天文、矿物、人类、古生物和现代生物五个方面有大量的恐龙、禽鸟化石，印第安人和爱斯基摩人的复制模型。除天文馆外有58个陈列厅。博物馆设有人类学、天文学等12个科学部每部都建有实验室。

美国最大的艺术博物馆是哪座

纽约大都会博物馆又称"纽约城博物馆"、"都城艺术博物馆"，是美国最大的博物馆，建于1880年。占地总面积达13万平方米。目前藏有埃及、巴比伦、亚述、远东和近东、希腊和罗马、欧洲、非洲、美洲前哥伦布时期和新几内亚等各地艺术珍品330余万件。该馆的展览大厅共有3层，分服装、希腊罗马艺术、原始艺术、武器盔甲、欧洲雕塑及装饰艺术、美国艺术、R.莱曼收藏品、古代近东艺术、中世纪艺术、远东艺术、伊斯兰艺术、19世纪欧洲绘画和雕塑、版画、素描和照片、20世纪艺术、欧洲绘画、乐器和临时展览18个陈列室和展室。有19个专业部门负责各类藏品的征集、保管和展览。

被称为"记忆博物馆"的是哪座建筑

达利博物馆的设计是由达利本人完成的，位于巴塞罗那以北离法国20公里的地方——菲格拉斯，达利就出生在这里。1974年，达利在故乡创建了举世闻名的达利博物馆，这里便成为吸引全球艺术爱好者的胜地，是西班牙参观人数最多的博物馆之一。达利自己称它为"超现实主义世界"，里面收藏着达利在各个创作阶段的不计其数的作品，如《挂钟》、《维纳斯的幻影》、《纳希瑟斯的蜕变》、《记忆的永恒》、《西班

第五章　艺术与审美

牙内战的预感》等等。除画作外，博物馆还展出达利设计的雕塑、珠宝、家具等。最有名的是博物馆的屋顶上或立或倒的巨型鸡蛋，用鸡蛋来表示生命和变化是达利作品中经常出现的形象。达利1989年去世，安葬于博物馆中心的地下室中。

西方最早的弦乐器是什么

西方最早的弦乐器是里拉琴，又称诗琴。神话中的众神的使者赫耳墨斯在龟壳上蒙上牛皮，支起两只羚羊角，架横木拉起琴弦便发明了里拉琴。从文艺复兴开始，在西方的文学艺术中，里拉琴一直成为音乐的象征。里拉琴主要特点是共鸣箱特别狭窄，近似U形的琴体把琴弦包围在中，因而便于携带。乐器的弦数不一，但相当有限，一般在五根和八根之间，这使得该乐器更适合于伴唱之用。古希腊的游吟诗人经常使用这种乐器来烘托气氛。由于其端庄优美的形象，里拉琴也作为乐徽使用。

古希腊乐器有哪些

古希腊的主要乐器中，拨弦乐器有小型的里拉和较大型的基萨拉；管乐器中有带簧片的阿夫洛斯管和排箫式的西林克斯。此外还有一些打击乐器。在宗教仪式中，里拉是崇拜太阳神阿波罗的乐器，崇拜酒神狄奥尼索斯则用阿夫洛斯管。古希腊音乐不但有器乐伴奏的独唱抒情曲，而且还有戏剧音乐和舞蹈音乐等形式。这些音乐一般都是以单音音乐为主，在内容上大多为宗教题材。

钢琴是怎么发明的

钢琴的起源，最早可追溯到古埃及与古西腊的弦什(一弦琴)。18世纪初，即1709年由意大利制琴大师克里斯多福里发明的一种类似现代钢琴的键盘式乐器。1709年，他以拨弦古钢琴为原形，制作出一架被称为具有"强弱音变化的古钢琴"。他在钢琴上采用了以弦槌击弦发音的机械装置，代替了过去拨弦古钢琴用动物羽管波动琴弦发音的机械装置。后来，他又进一步改革了原来击弦机的结构，他在这部机械中安装了一种与现代击弦机的复震杠杆系统近乎完全一致的起动杠杆，使击弦速度比原来加快了10倍，而且可以快速连续弹奏；音域也增加为4组；可以说这就是现代钢琴的雏形。

吉他是怎样产生的

吉他又译六弦琴。吉他是古老的弹拨乐器，种类繁多，形状和弦数不一，13世纪就在西方流行，16世纪的西班牙吉他已经发展成为独奏乐器，17世纪渐渐传入其他欧洲国家的宫廷，成为贵族青少年爱不释手的娱乐品。早期的吉他弦制很不统一，一直到了18世纪，才出现了近现代通用的六弦吉他。吉他根据不同的结构和发声原理可以大致分为木吉他（如古典吉他，钢弦吉他）和电吉他（如标准电吉他和低音电吉他）。

吉他

什么是铜管乐器

铜管乐器是用黄铜制造的管状吹奏

乐器，是以嘴唇的振动，激起管中空气的振动而发音的。铜管乐器包括短号、小号、圆号、长号、大号和各种萨克斯号。早期的铜管乐器，是没有活塞装置的，因此管子的长度不能改变，低音区只能吹大三和弦中的音，高音区才能吹出完整的音阶来。吹不同调的音乐，要用不同调的乐器。19世纪30年代以后，短号、小号、圆号、大号和各种萨克斯号都装有三个活塞，按下活塞，可以降低一个至六个半音；因此从低音到高音，都可以吹出半音阶来。有的乐器，还有第四个和第五个活塞，可以改调或校正音高。长号则用套管的自由伸缩，也可以吹出全部半音阶来。据说铜管乐器的起源于一位年轻的波希米亚贵族——史波克伯爵。他在1680年左右周游欧洲，听到法国皇室狩猎的号角齐鸣，留下深刻的印象，于是这位伯爵便让他的两个仆役学法国号，回到家乡后把它纳入管弦乐团中。

什么是键盘乐器

键盘乐器是指有排列琴键的乐器总称。这些乐器上每个琴键都有固定的音高，因此皆可以用以演奏任何符合其音域范围内的乐曲。琴键下常有共鸣管或其它可供共鸣之装置。演奏家在使用键盘乐器时不是直接打击乐器的弦来产生震荡，而是使用琴键，通过乐器内的机械机构或电子组件来产生音响。键盘乐器包括钢琴、管风琴、手风琴、电子琴等等。

什么是打击乐器

打击乐器也叫"敲击乐器"，是指敲打乐器本体而发出声音的，如打、摇动、摩擦、刮等方式产生效果的乐器族群。打击乐器可能是最古老的乐器。有些打击乐器不仅仅能产生节奏，还能作出旋律和合声的效果。西洋管弦乐团以及管乐团中的打击乐器主要有定音鼓、大鼓、小军鼓、钹、架子鼓、三角铁、沙槌、钟琴、木琴、排钟。

世界上最古老的拨弦乐器是什么

世界上最古老的拨弦乐器是竖琴，早期的竖琴只具有按自然音阶排列的弦，所奏调性有限。现代竖琴是由法国钢琴制造家S·埃拉尔于1810年设计出来的，有四十七条不同长度的弦，七个踏板可改变弦音的高低，能奏出所有的调性。由于具有丰富的内涵和美丽的音质，竖琴成为交响乐队以及歌舞剧中特殊的色彩性乐器，主要担任和声伴奏和滑奏式的装饰句，每每奏出画龙点睛之笔，令听众难以忘怀。在室内乐中，竖琴也是重要的独奏乐器。独奏时能奏出柔和优美的抒情段或华彩段，极具感染力。

长笛是谁发明的

长笛是世界上管弦乐团、管乐团（队）通用的重要乐器。直笛不仅是欧洲重要的管乐器，也是巴洛克时代的标准独奏乐器。最初由德国人律利和罕德尔发明创制，称德国笛。著名的长笛改革者波姆是使长笛的构造趋于完美的著名发明家。波姆规定笛子的长度66厘米为内径2厘米的约30倍，使这一乐器标准化。这种长笛被称为"波姆式长笛"流传至今。长笛的种类很多，除常见的普通C调长笛外，还有降D、降E调长笛，G调次中音长笛，C

调低音长笛等。

什么是钟琴

钟琴也叫"管钟"、"排钟"，又称为排钟击奏体鸣乐器，是将金属琴键置于木箱上，以琴棒敲打以产生旋律。琴键排列方式类似钢琴键盘。主要用于西洋管弦乐队的打击乐器。18世纪以来，它经常被用来模拟教堂的钟声，表现胜利凯旋，渲染神秘、幽远、幻想性的音乐气氛。排钟在早期名副其实地像一排排小钟一样，一直到19世纪中叶才开始改用长短和厚薄各不相同的钢片制成今天的样式，排钟的音色柔和清澈，常用以重复高音乐器的声部。

什么是管风琴

管风琴是流传于欧洲的历史悠久的大型键盘乐器。主要用于教堂音乐。音乐史上最早的管风琴为公元前250年古希腊工程师亚力山德里亚的克特西维奥斯制造的水压式管风琴，到5世纪时民间仍使用。4世纪风箱式装置替代水压式，增强了音量。13～14世纪时，流行建造大型管风琴，其音域扩大到有完整半音的3组，结构逐渐复杂，规模庞大，最有名的是德国哈尔伯施塔特1361年制造的管风琴，有三层手动键盘和一个脚键盘，20个风箱，由10人操作。16世纪初，各国出现不同流派的制作家，推动了管风琴制造的发展，键盘相应改变，除了笛管音栓外，还使用了能发颤音的簧音栓和共振器。为了产生音色对比，一些音栓还被设计成可模仿其他乐器。1867年在巴黎首先使用电气式装置带动琴键工作。此后，各种改进都用来加强管风琴在音色变化幅度和精巧性方面的能力。管风琴的基本部分由键盘、音管、音栓、轨杆机、风箱、琴箱等组成。

八音盒是谁发明的

八音盒于1796由瑞士人发明。八音盒又叫"自鸣琴"，属于机动乐器，它用排有针头状突起的铜转筒拨动插入的金属梳子或平板上的一条比一条长的铜簧发音。泛音从梳子的钢背上产生。转筒有弹簧和时钟机械装置发动，另有一个整时器调节速度。它的发音部分由滚筒和簧片两部分组成。八音盒主要分两类：圆片型八音盒和圆筒型八音盒。

风笛起源于哪儿

风笛又名风袋管，是广泛流行在欧洲的民族乐器，它是一种带有空气袋的吹奏管，由演奏者向风袋吹气，再把风袋内的气流压送到装在风袋上的簧管而发音。风笛作为当时流行的民间乐器延续了数百年，直到中世纪，它依然保持着最初的形制。在欧洲南部的乡村、城市，欧洲西部地区，风笛曾是最流行的乐器之一，成为当时流浪吟游诗人在音乐娱乐表演中最宠爱的演奏乐器。约公元1世纪流传到古罗马。罗马军队入侵大不列颠后，传入苏格兰。18世纪，风笛在欧洲其他地区开始逐步衰落。风笛的主要部分有：一为弹性皮革制成，用来储藏空气的风袋；一为具有发音作用的一根或数根单簧笛管，或双簧笛管。风笛分两种，一种是苏格兰风笛，一种是爱尔兰风笛。

什么是曼陀林

曼陀林是拨奏弦鸣乐器，与琉特琴类似并与其有密切关系的弦乐器。最初是在18世纪由16世纪的小竖琴曼多拉演变而成。现今最为人们所知的曼陀林变体产生于那不勒斯。19世纪由意大利曼陀林制造家P.维纳恰予以改进，奠定了现代的式样。琴体呈半梨形，短颈，颈部带品，琴头呈镰刀形，向后弯曲。音孔为椭圆形。4组双弦(两对弦)由钢丝制成，用拨子拨奏。其特点是需快速反复弹奏，以震音方式保持音响的持续，音色明亮。

什么是三角铁

三角铁又称"三角铃"是用细钢条弯制成三角形的打击乐器。三角铁是一种古老的打击乐器。三角铁系土耳其军乐乐器，后传入欧洲18世纪为交响乐队采用。三角铁，通常用边长15、20、25厘米三种，发音高低不同。敲击三角铁不同部位，其音高音色略有不同，底边音最低，等腰上段的音较高，奏震音则反复快速敲击角隅的两边，或在三角内划圆圈轮击三边。

什么是定音鼓

定音鼓是打击乐器的一种，由鼓身、鼓皮、定音系统和鼓槌等部分组成。定音鼓的前身是古阿拉伯的纳嘎拉鼓，17世纪传入欧洲以来，就一直是交响乐队中打击乐声部的固定乐器，是重要的色彩性伴奏乐器。定音鼓属单皮膜鸣乐器，造价昂贵。定音鼓可发出固定频率（即音高）的声音，并能够在五度音程范围内改变音高。定音鼓在规格上分为大、中、小三种，在交响乐队中通常设置三到四个，由一名乐手演奏，可达到鼓声本身的和声效果。

中世纪音乐有哪些类型

中世纪音乐是西方音乐发展的第二阶段，音乐史一般倾向把它的时间划分为公元5世纪（476年）西罗马灭亡到14、15世纪之交。中世纪的音乐依照音乐的类型可以分为教会音乐与世俗音乐。教会音乐泛指的是格里高利圣歌。中世纪的世俗音乐所包含的内容更为广泛，大部分的作者都是一些没落的贵族阶级，其实内容大部分都是与宗教有关，但并不是在教堂里演出。

什么是教会音乐

教会音乐包括合唱音乐和管风琴音乐。早期基督教会曾沿用犹太教音乐以唱诵《诗篇》为主。2世纪后，基督教传至地中海周围大部分地区受到罗马文化的影响，形成以颂调为主要形式的礼仪歌唱音乐。中世纪6世纪教皇格列高利一世改进教会音乐形成音调简朴优美的格列高利颂调至今继续盛行于天主教会弥撒仪式中成为天主教会音乐的典范。10世纪出现复调音乐。最早者是多声部重唱或合唱，后出现无伴奏合唱赞美诗，至16世纪发展到顶峰。17世纪，西欧新教音乐家受意大利歌剧影响，发展了清唱剧与神曲的形式，题材多取自圣经。

定音鼓

近代教会音乐类型趋于多样化。

什么是世俗音乐

中世纪世俗音乐从11世纪拉丁歌曲开始发展，以法国游吟诗人和德国恋诗歌手为主。同时，器乐也是中世纪世俗音乐的重要组成部分。从11世纪起，世俗音乐的发展首先是拉丁歌曲的兴起，以孔杜克图斯和戈利亚德为代表。器乐一直是中世纪世俗音乐的重要组成部分，为世俗歌曲和舞曲伴奏。拉弦乐器有维埃尔、赫迪戈迪、雷贝克琴等；拨弦乐器有琉特琴、竖琴等；管乐器有竖笛、肖姆管；键盘乐器以管风琴为主。中世纪最流行的舞曲是《埃斯坦比耶》。

什么是格列高利圣咏

以教皇格列高利一世命名的基督教礼拜仪式音乐，称为格列高利圣咏。因其表情肃穆、风格朴素亦称为素歌。基督教成为官方宗教后，很快在各地广泛传播。格列高利圣咏的基本功能要服从宗教礼拜活动。宗教精神要求理性，禁欲，有节制，因而圣咏也呈现出肃穆、节制风格。歌词为拉丁文，大部分为《圣经》内容，音乐要服从歌词，旋律为无伴奏、无明显节拍特征、平稳进行的单声部音乐。格列高利圣咏的歌唱方式有四种：独唱（少）、齐唱、交替演唱（交替圣歌）和应答演唱（应答圣歌）。演唱内容主要为诵经祈祷和礼拜歌唱。格列高利圣咏音乐形式体现了这四种音乐类型：诗篇歌调、交替圣歌、应答圣歌、赞美诗。

什么是弥撒曲

弥撒曲是天主教弥撒祭曲活动演唱的歌曲，是宗教音乐中一种重要的体裁。弥撒祭曲活动分为"普通弥撒"和"特别弥撒"两部分。普通弥撒所演唱的词与曲均固定不变，特别弥撒则根据教会所日历或婚丧等仪式而有不同。中世纪的早期弥撒都用传统的素歌曲调咏唱。11～13世纪的教会作曲家以素歌为固定歌调，编成复调弥撒曲。最初由作曲家谱曲的大多是特定弥撒，13世纪中叶以后，才转向普通弥撒，但只谱写个别乐曲。15世纪以后，才盛行为整套普通弥撒谱曲，渐渐定型为今天常见的弥撒曲形式。哀悼死者的弥撒曲称为追思曲或追思弥撒，旧译安魂曲。

什么是歌剧

歌剧也称乐剧，是将音乐（声乐与器乐）、戏剧（剧本与表演）、文学（诗歌）、舞蹈（民间舞与芭蕾）、舞台美术等融为一体的综合性艺术，通常由咏叹调、宣叙调、重唱、合唱、序曲、间奏曲、舞蹈场面等组成。有的歌剧只有歌唱，没有独白和对话，有的则是三者兼而有之。歌剧的唱词和音乐十分重要，歌词的语言应是诗的语言。它的特点是：剧情的发展、人物形象的塑造，主要靠演员的舞蹈动作（还有音乐语言）来表现的。歌剧的唱法则是美声唱法。歌剧包括的类型为：正歌剧、歌唱芭蕾剧、大歌剧、轻歌剧、乐剧、清唱剧、音乐剧。

什么是清唱剧

清唱剧是16世纪末起源于意大利罗马的一种大型声乐套曲。最初的清唱剧由宗教音乐剧演变而来。以圣经故事为题材和表现内容，充满宗教情感，17世纪中叶发展成为在音乐会上包括独唱、重唱、合唱与管弦乐队的大型音乐作品,其中以合唱为主。清唱剧分为拉丁文的教会音乐与意大利文的通俗音乐两种类型。1600年在罗马演出的卡瓦列里的《灵魂和肉体的表白》,是历史上的第一部清唱剧。几个世纪以来,大部分的清唱剧作品都是以基督教为主要内容。

什么是音乐剧

音乐剧也称作"音乐喜剧",或者更确切地称为"美国音乐剧",是音乐、歌曲、舞蹈和对白结合在一起的一种戏剧表演,剧中的幽默、讽刺、感伤、爱情、愤怒作为动人的组成部分,与剧情本身通过演员的语言,音乐和动作以及固定的演绎传达给观众。19世纪末发源于美国的百老汇。内容从轻松幽默的到严肃深刻的都有,但常常与现实生活有密切的联系。音乐风格较为通俗,有时是融合了严肃和通俗音乐风格的混和体。历史上第一部音乐剧是约翰·凯的《乞丐的歌剧》。音乐剧的主要类型有:百老汇音乐剧,代表作如《歌剧院幽灵》、《悲惨世界》、《西贡小姐》、《美女与野兽》等等;黑人音乐剧,代表作如《圣路易斯的女人》、《花之房》、《牙买加》等等;伦敦西区音乐剧,代表作如《猫》、《歌剧院的幽灵》等等。

什么是交响乐

交响乐又称交响曲,源于希腊语"一齐响",是大型器乐曲体裁,是采用大型管弦乐队演奏的鸣奏曲。早期的交响曲由17世纪末意大利式歌剧序曲演变而来,序曲"快板——慢板——快板"的结构形式为交响曲的套曲形式打下了基础。序曲性质的交响曲在18世纪逐渐脱离歌剧,吸收其他器乐曲的因素,发展成为独立的有3个乐章的器乐体裁,依然属于小型乐队或器乐重奏的作品;后经海顿、莫扎特的大量创作实践,最终确立了规范的交响曲式,即古典交响曲。交响音乐主要是指交响曲、协奏曲、乐队组曲、序曲和交响诗五种体裁。但其范畴也时常扩展到一些各具特色的管弦乐曲,如交响乐队演奏的幻想曲、随想曲、狂想曲、叙事曲、进行曲、变奏曲和舞曲等。此外,交响音乐还包括标题管弦乐曲。

什么是奏鸣曲

奏鸣曲是大型声乐套曲体裁之一,原意为"用声乐演唱",一个是"响着的",一个是"唱着的",是由一件独奏乐器演奏,或由一种独奏乐器与钢琴合奏的器乐套曲,由三或四个乐章组成。用钢琴演奏的称钢琴奏鸣曲,用小提琴与钢琴合奏的称小提琴奏鸣曲。奏鸣曲的第一乐章通常采用奏鸣曲式,奏鸣曲因而得名。它诞生于法国大革命以后,当时需要表现人与人之间更加尖锐的关系和社会的戏剧性冲突,于是出现了这样一种乐曲结构形式。从使用乐器的多少来分,主要有"二声部奏鸣曲"和"三声部奏鸣曲"两种;从体裁来分,则有"教堂奏鸣曲"和"世俗奏鸣曲"两种。

什么是协奏曲

协奏曲是由一件独奏乐器或一组乐器在乐队伴奏下进行演奏的乐曲。16世纪指

第五章 艺术与审美

意大利的一种有乐器伴奏的声乐曲。17世纪后半期起,指一件或几件独奏乐器与管弦乐队竞奏的器乐套曲。巴洛克时期形成的由几件独奏乐器组成一组与乐队竞奏者称为大协奏曲。古典乐派时期形成的由小提琴、钢琴、大提琴等一件乐器与乐队竞奏的控协奏曲称"独奏协奏曲"。海顿、莫扎特、贝多芬以及浪漫乐派的许多作曲家均作有大量的独奏协奏曲作品。

什么是新世纪音乐

新世纪音乐是指20世纪60年代末期,德国一些音乐家将电子合成器音响的概念融入原音演奏或即兴表演方式,启迪了许多新进音乐家运用更多元的手法开拓新的领域。1973年,旧金山一群音乐家把这种从冥思和心灵作为出发点而创作的,不同于任何一种音乐的非流行、非古典、具有实验性质的乐风取名为新世纪音乐,是一种"划时代、新世纪的音乐"。新世纪音乐是新世纪哲学的对应,它包容从现代轻松音乐一直到冥想型灵魂探索音乐。新世纪音乐采用电子乐器,包括西方与非西方的乐器,及偶尔的歌唱,创造缓和的旋律来适应现代生活快节奏。为寻求精神治疗和超越,新世纪音乐人时常借用非西方音乐的元素——就像新世纪哲学对非西方哲学的吸收一样。

谁被认为是古典主义音乐的最后一位巨匠

巴赫被称为"古典主义音乐的最后一位巨匠"、"西方音乐之父"。1685年3月21日,巴赫生于爱森纳赫一个音乐世家。自幼因父母双亡由担任管风琴师的长兄抚养,并教授他弹奏键盘乐器。1703—1708年在一些教堂担任管风琴师,后担任宫廷乐长。1723年起在莱比锡圣多玛教堂及其附属歌唱学校任职,直到1750年7月28日逝世。巴赫的音乐创作基于德国民族音乐,他将复调音乐发展到高峰,促进大小调和声体系的形成,确立了一系列音乐体裁和形式,对欧洲音乐的发展影响深远。其代表作品有《马太受难曲》、《B小调弥撒曲》、《农民康塔塔》、《咖啡康塔塔》,6首管弦乐《勃兰登堡协奏曲》、两卷《平均律钢琴曲集》、《管风琴曲》、《D小调托卡塔与赋格》,6首小提琴奏鸣曲和组曲以及大量的教堂音乐和器乐曲而著称。

谁被誉为"交响乐之父"

他是维也纳古典乐派奠基人之一、奥地利作曲家,被誉为"交响乐之父"的海顿(1732—1809年)。他家境贫寒,父亲是一个车匠。从孩提时代起,他就显露出出众的音乐才华,后进入匈牙利宫廷,开始创作大量作品。他的音乐作品体裁广泛,涉及声乐、器乐各个领域,尤其对交响乐和弦乐四重奏的形成、完善和发展方面有着突出的贡献,是世人公认的"交响乐之父"和"弦乐四重奏奠基人"。他晚年创作的十二部《伦敦交响曲》和大型清唱剧《创世纪》、《四季》以及《皇帝四重奏》等作品,代表了他一生创作的最高成就。因为他在巴赫和亨德尔等人的基础上,为交响乐确立规范的人所以后人称他为"交响乐之父"。海顿的作品数量是惊人的:交响曲108部;弦乐四重奏77部;各类三重奏180部;钢琴奏鸣曲50部;歌

105

剧14部；清唱剧两部；还有大量小型的声乐与器乐作品。

谁被称为"音乐神童"

他是维也纳古典乐派的杰出代表，被誉为"音乐神童"，与海顿、贝多芬并称为维也纳古典乐派三大作曲家。他就是奥地利作曲家——莫扎特（1756—1791年）。莫扎特出身于萨尔兹堡宫廷乐师家庭，6岁即创作了一首小步舞曲，并在欧洲旅行演出获得了成功。1773年任萨尔斯堡大主教宫廷乐师，1781年不满主教对他的严厉管束而愤然辞职，来到了维也纳，走上了艰难的自由音乐家道路。他在短促的一生中共创作了七十五部作品，留下了《费加罗的婚礼》、《唐璜》、《后宫诱逃》、《魔笛》等著名歌剧，使歌剧成为具有市民特点的新体裁，并作有大量交响曲、协奏曲、钢琴曲和室内乐重奏。

谁被尊称为"乐圣"

他是德国最伟大的音乐家、钢琴家，维也纳古典乐派代表人物之一也是最后一位，与海顿、莫扎特一起被后人称为"维也纳三杰"。他就是出生于德国波恩平民家庭的贝多芬（1770—1827年）。贝多芬集古典音乐的大成，同时开辟了浪漫时期音乐的道路，对世界音乐的发展有着举足轻重的作用，被尊称为"乐圣"。他8岁开始登台演出。1792年到维也纳深造。贝多芬信仰共和，崇尚英雄，创作了有大量充满时代气息的优秀作品，如：交响曲《英雄》、《命运》；序曲《哀格蒙特》；钢琴奏鸣曲《悲怆》、《月光曲》、《暴风雨》、《热情》等等。26岁时开始耳聋，晚年全聋，写下了《第九交响曲》。

谁被誉为浪漫主义杰出的"抒情风景画大师"

他被誉为浪漫主义杰出的"抒情风景画大师"，作品以精美、优雅、华丽著称。他就是德国犹太裔作曲家门德尔松（1809—1847年）。他独创了"无言歌"的钢琴曲体裁。他是莫扎特之后最完美的曲式大师，古典主义的传统与浪漫主义的志趣在他作品中完美的结合在一起，赋予作品以一种诗意的典雅。20岁时他通过指挥《马太受难曲》在巴赫去世后的首次公开演出来宣传巴赫的作品，引起轰动而成为闻名遐迩的指挥家。在音乐教育上，创办了德国第一所音乐学院——莱比锡音乐学院，为后来德国音乐教育的发展打下了坚实的基础。他的《结婚进行曲》是中西方结婚的必用曲目。他创作的《e小调小提琴协奏曲》具有华丽的技巧与甜美的旋律，表现生活中明朗的一面，是举世公认的精品。

谁被誉为"钢琴诗人"

肖邦（1810—1849年）生于华沙郊区热拉佐瓦沃拉，伟大的波兰音乐家，被誉为"钢琴诗人"。7岁即可写乐谱，8岁时开始公开演奏，后半生正值波兰亡国，在国外渡过，创作了很多具有爱国主义思想的钢琴作品，以此抒发自己的爱国之情。1837年严辞拒绝沙俄授予他的"俄国皇帝陛下首席钢琴家"的职位。舒曼称他的音乐像"藏在花丛中的一尊大炮"，向全世界宣告："波兰不会亡"。他的旋

第五章 艺术与审美

律有高度的感情表现力，极富于个性，他的和声语言新颖大胆，钢琴织体细腻而富于色彩。这一切因素融合在一起，形成了一种新颖的独特的"肖邦风格"，为欧洲音乐的历史发展做出了贡献。他的代表作有《bE大调夜曲》、《bE大调华丽大圆舞曲》、《#C小调圆舞曲》、《f小调协奏曲》等等。

谁被誉为"钢琴之王"

他是匈牙利作曲家、钢琴家、指挥家和音乐活动家，浪漫主义音乐的主要代表人物之一，被人们誉为"钢琴之王"——李斯特（1811—1886年）。他又是现代钢琴技术的创造者之一。李斯特9岁起已参加公开表演并即席作曲。12岁随双亲迁居巴黎，随当时的名音乐家帕爱尔和雷赫学习。1825年创作了哥剧《唐·山乔》，曾在巴黎大剧院上演。这期间，他在法国各地和伦敦经常举行表演，获得很高的声望。1848年1月，李斯特迁到德国文化城魏玛定居，从事创作、教学、评论，如12篇交响诗及《浮士德交响乐》、《但丁交响乐》等作品。他一生创作了700多首音乐作品，并创造了交响诗这一音乐形式。李斯特最重要的作品是《浮士德交响曲》、《但丁交响曲》、《匈牙利狂想曲》、交响诗《前奏曲》、《马捷帕》等等。钢琴曲中最难的一首当属《唐璜的回忆》。

谁被誉为"歌剧之王"

他是德国作曲家，杰出的管风琴、小提琴、大键琴演奏家。他就是被尊称为"歌剧之王"、"清唱剧大师"、"圣乐之祖"的亨德尔。1685年亨德尔生于德国中部小城，从小学习作曲，后在教堂内任管风琴师及艺术指导。后到汉堡、汉诺威、伦敦从事歌剧的创作，一生共创作了《奥兰多》等46部歌剧、《弥赛亚》等32部清唱剧，以及《水上音乐》、《皇家焰火音乐》等管弦乐曲。1759年在伦敦逝世。他的作品有歌剧46部，清唱剧32部，康塔塔100部，还有奏鸣曲、协奏曲、组曲、声乐及器乐等。他的小号作品有小号与圆号的协奏曲等。他的几首小号奏鸣曲是后人由他的小提琴、长笛等乐器移植或改编的，另有一首小号协奏曲是由双簧管移植的。

谁被誉为"古典音乐的守卫者"

德国作曲家勃拉姆斯被誉为是"古典音乐的守卫者"。他1833年5月7日生于汉堡一个职业乐师家庭。受能够演奏多种管弦乐器的父亲的影响，自幼喜爱音乐，

勃拉姆斯

107

向父亲学习小提琴、大提琴和圆号,在父亲的教导下走上了音乐事业的道路。13岁时在酒店里为人伴奏,这一时期他开始尝试作曲,写作了150多首舞曲、进行曲和管弦乐曲改编曲等。十四五岁时举办了钢琴独奏音乐会,开始了以音乐为职业的独立生活。19世纪60年代,他定居维也纳。勃拉姆斯一生创作了大量的作品,几乎涉及到音乐形式的各个领域,最具代表性的作品有四部交响曲、两部钢琴协奏曲、一部小提琴协奏曲、一部小提琴大提琴二重协奏曲、几首管弦乐序曲、二十多首匈牙利舞曲以及《德意志安魂曲》和许多室内乐。由于他出色地继承和发展了德奥古典音乐,因而被认为是德国19世纪后半叶最卓越的、古典乐派最后的一位作曲家。1897年4月3日,勃拉姆斯因癌症在维也纳逝世。

谁被誉为"最具浪漫气质的浪漫主义作曲家"

他是德国著名作曲家、音乐评论家,被誉为"最具浪漫气质的浪漫主义作曲家"——舒曼(1810—1856年)。他出生于德国茨维考城书商的家庭,从小喜爱音乐和文学。舒曼是浪漫主义音乐成熟时期的代表之一,他生性感情敏感,并且有民主主义思想。1834年他创办了《新音乐杂志》。1839年他回到莱比锡。舒曼的代表作有:钢琴名曲《蝴蝶》、《狂欢节》、《交响练习曲》。最著名的歌曲集有《桃金娘》、《诗人之恋》、《妇人的爱情和生活》等,之后还写下了四部交响曲,及《a小调钢琴协奏曲》、《曼弗雷德序曲》等杰出的作品。

五线谱的由来是什么

五线谱是世界上通用的记谱法。在五根等距离的平行线上,标以不同时值的音符及其他记号来记载音乐的一种方法。五线谱的前身可追溯到中世纪的纽姆记谱法及有量记谱法。五线谱在前两者的基础上出现,到17世纪逐步完善,18世纪开始定型而沿用至今。如小节线原用于文字谱,17世纪末,被五线谱所采用;升降记号通用于18世纪,表情记号取有量记谱法;装饰音记号源于纽姆谱,17世纪,系统化用于五线谱。

摇滚乐的由来是什么

摇滚乐产生于20世纪50年代,以黑人节奏布鲁斯音乐为基础,加上了摇摆乐和钢琴音乐的成分,突出声音的表现力和持续不断前进的节奏。1952年,由美国著名电台主持人艾伦·弗雷德发起的音乐会,被冠以摇滚的名义,摇滚乐就此诞生。摇滚乐以电子乐器取代了以往的器乐,并把最早期的各种爵士乐风格的魅力同现代电子乐器结合在一起,形成了一种有强大吸引力的音乐风格。由于它在创作过程中糅合了其他许多音乐的因素,所以,摇滚乐的种类相当多,如迷幻摇滚乐、乡村摇滚乐、民歌摇滚乐、拉加摇滚乐和爵士摇滚乐等。

为什么帕格尼尼被称为"小提琴之王"

帕格尼尼是意大利小提琴家、作曲家,是音乐史上最负盛名的演奏家之一,被称为"小提琴魔术师"。他首创的双泛音、跳弓、弓杆击弦以及单弦演奏等技法,其影响不仅在于以后的小提琴作品的创作与演奏,

第五章 艺术与审美

甚至还涉及到钢琴演奏和配器法的发展。他开拓了近代小提琴演奏的技法，诸如双泛音、双颤音、左手拨弦、近马奏法等等，此外速度最快可一秒拉16个音。他的小提琴乐谱看起来有点像钢琴谱，许多地方令人感到不可思议。在演奏会中，琴弦会被预先设计成突然"意外"地拉断，一根接着一根，而他依然用最后一根弦演奏完全部作品。他可以将曲子任意升高或降低半音来拉，不是藉由调音，而是用指法改变。因为他在小提琴上的天赋，被人们誉为"小提琴之王"。帕格尼尼的主要作品首推6首小提琴协奏曲。

为什么称车尔尼是"练习曲之王"

车尔尼（1791—1857年），杰出的奥地利钢琴演奏家、教育家、作曲家。出生于维也纳，自幼随父学习钢琴。后师从贝多芬学习三年。十五岁时已成为一位知名的钢琴教师。车尔尼出版过1000多首作品，除了用于教学的钢琴练习曲之外，还包括交响曲、协奏曲、四重奏、合唱、歌曲等。他还是19世纪上半叶维也纳钢琴学派的创始人，以著有大量的钢琴练习曲而闻名于世，如《钢琴初步教程》、《钢琴流畅练习曲》、《钢琴快速练习曲》等一整套循序渐进的技巧练习曲。对钢琴演奏技巧提出了极高的要求，长期以来一直被钢琴教学所采用。车尔尼创作的一整套钢琴练习曲至今仍被有经验的钢琴教师所采用。由于车尔尼对钢琴教育事业的杰出贡献，他被称为"钢琴练习曲之王"。

为什么格林卡被称为"俄罗斯音乐之父"

格林卡(1804—1857年)，俄罗斯作曲家俄罗斯古典音乐的奠基者，被誉为"俄罗斯音乐之父"。1804年6月1日诞生于一个贵族家庭。为了发展俄罗斯音乐和研究意大利、德国和西班牙音乐，曾先后出国游历达四五次。他研究意大利歌剧和美声唱法于1836年写成了第一部歌剧《伊凡·苏萨宁》。后来他又创作了第二部歌剧《鲁斯兰与柳德米拉》。这两部不同题材的歌剧开辟了俄罗斯歌剧的发展道路。《卡玛林斯卡亚》则是奠定了俄罗斯交响音乐风格的幻想曲。由于他对俄国民族音乐的发展做出了杰出的贡献成为俄罗斯古典音乐伟大的奠基者因而被誉为"俄罗斯音乐之父"。

为什么施特劳斯被称为"圆舞曲之王"

约翰·施特劳斯是奥地利作曲家、小提家家兼指挥家，1825年10月25日生于维也纳一个音乐家的家庭里。父亲老约翰·施特劳斯是维也纳舞蹈音乐作曲家之一。1849年他负责领导他父亲的乐队到处巡回演出。1867年巴黎举办万国博览会时他曾受到当时在巴黎的一些著名文学艺术家包括福楼拜、托玛、戈蒂叶、小仲马和屠格涅夫等人的热诚欢迎。约翰·施特劳斯的作品总共有五百首左右主要是一些生活舞蹈性音乐包括圆舞曲、波尔卡舞曲、进行曲以及一些轻歌剧等。他具有代表性的圆舞曲包括《蓝色的多瑙河》、《艺术家的生涯》、《维也纳森林的故事》、《美酒、爱情和歌曲》、《春之声》和《皇帝》等。从1870年起，他写出了十六部轻歌剧、一部歌剧和一部芭蕾舞剧。约翰·施特劳斯的最著名的轻歌剧是《蝙蝠》、《茨冈男爵》和《威尼斯之夜》。

为什么威尔弟被称为"歌剧之王"

威尔弟，意大利歌剧作家。童年生活很穷苦，幼年时就特别爱好音乐，常被民歌和流浪艺人的表演所吸引，7岁时跟教堂里的风琴师学习音乐，后经人资助赴米兰深造。1839年他写的第一部歌剧首演，反映良好。1492年他写的第二部歌剧《那不科王》演出异常成功，一跃而成为意大利第一流作曲家。19世纪50年代是威尔弟创作的高峰时期，他写了《弄臣》、《游吟诗人》、《茶花女》、《假面舞会》等7部歌剧，奠定了歌剧大师的地位。他于1870年被选为意大利众议院议员。1871年到1872年应埃及总督的邀请，为苏伊士运河通航创作了歌剧《阿伊达》。晚年，又根据莎士比亚的剧本创作了歌剧《奥赛罗》及《法尔斯诺夫》。在欧洲歌剧史中，他是19世纪意大利歌剧创作成就最大的一个作曲家，所以人们称赞他为"歌剧之王"。

谁被誉为"意大利喜歌剧精神的化身"

罗西尼是十九世纪上半叶意大利歌剧三杰之一，主要以喜剧歌剧作家身份著称于世。他的创作继承了意大利注重旋律及美声唱法的传统，音乐充满了炫技的装饰和幽默，且吸收了同时代作曲家贝多芬的手法，使用管弦乐来取代和丰富原来仅作音高提示的古钢琴伴奏。《塞维利亚理发师》是他的成名作，据说这部歌剧罗西尼当时只用了十几天的时间就完成了，充分体现了罗西尼的音乐天才。它荟萃了意

罗西尼

大利喜剧的精华，语言生动、形式自由、充满幻想，是意大利喜剧歌剧的代表作，从而使这部作品成为不朽之作，因此他被誉为"意大利喜歌剧精神的化身"。1829年的搁笔之作《威廉·退尔》，反映了民族自主的愿望，且推进了大歌剧体裁的形成。在近四十部歌剧中影响较大的还有《灰姑娘》、《贼鹊》、《奥塞罗》、《摩西》等。

为什么柴可夫斯基被称为"舞剧音乐大师"

俄国作曲家柴可夫斯基享有"舞剧音乐大师"的美称。他10岁开始学习钢琴和作曲，曾就读于法律学校，毕业后在司法部工作。1862年入彼得堡音乐学院学作曲。毕业后在莫斯科音乐学院任教。1877年到1890年，他辞去教职，专门从事创作。1893年11月去逝。他一生创作了10部歌剧、3部舞剧、6部交响乐、3首钢琴协奏曲等。他创作的歌剧《叶甫根尼·奥涅金》、《黑桃皇后》，舞剧《天鹅湖》、

《睡美人》、《胡桃夹子》，钢琴曲《四季》，弦乐四重奏《如歌的行板》等等。特别是《天鹅湖》被认为是世界舞剧发展史上一部划时代的作品。

为什么穆索尔斯基被称为"音乐绘画大师"

19世纪俄罗斯民族乐派伟大的作曲家穆索尔斯基(1839—1881年)自幼学习钢琴热爱和熟悉民间音乐表现出非凡的音乐天赋9岁就能当众演奏协奏曲。13岁进入禁卫军士官学校写出他的第一首作品———钢琴曲《陆军准尉波尔卡》并出版。此后从事作曲。1881年3月28日病逝于士兵医院。他的作品除歌剧外还有钢琴作品若干，以《图画展览会》最为著名。他的声乐作品很多以反映农民贫困生活为主其中以《洋娃娃》、《跳蚤之歌》、《儿童歌曲集》最为著名管弦乐曲有《荒山之夜》等。《图画展览会》是他参观了俄罗斯国家和建筑家哈特曼的遗作展览后写的，《图画展览会》共有10段乐曲。这10段乐曲是：侏儒、古城堡、杜伊勒里花园、牛车、未出壳的雀雏的芭蕾舞、戈登堡和什缪耶尔(两个犹太人)、里摩日市场、墓穴、鸡脚上的小屋和雄伟的大门。用音乐的手法描绘景物所以被称作"音乐绘画大师"。

为什么德沃夏克被称为"捷克音乐之父"

德沃夏克(1841—1904年)，捷克著名音乐家。他出生在布拉格附近的一个小村镇，从小就爱听自己故乡的民歌，并在农村教师的指导下开始学习唱歌和小提琴。16岁进入布拉格风琴学校以第二名的优异成绩毕业，后来在国家剧院拉中提琴。在捷克民族乐派创始人斯美塔那的指导下开始学习音乐创作。他曾9次被邀请访问英国并到德国、俄国旅行。1891年任布拉格音乐学院作曲教授，同年英国剑桥大学授予他荣誉音乐博士学位。1892年任美国纽约国家音乐学院院长，回国后继续在布拉格音乐学院任教1901年升任院长。德沃夏克的作品有歌剧12部神话剧和清唱剧11部交响曲9部等作品。其中最著名的是1893年创作的《e小调(自新大陆)交响曲》。1903年德沃夏克完成了他的最后一部作品———歌剧《阿尔米达》。由于德沃夏克为发展捷克的民族民间音乐作出了杰出的贡献，被人们誉为"捷克音乐之父"。

谁被誉为"标题交响乐的奠基人"

柏辽兹于1803年12月11日生于法国南部的小城，1869年3月8日逝世于巴黎。出生于医学世家的柏辽兹一度遵从父命研习医学，但对音乐的巨大兴趣和热情使他毅然投身于音乐事业，并最终成为音乐史上最伟大的音乐大师之一。他的作品融浪漫主义精神、标题音乐技法、富有表现力的旋律、大胆创新的和声与绚丽多彩的配器于一体，被誉为"标题交响乐的奠基人"。其作品主要有：交响曲《幻想交响曲》、《葬礼与凯旋交响曲》、《哈罗尔德在意大利》、《罗密欧与朱利叶》，其他管弦乐作品有《浮士德的沉沦》、《幻想随想曲》、《莱利奥》、《罗马狂欢节序曲》、《罗布·罗伊序曲》、《威弗利序曲》、《海盗序曲》、《李尔王序曲》；声乐作品有歌剧《贝丽叶采与本尼迪克》、《特洛伊人》、《本韦努托·切利尼》，神剧《基督的童年》，宗教音乐《安魂曲》、《感恩赞》，连篇歌曲《夏夜》。

谁被誉为"印象派大师"

德彪西，1862年8月22日生。9岁开始学音乐。1873年入巴黎音乐学院学习钢琴与作曲。1884年以康塔塔《浪子》而获罗马大奖。1890年起结识以马拉美为首的年轻象征主义诗人，同印象主义画家亦有交往，深受他们美学观、艺术观的影响，形成了"印象派音乐"的创作风格。作品多以诗、画、自然景物为题材，着意捕捉一瞬间的主观感觉和印象。为表现朦胧、飘忽、幽静的意境，在旋律、和声、配器、曲式等方面突破了传统的规范，丰富了音乐的表现力，因此被人称为"印象派大师"。1918年3月25日病逝。他的主要作品有《贝加马斯卡组曲》、《牧神午后序曲》、《佩利亚斯与梅丽桑德》、《儿童乐园》、《玩具盒》等等。

谁被誉为"20世纪的先知"

马勒（1860—1911年），杰出的奥地利作曲家及指挥家。出生于波希米亚的卡里什特，童年即显露音乐的天才，六岁参加钢琴比赛，八岁已能为别的孩子教课，十五岁进维也纳音乐院学习，后改学作曲及指挥。1885在莱比锡指挥门德尔松的清唱剧《圣·保罗》获得巨大的成功，后被聘为布拉格歌剧院指挥。还曾在莱比锡、布达佩斯、维也纳等地歌剧院任指挥，遂成为当代最伟大的指挥之一，是现代音乐会演出模式的缔造者。他一共写了十部交响曲、四部乐队伴奏的声乐套曲、一部清唱剧及五首歌曲。他的代表作有交响乐《巨人》、《复活》和《大地之歌》等等。

谁被认为是"真实主义"歌剧代表人

普契尼是继威尔第之后意大利最伟大的歌剧作曲家，是"真实主义"歌剧乐派的代表人物。他10岁开始当唱诗班歌童，14岁任教堂管风琴手。1880年入米兰音乐学院，1883年毕业。1884年创作第一部歌剧《群妖围舞》，其后一直致力于歌剧创作。他的歌剧充满感情和戏剧性，采用多种形式的交响乐和众多的角色。普契尼一生共创作了12部歌剧，至今仍在世界歌剧舞台上经常演出的主要有4部：《艺术家的生涯》、《托斯卡》、《蝴蝶夫人》和《图兰朵》。

谁被誉为"20世纪最伟大的指挥家"

指挥大师卡拉扬（1908—1989年）生于奥地利萨尔茨堡。卡拉扬1927年在乌尔姆歌剧院初次登台指挥，1934年在亚琛歌剧院任指挥，1938年被选为柏林歌剧院的指挥。1947年担任著名的维也纳爱乐乐团和维也纳爱乐协会乐团指挥；1949年兼任米兰斯卡拉歌剧院常任指挥；1950年又兼任伦敦爱乐乐团常任指挥。1955年任柏林爱乐乐团终身常任指挥。1956年任维也纳国立歌剧院指挥兼萨尔茨堡音乐节总指导。1957—1970年，他独揽萨尔茨堡音乐节音乐总监的职务成为欧洲乐坛上的"帝

第五章　艺术与审美

王"被称为"欧洲的音乐总监"。1989年7月16日，卡拉扬病逝。此外，他设立了卡拉扬基金会，主持国际指挥比赛；设立音乐研究所等。因为在指挥方面做出了贡献，被人誉为"20世纪最伟大的指挥家"。

谁被誉为"乐剧巨匠"

瓦格纳是十九世纪德国著名作曲家、文学家和指挥家，欧洲后期浪漫乐派的重要代表人物之一。1831年，瓦格纳入莱比锡大学学习音乐。1842年，他受聘担任德累斯顿歌剧院指挥并担任宫廷乐长。这期间，他创作了歌剧《漂泊的荷兰人》、《汤蒙舍》以及一些管弦乐作品。1849年资产阶级革命失败后，他逃到瑞士。在逃亡期间，他自编了剧本、歌剧《女武神》、《尼伯龙根的指环》、《特里斯坦与伊索尔德》等作品。1860年，德国皇帝颁布大赦令之后，瓦格纳才回到德国。瓦格纳一生主要从事歌剧创作。他共写了十三部歌剧，一部交响曲，九首管弦乐序曲以及其他一些室内乐和声乐作品。他的歌剧较著名的还有《罗恩格林》、《黎恩济》、《纽伦堡名歌手》、《帕西法尔》等。1883年2月13日，瓦格纳在意大利威尼斯死于心脏病。

世界十大交响乐团是哪十个

世界十大交响乐团是指：

柏林爱乐乐团。1882年创建于柏林，由克林特沃担任首席指挥，1955年后，由被誉为"当代指挥界之王"的卡拉扬担任音乐指导和终身指挥。

维也纳爱乐乐团。1842年创建于维也纳，目前也以"维也纳国立歌剧院乐团"名义演出。

芝加哥交响乐团。1891年创建于芝加哥。

波士顿交响乐团。1881年创建于波士顿。

费城管弦乐团。1900年创建于费城。

克利富兰管弦乐团。1812年成立于克利富兰。

阿姆斯特丹音乐厅管弦乐团。1888年创建于阿姆斯特丹，隶属于阿姆斯特丹音乐厅。

巴黎管弦乐团。1967年创建于巴黎，由1828年成立的巴黎音乐学院管弦乐团改组而成。

德累斯顿国立管弦乐团。1548年创建于德累斯顿，它是世界上历史最悠久的交响乐团。

列宁格勒国立爱乐乐团。1772年创建的圣彼得堡音乐协会管弦乐团，于十月革命后改为圣彼得堡爱乐乐团。

什么是交谊舞

交谊舞

西方文明千问

交谊舞是起源于西方的国际性的社交舞蹈，又称舞厅舞、舞会舞、社交舞、国标舞。最早起源于欧洲，在古老民间舞蹈的基础上发展演变而成。最早是16、17世纪欧洲贵族在宫廷举行的交谊舞会，法国革命后，流传民间至今。从此交谊舞在欧洲各国成为一种普遍的社交活动，故有"世界语言"之称。到20世纪20年代以后，交谊舞在世界各地风行起来，所以又称它为"国际舞"。国际标准舞起源于古代土风舞，经历对舞、圈舞、行列舞、集体舞等演变过程，并与欧洲贵族在宫廷举行的交谊舞会结合，成为流传广泛的社交舞。

什么是爵士舞

爵士舞是随着爵士乐的产生在美国五十年代末期，六十年代初兴起的一种舞蹈形态由黑人的社交舞，配上爵士乐的音乐而演进下来的，自1917年有位叫班顿·欧尔斯崔写了一首《The Jazz Dance》后，这就成了爵士舞蹈的永久代名词。爵士舞蹈虽渊源于非洲，但却在美国成长，并在舞台上大放光芒，成为最受欢迎的舞蹈，在美国逐渐演变成一种本土化、大众化舞蹈。新的爵士舞吸收了芭蕾舞、现代舞、表演舞、剧场舞、社交舞、黑人舞蹈和印度民间舞蹈等元素。

什么是迪斯科

迪斯科是当代国际流行的一种交谊舞形式，来源于美国黑人民间舞蹈和爵士舞。最初流行于美国小城镇的黑人集团和拉美集团的无业游民之间。到1978年，迪斯科迅速侵入到各个家庭的生活中，一时形成迪斯科热。迪斯科除了规定的一些步法之外，还可以根据节奏的变化即兴地模拟日常生活中的动作，自由而奔放。这与快速发展的社会和生活节奏的变化分不开。它与较为规范的交谊舞有所区别。迪斯科的特点是膝部随节拍颤动，身体中段松弛，力量主要用在胯上和膝部的快速屈伸上。可以自由处理节奏的拍数，主要有重拍时身体往上的趋势或往下的趋势两种节奏性。迪斯科活动量大、节奏感强，能有效地锻炼身体的各个部位和加强人体的协调性和控制能力。

什么是霹雳舞

霹雳舞起源于美国，它的创始人是美国东海岸黑人歌星詹姆斯·布劳德。他于1949年在电视上唱新歌时，自己创作了一种希奇古怪的动作，青年们竞相模仿，并在街头进行跳舞比赛。这种舞蹈传到西海岸洛杉矶后，又出现了模仿木偶机器人动作的舞蹈。后来，美国东西两岸两大派街头舞蹈结合起来。因为这种舞蹈大都在街头表演，故又称"街头舞蹈"。

这种舞蹈的英文名字为"Break Dance"，中文译为"布雷克舞"，也有人形象的译为"霹雳舞"。对于跳"布雷克舞"的人来说，霹雳舞是个专用名词，只有那些贴近地面，以头、肩、背、膝为重心，迅速旋转、翻滚的动作才叫"霹雳"。模仿木偶、机器人或月球漫步的舞步，是"布雷克舞"的另一种形式。

什么是狐步舞

狐步舞起源于美国黑人舞蹈，早在1900年就出现狐步舞，是由美国舞厅舞

第五章　艺术与审美

专家维隆·凯萨贤夫妇模仿马走路而创编，舞步简单，当时十分流行。1913年哈利·福克斯在这个基础上编创含着美国新黑人爵士节奏的舞蹈，推出了自行设计的滑稽歌舞在纽约电影院的屋顶花园首次公演，获得好评，人们高呼"fox"!因此在美国及欧洲一些国家迅速风行，其称为"福克斯"舞，后由英国舞蹈专家约瑟芳·宾莉改编成为英国式舞蹈。狐步舞蹈每一音乐节拍为4拍，第1拍为重拍，第3拍为次重拍，节奏为慢等于2拍，快等于1拍。

什么是华尔兹

华尔兹是舞厅舞中最早的、也是生命力非常强的自娱舞形式。华尔兹又名圆舞，这是因为华尔兹在整个舞蹈过程中，大部分都在不停的旋转。华尔兹来源于欧洲，是欧洲的一种土风舞，到了18世纪，成为极流行的社交舞厅舞。"华尔兹"一词最初来自古德文，意思是"滚动"、"旋转"或"滑动"。华尔兹根据速度分化为快慢两种。华尔兹因速度慢，除多用旋转外，还演变出多复杂多姿的舞步。再加四大技巧在华尔兹中得到全面和充分的体现，所以它被列为学习国标舞的第一舞种。华尔兹舞步在速度缓慢的三拍子舞曲中流畅地运行，因有明显的升降动作而如一起一伏连绵不断的波涛，加上优美的造型，因此享有"舞中之后"的美称。

什么是探戈

探戈起源于阿根廷，是摩登舞项目之一，源于阿根廷民间，20世纪传入欧洲上层社会，后流行于世界各国。2/4拍节奏，每分钟30～34小节。每小节二拍，第一拍为重拍。舞步有快步和慢步，快步占半拍，用Q表示；慢步占一拍，用S表示。基本节奏是慢、慢、快、快、慢。舞曲节奏带有停顿并强调切分音；舞步顿挫有力，潇洒豪放；身体无起伏、无升降、无旋转；表情严肃，有左顾右盼的头部闪动动作。

什么是伦巴

伦巴也被称为爱情之舞的，是起源于古巴的拉丁舞，所以又叫古巴伦巴，舞曲节奏为4/4拍。它的特点是较为浪漫，舞姿迷人，性感热情；步伐曼妙，缠绵，讲究身体姿态，舞态柔媚，步法婀娜款摆。节奏为4/4拍，每分钟27～29小节。每小节四拍。乐曲旋律的特点是强拍落在每小节的第四拍。舞步从第4拍起跳，由一个慢步和两个快步组成。四拍走三步，慢步占二拍（第4拍和下一小节的第一拍），快步各占一拍（第二拍和第三拍）。胯部摆动三次。胯部动作是由控制重心的一脚向另一脚移动而形成向两侧作"∞"型摆动。具有舒展优美，婀娜多姿，柔媚抒情的风格。其产生与西班牙和非洲的舞蹈有密切关系，后在古巴得到发展。

什么是桑巴

桑巴舞被称为巴西的"国舞"。桑巴舞起源于非洲。舞曲欢快热烈，节奏为2/4拍或4/4拍，每分钟52～54小节。强拍落在每小节的第二拍或第四拍。每小节完成一个基本舞步。舞步在全脚掌踏地和半脚掌垫步之间交替完成，通过膝盖上下屈伸弹动，使全身前后摇摆，并沿着舞程线绕场行进，属"游走型"舞蹈。特点是流动性

115

大，动律感强，步法摇曳紧凑，风格热烈奔放。桑巴是巴西最具代表性的国家象征之一。每年一度的狂欢节是桑巴音乐展示的最佳舞台，来自欧洲、全球其他地方以及巴西国内的游客会在每年2—3月份挤满里约热内卢和萨尔瓦多，里约狂欢节演出也是巴西音乐最重要的两个发源地。

什么是恰恰

恰恰是拉丁舞蹈的一种，是曼波最原始的衍生舞蹈，源自巴西，是模仿企鹅各种姿态的舞蹈。20世纪50年代拉丁舞蹈"恰恰"是风靡全美国、最流行的拉丁社会舞蹈。恰恰舞的重点，强调的是内部扬脚部，舞结构的编排不可过多长距离的移动，并在组合舞包含现场观众直接面对面舞蹈的舞，而每个动作节拍的配合相当重要。恰恰舞是音乐节拍为4/4拍，有时2/4拍。

什么是斗牛舞

斗牛舞源于法国，盛行于西班牙，系据西班牙斗牛场面创作而成，意思是"两步"，是一种两步舞，它的音乐为2/4拍，速度每分钟62小节左右。"斗牛舞"的特点：音乐雄壮、舞态豪放、步伐强悍振奋。跳"斗牛舞"的时候，男女双方扮演不同的角色，男士象征斗牛士，一名身手矫健的斗牛士，而女士象征斗牛士用以激怒公牛的红色斗篷。

什么是现代舞

现代舞是20世纪初在西方兴起的一种与古典芭蕾相对立的舞蹈派别。其主要美学观点是反对古典芭蕾的因循守旧、脱离现象和单纯追求技巧的形式主义倾向，主张摆脱古典芭蕾舞过于僵化的动作程式的束缚，以合乎自然运动法则的舞蹈动作，自由地抒发人的真实情感，强调舞蹈艺术要反映现代社会生活。它的最鲜明特点是反映现代西方社会矛盾和人们的心理特征故称为现代舞。创始人是美国舞蹈家伊莎多拉·邓肯。系统地为现代舞派建立起一套较为完整的理论和训练体系的，是匈牙利人鲁道夫·拉。

芭蕾诞生于什么时候

"芭蕾"起源于意大利，兴盛于法国，"芭蕾"一词本是法语的英译，意为"跳"或"跳舞"。芭蕾最初是欧洲的一种群众自娱或广场表演的舞蹈，在发展进程中形成了严格的规范和结构形式、其主要特征是女演员要穿上特制的足尖鞋立起脚尖起舞。1661年，法国国王路易十四下令在巴黎创办了全世界第一所皇家舞蹈学校，并亲自参加演出。这个时期宫廷组织了三位艺术大师——吕利、莫里哀和博尚专门负责芭蕾艺术的创作和演出，同时确立了芭蕾的五个基本脚位，十二个手位和一些舞步，并以法文命名之，使芭蕾动作有了一套完整的动作体系。早期芭蕾舞是禁止女性参与演出的，所有女角都由男演员反串。代表作品有《天鹅湖》、《仙女》、《胡桃夹子》等。

俄国"古典芭蕾之父"是谁

佩蒂帕于1818年生于法国马赛一个芭蕾世家，1910年卒于俄国克里米亚的古尔祖夫。彼季帕在芭蕾舞剧创作中建立了芭蕾双人舞的程式，着意于群舞队形严整、

画面丰富多变、用舞蹈手段塑造诗意的舞台形象。他还把交响乐的结构形式创造性地运用于舞剧的舞蹈形象创造之中，为后世的交响芭蕾创作和发展奠定了基础。由于佩蒂帕编导的芭蕾舞剧《睡美人》、《胡桃夹子》和《天鹅湖》是古典芭蕾的里程碑，以及他对建立和发展古典芭蕾所做的卓越贡献，因而被后人誉为"古典芭蕾之父"。

谁被誉为"现代芭蕾之父"

福金是芭蕾舞的改革家。1880年5月5日生于圣彼得堡，1942年卒于美国纽约。受邓肯的影响，他创作出具有革新精神的著名的芭蕾作品，如《仙女们》、《埃及之夜》、《天方夜谭》、《火鸟》等。1914年他在英国《泰晤士报》上发表了新舞剧的五项原则，主张在每部作品中创作出符合情节，能够体现时代精神和民族性格，最有表现力的新形式。舞剧中的舞蹈和哑剧都要为表现剧情服务。要利用整个人体而不仅仅是面部表情。应重视组舞和群舞的表现力。舞剧中的各个组成部分(舞蹈、音乐、美术等)是一个艺术整体，舞蹈和其他姐妹艺术是相互平等的关系，舞蹈家和作曲家、舞美设计家在合作中应享有充分的创作自由。他的这些主张，被人称为"新芭蕾宣言"。福金对芭蕾艺术的革新，对20世纪欧美以至全世界的芭蕾艺术的发展都产生了深远的影响，因而，芭蕾史学家称福金是"现代芭蕾之父"。

邓肯为什么被称为"现代舞之母"

邓肯是美国女舞蹈家，现代舞的先驱。1877年5月26日生于圣弗朗西斯科，1927年卒于法国里斯。少年时学习芭蕾舞的经验，使她难以忍受芭蕾僵化的动作程式的束缚。因此，她从自然界中寻找舞蹈动律的启示。她的舞姿流畅协调，洋溢着自由、激情和活力。她的舞蹈给当时舞坛带来新意，对古典芭蕾矫揉造作和因袭程式的表演风格形成了很大的冲击。她的舞蹈代表作有《伊菲革涅亚在奥里斯》、《马赛曲》、《前进吧，奴隶》、《斯拉夫进行曲》、《圣母颂》等。邓肯的舞蹈思想和艺术实践不仅为美国现代舞的创立铺平了道路，而且也推动了德国和其他国家的现代舞的发展，对世界舞蹈艺术的革新都有巨大的影响。因此，她被称为"现代舞之母"。

为什么乌兰诺娃被誉为"舞蹈艺术的一代天骄"

乌兰诺娃是苏联著名的芭蕾舞演员。1910年1月10日出生于圣彼得堡，父亲和母亲都是艺术工作者。1919—1928年她在列宁格勒舞蹈学校学习，师从她的母亲——著名舞蹈教育家瓦加诺娃。毕业后在基洛夫歌剧舞剧院芭蕾舞团任主要演员，1944年转至莫斯科大剧院芭蕾舞团任主要演员。她一生中扮演过《天鹅湖》、《睡美人》、《罗密欧与朱丽叶》、《灰姑娘》等作品中的很多角色。她的舞蹈动作表现力极富诗意，刻画人物深刻、细腻，善于抒情，善于表现复杂的人物性格。因此，她的表演成为了优美的抒情性与丰富的戏剧性完美结合的典范。由于她对芭蕾事业的卓越贡献，被人们称为"舞蹈艺术的一代天骄"。她曾两次获得苏联社会主义劳动英雄称号，并多次获得列宁

西方文明千问

奖金和国家奖金，1950年获苏联人民演员称号。

什么是电影

电影，也称映画。是由活动照相术和幻灯放映术相结合发展起来的一种现代艺术。是一门可以容纳文学戏剧、摄影、绘画、音乐、舞蹈、文字、雕塑、建筑等多种艺术的综合艺术，但它又具有独自的艺术特征。电影根据"视觉暂留"原理，运用照相（以及录音）手段，把外界事物的影像（以及声音）摄录在胶片上，通过放映（以及还音），在银幕上造成活动影像（以及声音），以表现一定内容的技术。电影在艺术表现力上不但具有其它各种艺术的特征，又因可以运用蒙太奇这种艺术性极强的电影组接技巧，具有超越其它一切艺术的表现手段，而且影片可以大量复制放映。

什么是白昼电影

白昼电影，就是光天化日之下露天放映的电影。为了避免放映时外来光线的干扰，在银幕前都装有遮檐或暗框，使所映的画面，具有足够的亮度和反差，放映这种电影有两种方法，一种是把放映机装上短焦距镜头以及反光镜等，从银幕后面把影像投到透射银幕上，观众从前面观看。另一种同一般放映相似，把影像从正面投映到银幕上，但银幕需有白昼电影相应的遮光设备。

什么是场记

场记是影片拍摄阶段的一项工作内容，也指担任这一工作的专职人员。主要任务是将现场拍摄的每个镜头的详细情况：镜头号码、拍摄方法、镜头长度、演员的动作和对白、音响效果、布景、道具、服装、化装等各方面的细节和数据详细、精确地记入场记单。由于一部影片是分割成若干场景和数百个镜头进行拍摄的，拍摄时不能按镜头顺序进行，因此，场记所作的记录有助于影片各镜头之间的衔接，为导演的继续拍摄以及补拍、剪辑、配音、洗印提供准确的数据和资料。影片完成后，这些记录还可供制作完成台本之用。

什么是传记片

传记片是以历史上杰出人物的生平业绩为题材的影片。主要情节受历史人物本身事迹的制约，不能凭空虚构，但允许在真实材料的基础上作合情合理的添加和润色。

传记片与一般故事片不同，在情节结构上受人物事迹本身的制约，即必须根据真人真事描绘典型环境，塑造典型人物，传记片虽然强调真实，但须有所取舍、突出重点在历史材料的基础上允许想象、推理、假设并作合情合理的润饰。传记片以真切生动的细节刻画人物，能使观众在银幕上看到一个完整的、栩栩如生的历史人物形象，起到独特的教育作用。优秀的传记片由于翔实地叙述历史事件和历史人物，因此具有史学价值和文学价值。

什么是大特写

大特写又称"细部特写"。把拍摄对象的某个细部拍得占满整个画面的镜头。取景范围比特写更小，因此所表现的对象也被放得更大。这种明显的强调作用和突出作用，使大特写和特写一样，成为电影艺术独特的表现手段，具有极其鲜明、强烈的视觉效果。在一部影片中这类镜头如果太长、太多，也会减弱其独特的感染作用。

什么是电影院线

电影院线简称"院线"，是电影放映行业的一种具有垄断性的经营体制。经营者为发展和保护其经营利益，在某些城市或地区，掌握相当数量的电影院，建立放映网络，借以垄断某国或某一电影制片公司新版影片的公映。

电影院线是以若干影院为依托，以资本和供片为纽带，有一个发行主体和若干影院组合形成，实行统一品牌、统一排片、统一宣传的发行放映机制，其经营管理模式类似连锁店。

什么是定格

定格是电影镜头运用的技巧手法之一。是指将上一段的结尾画面动作作静帧处理，使人产生瞬间的视觉停顿，接着出现下一段的第一个画面。其表现为银幕上映出的活动影像骤然停止而成为静止画面（呆照）。定格是动作的刹那间"凝结"，显示宛若雕塑的静态美，用以突出或渲染某一场面、某种神态、某个细节等。具体制作方法是，选取所摄镜头中的某一格画面，通过印片机重复印片，使这一停止画面延伸到所需长度。根据镜头剪辑的需要，定格处理可由动（活动画面）到静（定格画面），也可由静（定格画面）到动（活动画面）；也有的在影片

结尾时，用定格表明故事结束，或借此点题，以便给观众留有回味。

什么是动画片

动画是一种综合艺术门类，是工业社会人类寻求精神解脱的产物，它集合了绘画、漫画、电影、数字媒体、摄影、音乐、文学等众多艺术门类于一身的艺术表现形式。广义而言，把一些原先不活动的东西，经过影片的制作与放映，变成会活动的影像，即为动画。定义动画的方法，不在于使用的材质或创作的方式，而是作品是否符合动画的本质。时至今日，动画媒体已经包含了各种形式，但不论何种形式，它们具体有一些共同点：其影像是以电影胶片、录像带或数字信息的方式逐格记录的；另外，影像的"动作"是被创造出来的幻觉，而不是原本就存在的。

电影流派有哪些

电影流派主要包括：

德国表现主义：不再把自然视为艺术的首要目的，以线条、形体和色彩来表现情绪与感觉作为艺术的唯一目地。表现主义电影发源于1920年的德国，此种电影中的演员、物体与布景设计都用来传达情绪与心理状态，不重视原来的物象意义。

形式主义：起源于1915年的俄国。在电影表现或分析上，形式主义强调不同形式的运用可以改变材料的内涵，剪接、绘画性构图与声画元素的安排都是形式主义电影工作者的兴趣所在。

印象主义：1920年代法国的电影创作者路易·狄吕克领导的电影改革，以失败告终。一些人走向商业片，另一部分人则

走向前卫派道路。由于狄吕克的一些理论及创作概念与后来法国前卫电影运动有紧密联系，所以印像派电影大都被认为是前卫电影的前奏或直接归入前卫电影。

超现实主义：1920年兴起于法国，主要是将意象做特异的、不合逻辑的安排，以表现人类潜意识的种种状态。路易斯·布纽尔的《安达鲁之犬》可以算是早期超现实主义电影的经典作品。

新写实主义：二次世界大战后在意大利兴起的一场电影运动，主要代表人物有罗贝多·罗赛里尼、狄西嘉、鲁奇诺·维斯康堤等。这类的电影主题大都围绕在大战前后意大利的本土问题，主张以冷静的写实手法呈现中下阶层的生活。

法国新浪潮：指1958与1959年间一批法国新导演所拍摄的格调清新，频频获奖的首部作品。后则被广泛运用，概括了法国1950年代末、1960年代初期的新电影制作与创作倾向。

真实电影：1950年代末开始的，一种以直接记录手法为特征的电影创作潮流。电影的事件更完整与单一，因此更具有剧情片的情节。制作方式上，以直接拍摄真实生活，不事先写剧本与用非职业演员，影片由固定的导演、摄影师与录音师三人完成为其特点。

第三电影：泛指第三世界电影工作者所制作的反帝、反殖民与反种族歧视、反剥削压迫等主题的电影。

德国新电影：1960年代初出现在西德的一次旨在振兴德国电影的运动。1950年代西德随着经济的复苏电影亦蓬勃发展，但内容逃避现实，贫乏单调。

直接电影：指以写实主义电影风格拍成的纪录片，视摄影机为安静的现实纪录者，以不干扰、刺激被摄体为原则；真实电影则使摄影机主动介入被摄环境，时而鼓励并触发被摄者揭露他们的想法。

什么是政治电影

首先是直接表现当代真实的政治事件，政治运动和政治思潮的影片；

其次是直接表现参加这些政治事件、政治运动的工人、学生和其他人的思想、行为和命运的影片；

第三是反映当代某一重大社会政治问题的影片。它们的共同特征是以政治问题为中心，着重表现政治事件、政治思想和行为，以及个人与这些事件、思想和行为的关系。从20世纪60年代后期至70年代中期，政治电影曾在西方各国成为一种因人注目的电影创作潮流。

什么是街道电影

街道电影是室内剧电影影响下出现的一种以街道为主要动作背景的德国电影。齐格弗里德·克拉考尔在《从里加里到希特勒》一书中创造这个词。代表作品有卡尔·格纳的《街道》，派伯斯特的《没有欢乐的街》和布鲁诺·拉恩的《街头惨剧》等。这些影片表现了社会的现实，以一种直接的、不尚虚饰的和客观的风格，简练的演技和力求真实的布景，来反映德国下层平民的日常生活。这类影片摒除了表现主义的疯狂幻想，打破了室内剧的狭小世界，反映了德国电影在无声电影末期走向现实主义道路的努力。但随着纳粹势力的兴起和由纳粹党人控制的垄断性的乌发电影公司的成立，这种努力旋即夭折。

什么是公路电影

公路电影主要是以路途反映人生。在1969年的美国，一部电影的诞生永远改变了美国人看待自己国家的方式。由丹尼斯·霍普执导，他和彼得·方达主演的《逍遥骑士》在美国疯狂卖座，并由此产生了一种叫做公路片的"准类型电影"。

公路电影身为类型片的一种，与西部片颇有相似之处：两者都是美国文化特有的产物，两者描绘的也都是对美国边疆的探索。不同之处简而言之，西部片突出个人的冒险刺激，而公路片则反应人的内心情感。

哪部作品被誉为美国"现代电影的纪念碑"

《公民凯恩》是美国电影史上的一部重要实验影片，被誉为"现代电影的纪念碑"。1942年奥斯卡最佳原著剧本，美国国家电影保护局指定典藏。公认的电影史上最伟大的电影。在任何一座褒奖电影成就的凯旋门上都占有显著的位置，堪称电影艺术的"开山之作"，现代电影与传统电影的历史转折点。

《公民凯恩》又名《大国民》，是一部内涵丰富、富于哲理的传记体影片，也是当时年仅26岁的电影大师奥逊·威尔斯自编、自导、自演的成名代表作。影片以一位报业大亨凯恩之死揭开了序幕，并通过他的人生经历和事业的兴衰史，见证了一桩资本主义神话下的复杂真相。无论从内容还是形式上，《公民凯恩》在内容和形式上都体现了独特的新颖性，因而被看成是世界电影史上的一次重要实验和创新。

电影起源于哪里

1895年，法国卢米埃尔兄弟制造出"活动电影机"，公开放映所摄短片，电影始告正式诞生。早期电影是无声的，最初仅拍摄一些活动景象或舞台演出的片断，后逐步从通俗娱乐形成为一种独立的艺术形式。20世纪20年代开始出现有声影片，遂从纯视觉艺术发展为视听结合的综合艺术。以后又出现彩色电影、立体电影等。电影片种有故事片、新闻纪录片、科学教育片、美术片等。50年代以来，电影已成为具有广泛影响的现代艺术和社会文化现象，它由企业组织、艺术创作、制作生产、发行放映、观众消费、社会影响、教学研究等方面组成，涉及自然科学和人文科学等各个领域。

什么是长镜头

长镜头是"短镜头"的对称。指在一段持续时间内连续摄取的、占用胶片较长的镜头。能包容较多所需内容或成为一个蒙太奇句子（而不同于由若干短镜头切换组接而成的蒙太奇句子）。其长度并无明确的、统一的规定。一般分为固定长镜头、变焦长镜头、景深长镜头、运动长镜头四种。其中运动长镜头包括摄影机的推拉摇移升降等运动。由于长镜头能把镜头中的各种内部运动方式统一起来，因此显得自然流畅，又富有变化，为画面造成多种角度和景别，既能表现环境、突出人物，同时也能给演员的表演带来充分的自由，有助于人物情绪的连贯，使重要的戏剧动作能完整而富有层次地表现出来。长镜头的拍摄，由于不会破坏事件发生、发展中的空间与时间的连贯性，所以具有较

什么是意大利新现实主义

新现实主义是西方现代电影流派之一。受19世纪末作家维尔加所编导的"真实主义"文艺运动影响，是批判现实主义在特定条件下的发展。多以真人真事为题材，描绘法西斯统治给意大利普通人民带来的灾难。表现方法上注重平凡景象细节，多用实景和非职业演员，以纪实性手法取代传统的戏剧手法。首部影片是《罗马——不设防的城市》。代表作有《偷自行车的人》，《橄榄树下无和平》等。

新现实主义电影是在二战结束前后在意大利出现的，它一出现就受到了人们的注意，甚至令人震惊，其原因并不仅仅在于这一电影学派竟然异军突起于在经济、军事和政治上面临全面崩溃的一个法西斯主义国家中，更主要的是它完全以崭新的独特的表现风貌，突破了以往西方电影的部分传统或陈规。

什么是先锋派

先锋派，借助法语军事术语"先锋"一词，最初用以指19世纪中叶法国和俄国往往带有政治性的激进艺术家，后来指各时期具有革新实践精神的艺术家。

说白了现代主义也就是"先锋派"，它包括了"象征主义，未来主义，达达主义，意象主义，超现实主义，抽象派，意识流派，荒诞派等等"其倾向就是反映现代西方社会中个人与社会，人与人，人与自然，个人与自我间的畸形的异化关系，及由此产生的精神创伤，变态心理，悲观情绪和虚无意识。

"先锋派"的艺术特征表现为反对传统文化，刻意违反约定俗成的创作原则，及欣赏习惯。片面追求艺术形式和风格上的新奇；坚持艺术超乎一切之上，不承担任何义务；注重发掘内心世界，细腻描绘梦境和神秘抽象的瞬间世界，其技巧上广泛采用暗示，隐喻，象征，联想，意象，通感和知觉化，以挖掘人物内心奥秘，意识的流动，让不相干的事件组成齐头并进的多层次结构的特点，难于让众人理解。

什么是"电影眼睛"

20世纪初现代艺术创作观念的变革，以及拼贴、实物组合和照片剪辑一类方法的涌现，是电影眼睛论的生成背景。维尔托夫在1923年6月《列夫》第三期发表了宣言性文章《电影眼睛——人——革命》，提出"电影眼睛"就是"眼睛加电影家"、"我观察"加"我思考"的创作观念，主张电影摄影机是"出其不意地捕捉生活"的"眼睛"，反对叙事性电影，反对人为搬演，排斥演员、化装、布景、照明和摄影棚中的艺术加工，认为可以通过蒙太奇技巧重新组织自然形态的实拍镜头，从而在意识形态的高度上表现"客观世界的实质"，倡言电影必须成为"观察的大师——眼睛看到的生活的组织者"，强调选择重要的观察瞬间的必要性，主张按照联想原则和相应节奏组织素材，通过蒙太奇手法强化情绪感染力，引导观众达到明确的思想结论，通过影像和文字(政治口号字幕)的蒙太奇来解释事件的政治涵义。

什么是蒙太奇

蒙太奇在法语是"剪接"的意思,但到了俄国它被发展成一种电影中镜头组合的理论。蒙太奇一般包括画面剪辑和画面合成两方面,画面剪辑:由许多画面或图样并列或叠化而成的一个统一图画作品。画面合成:制作这种组合方式的艺术或过程。电影将一系列在不同地点,从不同距离和角度,以不同方法拍摄的镜头排列组合起来,叙述情节,刻画人物。但当不同的镜头组接在一起时,往往又会产生各个镜头单独存在时所不具有的含义。

凭借蒙太奇的作用,电影享有时空的极大自由,甚至可以构成与实际生活中的时间空间并不一致的电影时间和电影空间。蒙太奇可以产生演员动作和摄影机动作之外的第三种动作,从而影响影片的节奏。

什么是电影"画外音"

电影画外音指影片中声音的画外运用,即不是由画面中的人或物体直接发出的声音,而是来自画面外的声音。旁白、独白、解说是画外音的主要形式。旁白一般分为客观性叙述与主观性自述两种,前者是影片创作者(或借助故事叙述者)以客观角度对影片的背景、人物、事件直接进行议论或抒发感情,后者是影片中某一人物(一般为影片主角)的自述,以主观角度追溯往事、叙述所忆所思或所见所闻;独白是画面中人物的心理活动的语言表述,是揭示人物内心世界的重要手段;解说是介绍、解释画面内容、阐述影片创作者思想观点的表达方式。音响的画外运用也是画外音的重要形式。画外音摆脱了声音依附于画面视像的从属地位,充分发挥声音的创造作用,打破镜头和画面景框的界限,把电影的表现力拓展到镜头和画面之外,不仅使观众能深入感受和理解画面形象的内在涵义,而且能通过具体生动的声音形象获得间接的视觉效果,强化了影片的视听结合功能。画外音和画面内的声音及视像互相补充,互相衬托,可产生各种蒙太奇效果。

什么是场记板子

场记板子是指上面写着场次、镜次、导演、片名、影片公司等资料的小木板,一端可以开合,可以拍出清楚响声,以便剪接时声画同步作业的进行。特点是黑色或白色板面,可以用白板笔或水性马克笔以及粉笔写,简单实用,清晰可见。硬质木材,声音干脆响亮。电影史上第一块场记板的发明者有可能是弗兰克·斯林,他在上个世纪20年代担任澳大利亚墨尔本Eftee电影工作室的主管。早期的场记板由简单的木板制成,随着电影工业的不断发展,材料由原先粗糙的木材改进成较为优良的木质,或是半透明的有机玻璃。

在美国,场记板的记录内容包括出品的电影公司、拍摄日期、片名、导演和摄影师的大名、以及该场景的具体信息。场景的细节有:场景的序号、摄影机的机位和场景的拍摄次数(简单的说就是演员的NG次数)。而在欧洲,场记则会将机位和场景拍摄次数合在一起写,比如take 3C。通常情况下,一些拍摄周期短的电影短片不会采用场记板。编剧负责决定哪些场景需要使用场记板。口头形式的场记板被称作"声音板"或是"通告"。

好莱坞的名字因何而来

1853年，现在的好莱坞只有一栋房子。到1870年，这里已成为一片兴旺的农田。1886年，房地产商哈维·威尔考克斯在洛杉矶郊区买下了一块了0.6平方公里的土地。威尔考克斯的夫人一次旅行时听到她旁边的一个人说她来自俄亥俄州的一个叫做好莱坞的地方，她很喜欢这个名字，回到加州后，她将苏格兰运来的大批冬青树栽在这里，将她丈夫的农庄改称为"好莱坞"，于是有了好莱坞这个名字。在英语中这个词是冬青树林的意思。

好莱坞，本意上是一个地名的概念，港译"荷里活"，位于美国加利福尼亚州洛杉矶市市区西北郊，是洛杉矶的邻近地区，约有30万居民。但由于当地发达的娱乐工业，现"好莱坞"一词往往直接用来指美国加州南部的电影工业。不过电影制片厂分布的范围早已不局限在好莱坞一隅，好莱坞与其周边的伯班克等市共同构成了美国影视工业的中心地区。

好莱坞八大电影公司是指哪八家

好莱坞八大电影公司是指米高梅、派拉蒙、哥伦比亚、华纳、环球、20世纪福克斯、联美、雷电华。这八家电影公司创立组成的美国电影协会为所有在美国上映的影片分级，并为美国电影的利益进行游说。当时的八大影业全是垄断企业，特别是前5家公司，不但垄断了电影制作、发行各个环节，还拥有自己的院线，直到20世纪50年代才迫于美国反垄断法而出售了自己的院线。雷电华在50年代破产，但因为迪斯尼的崛起，填补了雷电华留下的空位。后来，经过收购和重组，八大电影公司变成了七大电影公司。2004年，索尼收购米高梅。因此，现在八大影业已成一种俗语，指的是好莱坞的主流片商，真正称得上"大"的目前只有6家，也就是美国电影协会目前的6个成员：索尼影业（包括米高梅）、福克斯、迪斯尼、华纳、派拉蒙、环球。

什么叫独立制片

简单的说，就是由未与商业片厂签约的个人发动的电影拍摄计划。

独立制片就是一个电影经济运作的概念，与创作精神、艺术水准全无干系。它只不过是相对于大公司垄断电影制作而出现的一种新方式，创作上比较自由而已。独立制片可以拍很好的商业片、很好的艺术片以及很滥的商业片和很滥的艺术片。而且，需要强调的是，独立制片的相对创作独立与自由，以及反对主流商业、主导政治压制的精神意义是有历史阶段性的，时至今日，很多大电影公司（甚至是好莱坞）也会投拍艺术性很强的电影，而日趋多元化和民主化的电影市场更给独立制片提供了一定的生存空间。

什么是"左岸派"

"左岸派"是20世纪50年代末出现在法国的一个电影导演集团，因成员都住在巴黎塞纳河的左岸而得名。他们是阿仑·雷乃、阿涅斯·瓦尔达、克利斯·马尔凯、阿仑·罗布—格里叶、玛格丽特·杜拉和亨利·科尔皮等。但"左岸派"实际上并没有组成一个"学派"或

第五章　艺术与审美

贝尼托·墨索里尼

"团体"，他们只是一批相互间有着长久的友谊关系、艺术趣味相投并在创作上经常互相帮助的艺术家。

"左岸派"导演们只把专为电影编写的剧本拍成影片，而从不改编文学作品；他们一贯把重点放在对人物的内心活动的描写上，对外部环境则采取纪录式的手法；他们的电影手法很讲究推敲，细节上都要修饰雕琢，绝无潦草马虎的半即兴式作风；他们的影片具有更为浓重的现代派色彩。

哪个电影节被称为"电影节之父"

1932年，享有"国际电影节之父"美誉的贝尼托·墨索里尼在水城威尼斯创办了世界上第一个国际电影节——威尼斯电影节。它比戛纳和柏林电影节分别早了14年和19年。

威尼斯影展的座右铭是"独立自主的原则和冒险精神"，强调"电影为严肃的艺术服务"，如果说戛纳电影节兼顾影片的商业性、艺术性，而柏林电影节注重意识形态的话，那么威尼斯电影节的评判标准更侧重纯粹的"艺术性"。

奥斯卡金像奖是怎样得名的

1929年5月16日在美国加州洛杉矶好莱坞罗斯福饭店的"花房"里举行了第一届奥斯卡金像奖授奖典礼，由道格拉斯·费尔班克斯和威廉·德米勒担任主持人，共颁发了15尊金像。这尊青铜镀金像的造型是一位手握长剑、屹立在一盘电影胶片上的健美勇士，起初并无名称。直到1931年，有个新来的学院女秘书看到这尊铜像，惊呼使她想起了叔叔奥斯卡，一位记者立即把她的话报道出去。从此，人们便把这个人像称为"奥斯卡金像"。奥斯卡金像奖也因此得名。

什么是新浪潮电影运动

法国新浪潮电影运动是继欧洲先锋主义、意大利新现实主义以后的第三次具有世界影响的电影运动，它没有固定的组织、统一的宣言、完整的艺术纲领。这一运动的本质是一次要求以现代主义精神来彻底改造电影艺术的运动，它的出现将西欧的现代主义电影运动推向了高潮。这一运动有两个部分，一是作者电影，即"新浪潮"；另一是作家电影，即"左岸派"。

谁被誉为"电影之父"

1895年，法国的奥古斯特卢米埃尔和路易卢米埃尔兄弟，在爱迪生的"电影视镜"和他们自己研制的"连续摄影机"的基础上，研制成功了"活动电影机"。

125

西方文明千问

"活动电影机"有摄影、放映和洗印等三种主要功能。它以每秒16画格的速度拍摄和放映影片,图像清晰稳定。1895年3月22日,他们在巴黎法国科技大会上首放影片《卢米埃尔工厂的大门》获得成功。同年12月28日,他们在巴黎的卡普辛路14号大咖啡馆里,正式向社会公映了他们自己摄制的一批纪实短片,有《火车到站》、《水浇园丁》、《婴儿的午餐》、《工厂的大门》等12部影片。卢米埃尔兄弟是第一个利用银幕进行投射式放映电影的人。史学家们认为,卢米埃尔兄弟所拍摄和放映已经脱离了实验阶段,因此,他们把1895年12月28日世界电影首次公映之日定为电影诞生之时,卢米埃尔兄弟自然当之无愧地成为"电影之父"。

"纪录片之父"是谁

1923年,弗拉哈迪的《北方的纳努克》的公映,标志着纪录电影在艺术创作上进入了一个新的发展阶段。这部影片纪录了一个爱斯基摩人和他的家庭在冰冻的北方为谋求生存的一天的斗争生活。与观众见面的影片是第二次拍摄的。1913年,弗拉哈迪随一个探险队到加拿大北方去探矿。他用摄影机客观地纪录了居住在那里的爱斯基摩人的生活。这一次所拍的3万英尺底片后来全部在火灾中烧毁了。后来他按照自己的创作意图再去进行拍摄。这次他吸收了当地的一些爱斯基摩人参加拍摄工作。有些镜头是用故事片的方法拍摄的。如爱斯基摩人居住的冰房子是根据拍电影的需要建造的、猎取海豹的活动也是组织拍摄的,但影片反映的人物和生活场景都是真实的。由于这部具有艺术感染力的纪录像片,弗拉哈迪被称作为"纪录电影之父"。

"美国电影之父"是谁

大卫·格里菲斯(1875—1948年)是美国电影开创时期最重要的电影导演之一,冠在他头上的称号有"好莱坞之父"、"美国电影之父"、"电影界的莎士比亚"等等光荣称号。他被认为是对早期电影发展作出极大贡献的开创性人物。他在拍摄这些影片的时候,尝试了各种各样的电影拍摄技巧,对后来的电影拍摄影响巨大。比如交叉剪辑、镜头移动角度法、滑动拍摄法、人工照明、逼真布景、闪回叙事、特写镜头、段落着色、拼接书面法、软聚焦、叠化法、渐隐法、圈入式圈出、入画式出画等等。这些电影拍摄的技巧,为电影成为成熟的影像艺术做了很多的探索,直接把电影从戏剧的附庸,变成了独立的影像艺术,对后世电影发展的影响,简直无法估量。而且,他还是美国电影制作大本营好莱坞的促成者。他最著名的作品包括《一个国家的诞生》和《党同伐异》。

什么是"启斯东风格"

赛纳特开创了启斯东喜剧,这是一种传送带式流水作业的产品,把一部电影的出场分为出主意、剧本会议、噱头部和类型演员、拍摄制作五个部分。这种方式提高了影片产出的速度,降低了成本,很快即为各制片厂所模仿。好莱坞制片制度具有发展大而全的垄断企业、高额投入、精细分工、制片人专权和明星制度几个特征。当然这种制度的弊端是培养了技术的

巨人和艺术的凡人、造成影片风格雷同。

世界上第一部有声电影是什么时候诞生的

1927年,华纳推出了《爵士歌王》,这部影片不仅有音乐,还加入了一部分对白,所以被看作是电影史上第一部有声片。电影声音的出现,为电影艺术拓展了新的表现空间,在电影史上无疑是革命性的成果。其实,《爵士歌王》能成为"有声电影"也是无心之举造成的,当时男主角乔尔森在唱完一首歌曲后,随口说了两句台词:"等一会儿,等一会儿,我告诉你,你不会什么也听不到。"后期制作时,这两句台词被无意中保留下来,于是,影片就这样"误打误撞"地成了"有声电影"(真正意义上的有声电影应当是1928年拍摄的《纽约之光》)。

谁被誉为"用电影做分析的精神医生"

英格玛·伯格曼是瑞典的国宝级编导,20世纪电影大师之一。1918年7月14日出生于瑞典乌普萨拉的一个具有浓厚宗教气氛的家庭。1937年,进入斯德哥尔摩大学攻读文学和艺术史,50年代中后期,随着《夏夜的微笑》、《第七封印》、《野草莓》、《面孔》等影片的拍摄完成,伯格曼跻身于世界著名导演的行列。六七十年代拍摄了"沉默三部曲"以及《假面》、《呼喊与细语》等等。他获奖的作品有:

《第七封印》1957年戛纳电影节评委会大奖;

《野草莓》1958年柏林电影节最佳影片奖;

《魔术师》1959年威尼斯电影节评委会大奖;

《处女泉》1960年戛纳电影节国际影评人特别奖、奥斯卡最佳外语片奖;

《呼喊与细语》1972年奥斯卡最佳外语片奖;

《芬妮与亚历山大》1982年奥斯卡最佳外语片奖。

什么是新好莱坞

英格丽·褒曼的优雅背影,到妮可·基德曼的华丽转身,好莱坞在星光大道上制造传奇的同时,也在无形中构筑起了一座"时尚梦工厂"。而"新好莱坞主义"便可谓是其最精粹的理念所在。

19世纪50年代末期,整个好莱坞弥漫着奢靡之气。而60年代中后期,后现代主义迅速崛起,崇尚自由成为时代主流,"新好莱坞主义"横空出世。时光流转,"新好莱坞主义"在不断演绎更迭中,由历代明星层层推进,已成当今美国乃至整

英格玛·伯格曼

个世界的主流时尚。

"新好莱坞主义",是一种在自然而自由的氛围中天然而生的优雅与尊贵,是一种特立独行并且彰显个性的不露声色的张扬,是一种有质量的舒适与有品位的简约。在几十年的欧美时尚史中,"新好莱坞主义"经久不衰。

什么是先锋派电影

先锋派电影是20世纪20年代以后,主要在法国和德国兴起的一种电影运动。它的重要特点是反传统叙事结构而强调纯视觉性。先锋派电影并不是一个统一的创作流派,它包括了"纯电影"、"达达主义电影"、"超现实主义电影"、"表现主义电影"等相互关联又相互区别的创作流派。作为一种影片样式,也有人称之为纯电影、抽象电影或整体电影,深受影迷喜爱。

谁被誉为"喜剧之父"

查理·卓别林(1889—1977年),英国电影演员、导演、制片人,无声电影时期最富创造力和影响力的喜剧大师。早在一次大战前,卓别林便以表演才华征服了世界影坛,正如萧伯纳所评价的,"卓别林是电影工业时代独一无二的天才"。从童年时踏上维多利亚舞台和英国音乐堂,直到88岁生命终结那一刻,卓别林的舞台生涯持续了75年光阴,他一生共拍摄了80余部喜剧片,代表作有《淘金记》、《城市之光》、《摩登时代》、《大独裁者》、《凡尔杜先生》、《舞台生涯》等,被誉为"喜剧之父"。这些影片反映了卓别林从一个普通的人道主义者到一位

查理·卓别林

伟大的批判现实主义艺术大师的过程。卓别林以其精湛的表演艺术,对下层劳动者寄予深切同情,对资本主义社会的种种弊端进行辛辣的讽刺。同时,卓别林高调的公共形象与私人生活饱受谄媚与争议。50年代麦卡锡时期,卓别林因左翼倾向被迫移居欧洲。60年代晚期,卓别林完成最后一部影片《香港女伯爵》,健康状况逐渐下降。1972年,卓别林获得奥斯卡终身成就奖。1977年的圣诞节,定居瑞士的卓别林在熟睡中悄然离世。

哪位导演被誉为"悬念大师"

希区柯克于1889年生于伦敦经营蔬菜批发的普通人家,1920年进入电影界,在经历了字幕设计、美术导演、编辑等工作后,于1926年导演了第一部悬疑影片《寄信人》,建立了在英国电影界的地位。1934年的《暗杀者之家》、1936年的《三十九级台阶》让希区柯克享有了国际名声。1940年,第一部好莱坞作品《蝴蝶梦》勇夺奥斯卡最

佳作品奖，接着又拍摄了间谍剧《海外特派员》、心理悬疑片《断崖》和精神分析片《爱德华大夫》。50年代，希区柯克在在艺术性和娱乐性上齐头并进，并在摄影技术上不断试验，拍出了《电话谋杀案》、《后窗》、《捉贼记》、《眩晕》、《西北偏北》等一系列优秀作品。1960年，希区柯克拍出了一部让全世界惊悚的《精神病患者》，从而使该片成为希区柯克电影生涯的一个里程碑。希区柯克在生前即被公认为有史以来最伟大的电影导演之一，曾在1968年获特殊奥斯卡奖，同年获美国导演协会格里菲斯奖。为了表彰他对电影艺术作出的突出贡献，1979年，美国电影艺术与科学学院授予其终身成就奖。1980年，英国女王伊丽莎白二世封他为爵士，同年4月29日在洛杉矶去世。"希区柯克"这一名字可谓悬疑惊悚的代名词，代表了一种电影手法的精神；正是这位举世公认的恐怖大师发明了"惊悚文艺类影片"这一电影类型，被誉为"悬念大师"。

柏林电影节创立于什么时候

柏林国际电影节于1951年在美国或者从更宽泛意义上说在三个西方盟国的倡议下创立。这以后的十年内，电影节已经确立了在柏林文化生活的重要地位。英格玛·伯格曼、萨蒂亚吉特·雷伊、米开朗基罗·安东尼奥尼、罗曼·波兰斯基和法国"新浪潮"导演让·吕克·戈达尔、弗朗索瓦·特吕弗、克罗德·夏布罗尔都以他们的影片在柏林电影节上获得了巨大的国际性的成功。

威尼斯电影节都设立哪些奖项

威尼斯电影节始于1932年，是世界上第一个电影节。第一届威尼斯电影节共有20多部影片参展，共设7个奖项，包括最受喜爱女演员奖、最受喜爱男演员奖、最佳原创故事奖、最佳导演奖、最感人电影奖、最有趣电影奖和最佳技术奖。第一届威尼斯电影节是由观众投票选出喜欢的电影和演员，没有固定的评委会。1943—1945年因第二次世界大战一度停办。大战结束后于1946年恢复举行。1932年至1942年，奖项分为最佳故事片、纪录片、短片、意大利影片、外国影片，以及最佳导演、编剧、男女演员、摄影、音乐等奖。此外，还有特别奖、综合奖、"墨索里尼杯"、"双年节杯"等。1946年至1948年，取消了"墨索里尼杯"。1949年增设"圣马克金狮奖"、"圣马克银狮奖"、"圣马克铜狮奖"等。

戛纳国际电影节创立于什么时候

戛纳电影节又名康城电影节或坎城电影节，创立于1946年，于每年春季在法国南方小城戛纳举行。

为与当时法西斯控制的威尼斯电影节相抗衡，建立一个充满艺术气氛不受政治左右的国际电影节，时任法国外交部艺术交流司官员菲利普艾尔朗在政府、文化界和地方当局的支持下，决定在法国南部的海滨旅游胜地戛纳创立一个国际电影节。并将首届戛纳国际电影节定在1939年9月1日至20日举行。当明星与游客们兴致勃勃地赶到戛纳，9月1日德军入侵波兰，法国进入紧急状态。两天后，英、法联合宣布对德进入战时状态。影星、旅游者纷纷离去。1939年的戛纳国际电影节在硝烟纷飞中流产。直到1946年，在和平的晴空下，第一届戛纳国际电影节才正式撩开面纱并载入史册。

多伦多国际电影节创立于什么时候

多伦多国际电影节是北美洲重要电影节之一。每年9月在加拿大多伦多举行。自1976年第一届多伦多国际电影节创办以来，共有近6000部影片在这里与世人见面，其中有大约300部曾登上了奥斯卡提名名单和领奖台。有别于柏林、戛纳和威尼斯三大欧洲电影节，多伦多电影节并不以评奖为主，而是以电影展映数量多而著称，它主要服务于市场。

克拉科夫国际短片电影节创立于什么时候

1961年在波兰历史名城克拉科夫创办。前3年只放映波兰本国短片，故称"波兰全国短片电影节"。从1964年起扩大为国际性电影节，改现名。受到波兰文化艺术部、波兰电影事业管理总局的支持，亦得到国际电影制片人协会联合会的支持与承认。已成为波兰最重要的国际电影节。每年5月至6月举办。为期8天（前4天放映波兰短片，后4天放映外国短片）。在克拉科夫市电影院公映参展影片。

莫斯科电影节创立于什么时候

俄罗斯莫斯科电影节是俄罗斯（前苏联）最大的国际电影节，世界上最重要的国际电影节之一。1959年创办，两年一次，1999年起改为一年一届，原定7月举行，1979年为了纪念苏联电影事业诞生60周年，改为8月举行，为期两周左右，地点在莫斯科市。电影节的主要目的是通过放映具有艺术价值和思想内容的影片，促进各国电影工作者交流经验和相互合作。90年代以后，受前苏联政局变化的影响，电影节也在悄悄地变化，尤其是规模在缩小，越来越难以与戛纳、威尼斯、柏林等国际电影节相匹敌。

布鲁塞尔国际电影节创立于什么时候

1974年在比利时电影摄影工会主席迪米特里·巴拉肖福的倡议下举行了布鲁塞尔国际电影节，它得到比利时一些政府部门和电影企业的资助也得到国际电影制片人协会联合会的承认与支持。该电影节于每年1月间举行。第一、二届均为期1周，自1976年的第三届起改为两周。主办单位宣称:本电影节的主要目的是放映在世界各地能普遍发行并能赚钱的影片，以便比利时电影观众多看外国的影片，增加国家的票房收入从而防止比利时电影业走向衰落。由于以上原因该电影节也被称为"促进电影节"。与此同时也希望通过电影节的活动增进本国与外国电影工作者之间的友谊。

第六章 语言与文学

什么是希腊神话

希腊神话即口头或文字上一切有关古希腊人的神、英雄、自然和宇宙历史的神话。大约产生在公元前12世纪到公元前8世纪之间。它历经古希腊人数百年口口相传，代代相承，不断地艺术加工，在以后的各种文学、历史、哲学著作中保存下来。希腊神话或传说大多来源于古希腊文学，包括如《荷马史诗》中的《伊利亚特》和《奥德赛》，赫西奥德的《工作与时日》和《神谱》，奥维德的《变形记》等经典作品，以及埃斯库罗斯、索福克勒斯和欧里庇得斯的戏剧。神话谈到诸神与世界的起源、诸神争夺最高地位及最后由宙斯胜利的斗争、诸神的爱情与争吵、神的冒险与力量对凡世的影响，包括与暴风或季节等自然现象和崇拜地点与仪式的关系。希腊神话包括神的故事和英雄传说两个部分。神的故事涉及宇宙和人类的起源、神的产生及其谱系等内容。英雄传说起源于对祖先的崇拜，它是古希腊人对远古历史和对自然界斗争的一种艺术回顾。这类传说中的主人公大都是神与人的后代，半神半人的英雄。

什么是戏剧

戏剧是指通过舞台演出而诉诸观众感官的艺术形式，其中心是演员的表演。因之，又被人称为"舞台艺术"或"演员艺术"。围绕着演员的表演，戏剧包含着文学因素（剧本）、音乐因素（音乐伴奏、音响效果及戏曲、歌剧中唱腔等）、美术因素（布景、灯光、舞台布景）、舞蹈因素（演员优美的动作、姿态）等多种因素，是一种综合艺术。公元前4世纪，亚里士多德认为：一切艺术都是模仿，戏剧是对各种生物的行动的模仿。19世纪以后，对戏剧本质的研讨出现了众说纷纭的局面，主要有观众说、冲突说、激变说、情境、实验室说等。

希腊戏剧的特点是什么

古希腊戏剧是指大致繁荣于公元前6世纪末至公元前4世纪初之间的古希腊世界的戏剧。当时古希腊的政治和军事中心雅典城同时也是古希腊戏剧的中心。雅典的悲剧和喜剧也包括在全世界范围内出现最早的戏剧形式之中。最早的戏剧传统起源于祭奠酒神狄奥尼索斯的宗教活动。亚里斯多德将古希腊戏剧的特点归纳为三一律，即时间的一致，地点的一致和表演的一致。古希腊戏剧的情节通常只发生在一天之内，地点也不变换。在情节上也往往只有一条主线，不允许其他支线情节存在。面具是戏剧中最具古希腊特色的象征。

什么是喜剧

喜剧是戏剧的主要体裁之一。它指以可笑性为外在表现特征的一类戏剧。喜剧起源于农民收获葡萄时节祭祀酒神时的狂欢游行，游行者化装为鸟兽，载歌载舞。希腊本部的梅加腊人于公元前7世纪初把它演变为一种滑稽戏成为喜剧的前身。此后，它作为一种戏剧体裁逐步发展成熟，并诞生了伟大的喜剧家阿里斯托芬。在喜剧中，主人公一般以滑稽、幽默及对旁人无伤害的丑陋、乖僻，表现生活中或丑、或美、或悲的一面。

什么是悲剧

悲剧是戏剧的主要体裁之一。它渊源于古希腊，由酒神节祭祷仪式中的酒神颂歌演变而来。在悲剧中，主人公不可避免地遭受挫折，受尽磨难，甚至失败丧命，但他们合理的意愿、动机、理想、激情预示着胜利、成功的到来。在戏剧史上，根据悲剧所涉及生活范围的不同，一般分为四种类型。其一为英雄悲剧；其二为家庭悲剧；其三为表现"小人物"平凡命运的悲剧。与"小人物"相对立的是来自社会各个角落的有形与无形的巨网。最后一种其表现的矛盾冲突贯穿整个人类社会生活，展现着人类从必然王国走向自由王国的艰难历程。著名的悲剧有《俄狄浦斯王》、《被缚的普罗米修斯》、《罗密欧与朱丽叶》、《哈姆雷特》等。

古希腊三大悲剧作家是谁

古希腊悲剧诞生于公元前8世纪到10世纪的古典时期，最著名的是埃斯库罗斯的《被缚的普罗米修斯》、索福克勒斯的《俄狄浦斯王》和欧里庇得斯的《美狄亚》，称为"三大悲剧"。他们的创作，反映了奴隶主民主制不同阶段的社会生活，显示了希腊悲剧在不同时期的思想和艺术特点。

谁被誉为"悲剧之父"

埃斯库罗斯于公元前525年出生于希腊阿提卡的埃琉西斯。他是古希腊悲剧诗人，有"悲剧之父"、"有强烈倾向的诗人"的美誉。青年时期在希皮阿斯的暴政下度过，希波战争期间参加过马拉松战役和萨拉米斯战役。公元前470年应叙拉古僭主希埃隆邀请赴西西里作客，公元前458年以后不久重赴西西里，最后死在该岛南部的革拉城。他的代表作有《被缚的普罗米修斯》、《阿伽门农》、《善好者》(或称《复仇女神》) 等。《波斯人》上演于公元前472年，是独立的悲剧，也是现存唯一的取材于历史题材的古希腊悲剧。

谁被誉为"心理戏剧的鼻祖"

古希腊悲剧家——欧里庇得斯被誉为"心理戏剧的鼻祖"。他生于阿提卡东海岸的佛吕亚乡。他喜欢在剧中谈论哲学问题，因而被称为舞台上的哲学家。他的作品大部分是在雅典与斯巴达内战期间写成的，反映了雅典经济、政治危机时期的思想意识。据说欧里庇得斯一共写过92部剧本只得过5次奖。现存的剧本共有18部，现存《美狄亚》、《希波吕托斯》、《特洛伊妇女》、《酒神的伴侣》等17部悲剧和1部羊人剧《独目巨怪》。

古希腊"喜剧之父"是谁

雅典最有名的三大喜剧作家是克剌提诺斯、欧波利斯、阿里斯多芬。阿里斯多芬（约公元前450—前385年）被恩格斯称为"喜剧之父",是他奠定了西方文学中喜剧以滑稽形式表现严肃主题的传统。阿里斯托芬死后柏拉图在他的作品《会饮篇》中将他作为人物之一。他写过44部喜剧,传世的有11部。阿里斯托芬的代表作有:《阿哈奈人》、《骑士》、《云》、《马蜂》、《和平》、《鸟》、《吕西斯忒拉忒》、《地母节妇女》、《蛙》、《公民大会妇女》、《财神》。

古希腊"历史之父"是谁

他是伟大的古希腊历史学家,他因《历史》一书得到了人们无比的崇敬,被人们尊称为"历史之父"。他就是希罗多德。《历史》一书共9卷。1—5卷第28章,叙述西亚、北非及希腊诸地区之历史、地理及民族习俗、风土人情。第5卷第29章起,主要叙述波斯人和希腊人在公元前478年以前数十年间的战争。这本书也是一部文学作品,书中众多人物性格鲜明,语言生动,亦作《希腊波斯战争史》。他创造了叙述历史的新办法,把记载史实和加以阐释有机地结合起来。

《伯罗奔尼撒战争史》是谁的作品

公元前431—404年,以雅典为首的提洛同盟和以斯巴达为首的伯罗奔尼撒同盟为了争夺在希腊的霸权,断断续续打了二十七年恶仗,这便是历史上所说的"伯罗奔尼撒战争"。《伯罗奔尼撒战争史》是古希腊著名的历史学家修昔底德(约公元前460—前395)结合自己的亲身经历、耗费30余年心血写成的一部军事历史名著。他不仅严格按照时间顺序描述了战争的进程,而且以理性主义的精神对待历史,对一些重要的军事问题作出了较为合理的解释。

谁被柏拉图称为"第十个缪斯"

萨福(约前630或者612—约前592或者560年),古希腊著名的女抒情诗人,一生写过不少情诗、婚歌、颂神诗、铭辞等。她在雅典的民主派和贵族派的政治斗争中被迫流亡国外,后来在故乡莱斯博斯岛创建音乐学校。她一共创作了9卷诗,但留存下来的只有两首是完整的,其余都是一些残篇。她的语言艳丽无比,情调伤感,感情真挚,题材上多描写缠绵悱恻的爱情。在古代希腊世界,萨福的地位极高,曾被柏拉图称为"第十个缪斯"。萨福是一位创造出了自己特有诗体的抒情诗人,这种诗体被称作"萨福体"。

《伊索寓言》是谁创作的

伊索是古希腊最著名的寓言家,传说他原为奴隶,后获自由。伊索善讲寓言故事。所讲故事陆续经过后人加工,写成诗或散文。现传的《伊索寓言》根据各种传世抄本编集而成,包括寓言300多则,其中有些寓言脍炙人口。《伊索寓言》是世界上最古老的寓言集,被誉为西方寓言的始祖,它的出现奠定了寓言作为一种文学体裁的基石。两千多年来,《伊索寓言》在欧洲文学发展史上产生过极其深远而广泛的影响。

"奥林匹斯神系"是什么

奥林匹斯神系是指居住在奥林匹斯山上的十二主神,以宙斯为最高统治者的神系,因居于奥林匹斯山而得名。这是一个高度组织化、纪律化的庞大神族，诸神各司其职，分别掌管天上人间的各种事物。它是父权制时代社会的反映，其中主要的有宙斯、赫拉、波塞冬、阿瑞斯、赫耳墨斯、赫淮斯托斯、阿佛洛狄忒、雅典娜、阿波罗及阿尔忒弥斯等。

罗马最伟大的戏剧家是谁

泰伦斯是古罗马最伟大的戏剧家，他一生共写过6部喜剧，包括《婆母》、《两兄弟》等代表作品都是从古希腊新喜剧改编或翻译过来的。其喜剧结构严谨、语言文雅但欠生动，人物内心矛盾刻画细腻，人物形象自然。他的喜剧不如普劳图斯的滑稽有趣，在当时仅受到有教养的观众喜爱。泰伦斯对后世的喜剧产生了相当大的影响，法国的莫里哀、英国的斯梯尔和谢里丹都曾模仿过他的作品。

欧洲文学史上第一部文人史诗是什么

人们把古罗马诗人维吉尔的史诗《埃涅阿斯纪》称作欧洲文学史上的第一部文人史诗。维吉尔（公元前70—公元前19年）是古罗马最伟大的诗人，作品有《牧歌》和《农事诗》。《埃涅阿斯纪》共12卷，近万行，写于诗人一生最后11年，至逝世时尚未修改完成。诗人遗嘱将诗稿焚毁，但屋大维下令保存。前六卷模仿《奥德修纪》，写特洛伊王子埃涅阿斯在特洛伊灭亡后夫妻离散，携带老父、幼儿、随从和家族的神祇在海上漂泊七年，经历千辛万苦，到达了迦太基，女王狄多盛情招待他，他向女王追述了特洛伊陷落和自己漂泊的悲惨经历，并和女王结婚。但由于神的指令，他必须离弃狄多到意大利重建邦国，致使狄多自杀。埃涅阿斯抵达意大利后，参拜神庙，在神巫引带下游历地府，见到亡父的灵魂，亡父向他预示了罗马的未来。后六卷仿《伊利昂纪》，写主人公到了拉丁姆地区，受到国王拉提努斯的款待，神意要他和国王的女儿结婚，激怒了她早先的求婚者鲁图利亚王图尔努斯，因而引起双方的战争，全诗以图尔努斯被埃涅阿斯杀死结束。

"古罗马文学之父"是谁

埃纽斯（前239—前168），创作的作品很多，包括改写和创作悲剧，戏剧和4至6卷的讽刺诗。《编年史》摈弃了古老的神农格，采纳了荷马史诗所用的六步音长短短格。但在风格上，有明显的模仿荷马的痕迹。不过已基本散佚，仅剩不到600行传世。从文学史角度看，埃纽斯对古罗马文学影响深远，所以人们尊称他为"古罗马文学之父"。

古罗马共和时代最著名的剧作家是谁

普劳图斯（约前254年—前184年），精通古希腊文，是共和时代最著名的剧作家，也是罗马第一个有完整作品传世的喜剧作家，出身于意大利中北部平民阶层，早年到罗马，在剧场工作。后来他经商失败，在磨坊作工，并写作剧本。他的喜剧是现在仍保存完好的拉丁文学中最早的作品，同时他也是音乐剧最早的先驱者之一。他的喜剧是根据描写世态人情的希腊新喜剧改编的，改编时对情节取舍自由，同时加进不少罗马生活成分，在表演技巧方面吸收了不少意大利民间戏剧因素，增加了音乐成分。他的喜剧基本不触及政治问题，但一些迫切的社会问题，如财富不均、贫富矛盾、道德堕落等，在剧中得到反映。相传普劳图斯著有戏剧130部，但据考证仅有21部出自他的手笔，其他均系后人伪作。他的主要作品包括《孪生兄弟》、《一坛黄金》、《俘虏》、《吹牛军人》、《撒谎者》、《商人》、《驴》、《蝗虫》等。

《物性论》的作者是谁

《物性论》的作者是罗马诗人和哲学家卢克莱修（公元前99—前55年）。《物性论》是一部哲学长诗，1473年整理出版，是现存唯一系统阐述古希腊罗马的原子唯物论的著作。全书依据德谟克利特开创的原子唯物论，以大量事例阐明了伊壁鸠鲁的学说，批判了灵魂不死和灵魂轮回说及神创论，将朴素唯物主义的观点贯彻于自然、社会和思维领域，在与唯心主义学说的斗争中丰富了唯物主义和辩证法思想。六卷的诗歌可分为两个主要部分。前三卷构成了关于存在和非存在的基本论述，物质和空间，原子的运动，宇宙就时间和空间都是无限的，繁殖的规律性等等。后三卷给出了关于人类现象的原子论和唯物主义解释，如关于视觉和触觉，自然力和农业等等。

古罗马黄金时代成就最高的抒情诗人是谁

贺拉斯（公元前65年—前8年），出生于拍卖商家庭，是古罗马黄金时代成就最高的抒情诗人，著名的文艺理论家。他幼年受过良好的教育，通晓拉丁语和希腊语，能诵荷马史诗原文，并到雅典学过哲学。他的代表作品包括《长短句集》17首和《闲谈集》18首。但贺拉斯最著名的作品是后期的《诗艺》（一译《颂歌集》）和《歌集》。贺拉斯的抒情诗改造了希腊抒情诗的格律，构思巧妙，语言优美，优雅庄重，以有意、爱情、诗艺为题，融哲理和感情于一炉，不少人竞相模仿。他的《诗艺》则是古罗马时期文艺理论上的最高成就，被古典主义文学视为经典，一部奠定西方文学崇尚古典主义理想的佳作，一曲弘扬古希腊文学传统的颂歌；一座影响了西方文学思潮进程的里程碑。贺拉斯在《诗艺》中推崇的"寓教于乐"的观点，深刻地影响了西方世纪古典主义的批评理论。

《变形记》的作者是谁

《变形记》是古罗马奥古斯都时期的重要诗人奥维德。奥维德于公元前43年出生在意大利东部苏尔莫的一个古老的骑士家庭，先去罗马求学，后来又去雅典深造。后来，奥维德担任过一名低级官职，但政坛的喧嚣和混乱不合他的性格，使他毅然弃官从文，以诗歌创作为乐。他的作品主要有《恋歌》、《岁时记》、《哀歌》等。

《变形记》取材于古希腊罗马神话传说，包括大小故事250多个，15卷，其中主要是爱情故事。诗中以时间为顺序，以变形为共同点，由开天辟地一直叙述到诗人当代。《变形记》在诗人流放前已经写完。诗人在离开罗马前曾把诗稿焚毁，但由于已有传抄，因而使这部作品得以流传后世。《变形记》是古希腊罗马神话传说的汇集，其哲学基础是一切都在变异。《变形记》自古以来一直是欧洲文人、艺术家爱不释手的古典作品，并且为他们进行艺术创作提供了丰富的灵感和素材，因而对欧洲文学艺术的发展曾经产生不小影响。时至今日，《变形记》仍然以其丰富、动人的故事吸引着广大读者。

什么是"西塞罗句法"

西塞罗（公元前106年—前43年）是这一时期最著名的散文家。他年少时曾学习哲学和法律，43岁进入政界任执政官，后任西西里总督。内战时期他追随庞培反对恺撒，维护贵族元老派的立场，后来在政治倾轧中被刺杀。

西塞罗的主要散文成就是演说词和书信。他的书信现存约900封，主要包括《致阿提库斯书》16卷、《致友人书》16卷。这些书信反映共和国末期的社会生活，描绘形形色色的政治人物，风格接近口语。其演说词传世58篇，分为法庭演说和政治演说两类。西塞罗的散文注重材料的程式组织，句法考究，词汇丰富，段落对称，音调铿锵，被成为"西塞罗句法"。

古罗马"小说之父"是谁

阿普列尤斯是古罗马作家，出生于北非，后来入了埃及的伊希斯教门，在罗马作过律师。他流传下来的著作有哲学类的《论柏拉图及其学说》、《论苏格拉底的神》、《论宇宙》3篇，《辩护辞》1篇，及长篇小说《金驴记》和后人摘录的他的演说辞《英华集》。他的主要作品是《变形记》，又名《金驴记》，是罗马文学中最完整的一部小说，是一部具有冒险色彩的传奇作品，也是一部流浪汉小说。它通过希腊青年鲁巧因好奇魔法而试身失败，变作笨驴，遭受非人生活，后被伊希斯搭救的故事，告诫人们不要妄自尊大，要相信宗教才能拯救人生。同时小说借希腊神话中变形的手法，揭露古罗马的黑暗社会，抨击时弊。小说表现了作者阿普列尤斯丰富的想象力，具有浪漫情调，在文艺复兴时期流传甚广，对近代欧洲小说的产生起了重要作用，因此被誉为"小说之父"。

古罗马最伟大的历史学家是谁

古罗马最伟大的历史学家是李维。他早年受过良好的传统教育，精通文学、史学、修辞学、演说术等，是罗马共和后期学问渊博、几乎无所不知的大学问家。后来他移居罗马，奉命教授屋大维的继孙克劳狄，即后来的皇帝。他拥护屋大维创立的元首制。为了挽救中后期的罗马，他决定写一部史书来记述罗马人祖先的英勇，避免罗马共和国覆灭，于是创作了《罗马自建城以来的历史》，即"李维罗马史"，书中充满爱国思想、道德说教、复古主张和对共和制度的赞赏。他用40年左右时间写成的这部罗马史巨著，共142卷，记述自传说中的埃涅阿斯到达意大利至公元前9年的史事。其中11—20卷和46—142卷已佚。作品文笔生动流畅，结构安排巧妙，对细节的描写富于戏剧性。但由于缺乏古代罗马典章制度和军事方面的知识，对某些史料缺乏分析批判。但其著作保存了丰富和宝贵的历史资料，仍然

是研究罗马早期及罗马共和国历史的重要文献。

古罗马谁被称为"教父思想的集大成者"

奥古斯丁(354—430年)被誉为"教父思想的集大成者"。从7岁起他开始接受系统的教育。17岁赴迦太基城攻读修辞学和哲学,曾崇拜西塞罗。19岁时成为摩尼教追随者并悉心钻研过柏拉图和亚里士多德的哲学。最后皈依基督教。奥古斯丁年少时放荡不羁,皈依基督教后却闭门思过、清心寡欲,被基督教会誉为浪子回头的典范。从此,他以极大的热情和精力投入到著述、讲经布道、组织修会、反对异端的活动中,为基督教立下了汗马功劳,被教会称为"伟大的教父"、"杰出的大师"、"上帝的圣者"等等。奥古斯丁是教父思想的集大成者。他第一次从哲学上全面系统地论述了基督教的教义及其体系,讨论了当时最重要的神学和哲学问题,是教父哲学的典型。他的著作堪称神学百科全书,流传到西方后,成为公教会和16世纪之后的新教的精神财富。其主要著作有《上帝之城》、《忏悔录》、《三位一体》等。

塔西佗对西方史学的贡献是什么

塔西佗是古代罗马最伟大的历史学家,也是与希腊的希罗多德齐名的世界最伟大历史学家之一。他继承并发展了李维的史学传统和成就,在罗马史学上的地位犹如修昔底德在希腊史学上的地位。塔西佗的著作主要有《历史》、《编年史》。塔西佗在西方史学史上第一次明确地提出了"抽离自我"、"超然物外"的客观主义治史原则,这是塔西佗史学成就的最高体现,也标志着西方史学在对史学本体的认识上达到了一个新的高度。反对暴君统治、怀念共和制度,这是塔西佗历史研究的最大主题。从塔西佗的传世作品来看,其中虽然有关于日耳曼人、不列颠人、犹太人、埃及人等的记载,但是总的说来,他不像希罗多德和波里比厄那样具有广阔的视野、具有"世界"的概念。他记述的中心是战争、叛乱、政变等等。另外,塔西佗也没有真正认识到人类历史发展的内容和动力。在他看来,个人的因素始终主宰着历史的发展,统治者的开明与否、军队的强大与否,始终决定着帝国的局势和命运。

中世纪文学有什么特点

中世纪文学是指欧洲各国中世纪时期的文学,是指从公元450年左右罗马帝国衰亡到15世纪文艺复兴之间约1000年的时间。中世纪文学主要包括教会文学、骑士文学、英雄史诗和城市文学。中世纪文学的特点是:基督教思想制约着中世纪文化;基本思想是爱国主义和英雄主义;特定阶层的文学作品和文学现象;宣扬原罪观念、禁欲主义和来世思想。其中,《破晓歌》是骑士抒情诗的代表作品;《列那狐传奇》是中世纪市民文学的最重要成就之一;但丁的《新生》是西欧文学史上第一部剖露作者最隐秘思想感情的自传性作品。

什么是教会文学

教会文学又称僧侣文学,在中世纪

欧洲文学史上长期占据统治地位，主要是指当时的教士和修士写出的文学作品，基本体裁有基督故事、圣徒传、祷告文、赞美诗、宗教叙事诗、宗教戏剧等。取材于《圣经》，体裁有圣经故事、对徒传、祷告文、赞美诗、宗教剧等，主要作者是教会僧侣，主要内容是赞美上帝的权威和歌颂圣徒的德行，宣扬禁欲主义和来世主义思想。教会文学在艺术上，多采用梦幻故事的形式和寓意性、象征性的表现手法，并将这些艺术形式和手法发展到了成熟阶段。这是对古希腊古罗马以来艺术形式的巨大发展。

什么是骑士文学

士传奇文学中影响最广、最有代表性的系统。

什么是英雄史诗

英雄史诗就是歌颂英雄事迹的长篇叙事诗。中古欧洲的英雄史诗大致可以分为两类：一类反映了处在氏族社会末期的蛮族部落的生活，他们基本上还未封建化，一般也没有受到基督教的影响。这类代表作有日耳曼人的《希尔德布兰特之歌》、盎格鲁·撒克逊人(日耳曼人的一支)的《贝奥武甫》，以及冰岛的"埃达"和"萨迦"。这类史诗和荷马史诗同是氏族社会末期的产物，歌颂的多是部落的贵族英雄，而自由贫民和奴隶都不占重要地位。它们的内容多以神话或历史事件为依据。神在故事中干预人的命运，但人对神已开始失去敬仰。这些故事在民间口头流传，写定的人往往不可考稽。另一类英雄史诗也以历史人物、民间传说为基础，如《罗兰之歌》、《熙德》、《尼伯龙根之歌》和《伊戈尔远征记》，但这类史诗是欧洲各民族高度封建化以后的产物。

什么是城市文学

西欧各国从11世纪起开始出现城市，城市发展，城市文化产生。公元12世纪后城市文学兴盛起来，法国是中世纪城市最发达的国家之一，城市文学也就相当繁荣。城市文学的主要类型有：韵文故事、戏剧和抒情诗、谣曲等。中世纪城市文学最突出的成就是大量的以列那狐为共同主人公的韵文故事。这些故事诗产生于法国，而在西欧各地广泛流传。流传至今的中世纪列那狐故事诗至少有4部：《列那狐传奇》、《列那狐加冕》、《新列那狐》、《冒充的列那狐》。中世纪城市文学的共同特征：思想上有明显的反封建、反教会的倾向；与民间创作有密切联系，着重写日常生活；主要采用讽刺手法，富有讽刺性和喜剧性。

什么是"七星诗社"

七星诗社是16世纪中期法国的一个文学团体，是由七位人文主义诗人组成的文学团体。他们是毕尔·龙沙、卓亚金·杜伯莱、雷米·贝格、安东纳·巴依夫、蓬蒂斯·缔亚尔、左台尔、让·陀拉。七星诗社的诗人们从事过各种创作，如爱情诗、圣诗、科学诗、宫廷诗、史诗、诗歌评论、喜剧、悲剧、文艺批评和翻译等，他们的诗声望很高，但他们的主要贡献却是对于法语改革的主张。

法国第一部近代散文集是哪部

法国第一部近代散文集是蒙田

（1533—1592年）的《随笔录》。蒙田是法国文艺复兴运动的重要代表人物，被誉为"思想的宝库"。他的人文主义思想主要反映在他的哲学观点中。他自幼受过良好的传统天主教教育，做过一段时期开业律师工作，37岁以后隐居。《随笔录》共3卷，107章，百万字左右。《随笔录》设计的内容包括日常生活、传统习俗、人生哲理等等，旁征博引了许多古希腊罗马作家的论述。书中，作者还对自己作了大量的描写与剖析，使人读来有娓娓而谈的亲切之感，增加了作品的文学趣味。

什么是流浪汉小说

流浪汉小说是16世纪中叶产生于西班牙的一种新型小说。它大多描写城市下层人物的生活，从下层人物的角度，通过他们的眼光观察一些社会现象，对各阶层人物加以讽刺。1554年，《托梅斯河上的小拉撒路》（汉译《小癞子》)开了流浪汉小说的先河。小说通过小癞子的活动经历描绘了各层人物，揭示了各方面的社会生活及社会的黑暗和罪恶。流浪汉小说对欧洲小说发展产生深远影响。成为欧洲长篇小说的一种结构模式。

什么是"大学才子派"

"大学才子派"是指16世纪80年代英国出现的一批受过大学教育的剧作家。他们多数确实是大学毕业生，是在伦敦最优秀的学校接受过人文主义教育的青年知识分子。这一批作家致力于英国戏剧改革，把戏剧艺术提升到了一个新高度。该文学流派主要包括克里斯托夫·马洛、李利、基德、格林等人。马洛是"大学才子"中最有才华、成就最大的一个，在文学史上享有"诗剧的晨星"、"英国悲剧之父"的美誉。他是莎士比亚以前英国戏剧界最重要的人物，也是英国文艺复兴戏剧的真正创始人。以"大学才子"等人为代表的戏剧，是英国文艺复兴时期戏剧发展历程中的第一个阶段，最终促使莎士比亚顺利地成为世界戏剧史上不可超越的巅峰。

什么是文艺复兴

文艺复兴是一场发生在14世纪至17世纪的文化运动，在中世纪晚期发源于佛罗伦萨，后扩展至欧洲各国。"文艺复兴"一词亦可粗略地指代这一历史时期，但由于欧洲各地因其引发的变化并非完全一致，故"文艺复兴"只是对这一时期的通称。文艺复兴揭开了近代欧洲历史的序幕，被认为是中古时代和近代的分界。文艺复兴的影响遍及文学、哲学、艺术、政治、科学、宗教等知识探索的各个方面。文艺复兴运动充分的肯定了人的价值，重视人性，成为人们冲破中世纪的层层纱幕的有力号召。文艺复兴运动对当时的政治、科学、经济、哲学、神学世界观都产生了极大影响。

"英国诗歌之父"是谁

乔叟（1343—1400年)是14世纪英国著名诗人，"英国诗歌之父"。1359年到1360年之间，乔叟因参加英法百年战争在法国被捕，后被赎回。他曾在宫廷谋过一官半职，负责外事。他于1373年到过佛罗伦萨，并遇到了薄伽丘和彼特拉克。创作的长诗有《公爵夫人之书》、《声誉之宫》、《百鸟会议》、《贤妇传说》、

《特洛伊罗斯与克丽西达》以及《坎特伯雷故事集》。他是历史上第一个用英语进行文学创作的人，他对英语的形成和发展做出了巨大的贡献，被公认为第一个英语文学家、英语文学的开创者。他首先用英文翻译出《玫瑰传奇》，在这一基础上，他用《玫瑰传奇》所使用的梦境手法创作出《公爵夫人书》、《声誉之宫》、《百鸟议会》等作品。《坎特伯雷故事集》开始创作于1385年，到乔叟死的时候（1399年）都没有写完。《坎特伯雷故事集》约写于1387年，由一群（约30人）朝圣者在旅途中为解闷而讲的故事构成。共有17000行诗句，大多是双韵体，只有部分是散文。乔叟通过它创造了一种独特的叙事结构。

《巨人传》是谁的作品

《巨人传》是法国文艺复兴时期小说家拉伯雷（1495—1553年）创作的多传本长篇小说。拉伯雷出身于律师家庭，当过修士、医生，学识非常渊博，对哲学、法律、数学、几何、天文、考古、音乐、绘画等等都有研究，提出了大脑、神经、肌肉之间的联系，是植物雌雄性别的第一个发现者。《巨人传》共五卷，取材于法国民间故事，主要写巨人国国王高朗古杰、高康达和庞大古埃祖孙三代巨人非同凡响的传奇经历，塑造了高康大、庞大固埃等力大无穷、知识渊博、宽宏大量、热爱和平的巨人形象，体现了作者对文艺兴复时期新兴阶级的歌颂。

"西班牙戏剧之父"是谁

维加是戏剧家、小说家和诗人，西班牙民族戏剧的奠基人，被誉为"西班牙戏剧之父"。他是世界上罕见的多产作家，一生共创作了两千多个剧本，留传至今的有600多个，有宗教剧、历史剧、神话剧、袍剑剧、牧歌剧等多种形式，深刻反映了西班牙的社会现实，深受广大群众的喜爱。他最杰出的代表作是《羊泉村》。剧本描写15世纪发生在羊泉村的一次农民起义，揭露了封建主的专制暴虐，歌颂了农民为维护自身权利而进行的正义斗争。

谁被誉为"欧洲短篇小说之父"

薄伽丘是14世纪意大利著名的人文主义者、文艺复兴运动的先驱，意大利第一个通晓希腊文的学者。他与但丁、彼特拉克并称为"早期文艺复兴三杰"。他所流传下来的作品种类繁多，有传奇、史诗、叙事诗、抒情诗、十四行诗、短篇故事集和论文等，这些作品大都充满对人世生活的热爱和对幸福生活的追求，反对封建专制制度，弘扬以人为本的人文主义思想。他于1349—1353年创作的《十日谈》，点燃了整个欧洲文艺复兴运动的圣火，因此被誉为"欧洲短篇小说之父"。《十日谈》开创了西欧短篇小说的先河，书中讲了100个故事，来源非常广泛，分别取材于意大利中世纪的《金驴记》，法国中世纪的寓言和传说，东方的民间故事、历史事件、宫廷里的传闻，以至街头巷尾的闲谈和当时发生在佛罗伦萨等地的真人真事等。

谁被誉为"人文主义之父"

彼特拉克是人文主义的鼻祖，被誉为"人文主义之父"。他第一个发出复兴古典文化的号召，提出以"人学"反对"神学"。他用人的眼光、世俗的眼光、现世的眼光去看待当时的社会。彼特拉克勤奋研读古典著作，掌握了渊博的知识。他广泛搜求希腊、罗马的古籍抄本，并最早突破中世纪神学观念，运用人文主义观点予以诠释和阐述，对意大利和欧洲文艺复兴运动产生了影响，成为这一运动的先驱。他用拉丁文写了许多诗歌、散文、书信。叙事诗《阿非利加》（1338—1342年）使彼特拉克获得桂冠诗人的荣誉。散文作品《名人传》记叙古罗马历史上和《圣经》、神话传说中的杰出人物的生平，用历史人物的英勇精神激励世人。《备忘录》借助历史上的趣闻轶事，向同时代人进行道德教育。

抒情诗集《歌集》是他的最优秀的作品，用意大利语写成，收集了1330年至逝世前40多年间的300多首十四行诗，抒发诗人对年轻时倾心的少女劳拉的爱。他的诗歌结构缜密，韵味隽永，语言精练，文词淡雅，善于借景抒情，在内容和形式方面都为欧洲抒情诗歌的发展开辟了道路。他的艺术实践使十四行诗达到完美的境界，成为近代西方诗歌中的一个重要诗体。

谁被誉为"现代小说之父"

狄更斯、福楼拜、托尔斯泰等作家把塞万提斯誉为"现代小说之父"。塞万提斯（1547—1616年），西班牙文艺复兴时期最杰出的现实主义小说家。塞万提斯出生于一个贫困之家，仅受过中学教育。23岁时他到了意大利，当了红衣主教胡利奥的家臣。后又参军，经过了四年出生入死的军旅生涯，回国后的塞万提斯，并没有得到腓力普国王的重视，终日为生活奔忙，他因不能缴上该收的税款，不止一次被捕下狱。1616年他在贫病交加中去世。他的著名代表作是《堂吉诃德》。它通过堂吉诃德和桑丘·潘沙在西班牙大地游侠的经历，为我们展现了一幅宏大的社会生活画面，真实地反映了16、17世纪西班牙的社会生活现实。在这部将近一百万字的作品中，共描写了近七百个形形色色从事各种职业的人物，他们有贵族、僧侣、地主、市民、农民、士兵、演员、商人、理发师、牧羊人、强盗，等等。作者揭露了封建贵族的傲慢、自私、伪善、恶毒、残忍，以鄙视的口吻描写了封建上层社会的穷奢极欲、空虚无聊和庸俗自私。

谁被称为"人类最伟大的戏剧天才"

莎士比亚（1564—1616年），是欧洲文艺复兴时期主要代表作家，"英国戏剧之父"，被马克思誉为"人类最伟大的戏剧天才"。他出生于商人家庭，少年时爱好戏剧、诗歌，后辍学，20岁赴伦敦谋生。在剧院打过杂差、当过马夫。1590年，他成为雇用演员，开始舞台和戏剧创作生涯。莎士比亚后来担任编剧时，最初是与人合作改编旧剧本，不久便开始了独立的艺术创作，最后成为伦敦最大的"寰球剧院"的股东。1590—1612年间，莎士比亚创作成就辉煌，共作戏剧37部，叙事长诗两部、十四行诗一卷（154首）。他最高的成就在于戏剧，按内容可分为历史剧、悲剧、喜剧三大类，广泛而深刻地反映了16至17世纪英国社会的方方面面。

什么是十四行诗

十四行诗，又译"商籁体"，由两节四行诗和两节三行诗组成，每行11个音节，韵式为ABBA，ABBA，CDE，CDE或ABBA，ABBA，CDC，CDC。自欧洲进入文艺复兴时代之后，这种诗体获得广泛的运用。意大利的诗人彼得拉克成了运用十四行诗体最主要的代表。他一生写了375首十四行诗，汇集成《抒情诗集》。彼特拉克的创作使其臻于完美，又称"彼特拉克体"，后传到欧洲各国。另一种类型称为"莎士比亚体"或"伊丽莎白体"，由三节四行诗和两行对句组成，每行10个音节，韵式为ABAB，CDCD，EFEF，GG。莎士比亚进一步发展并丰富了这一诗体，一生写下154首十四行诗。

莎士比亚四大悲剧是哪几部

莎士比亚四大悲剧包括《哈姆雷特》、《奥赛罗》、《李尔王》、《麦克白》，故事均取自欧洲的历史传说。莎士比亚的悲剧主要是理想与现实的矛盾和理想的破灭。人文主义理想和现实社会恶势之间的矛盾构成戏剧冲突。剧中塑造了一批具有人文主义理想的人物，描写他们与恶势力进行的悲剧斗争、毁灭及其道义力量。如哈姆雷特就是人文主义者的典型形象。惨痛的变故使他所珍视的理想全部破灭，为父报仇、重整乾坤又使他感到任务艰难，因而忧郁、犹豫，陷入深刻的思索。

欧洲文学史上第一个"吝啬鬼"形象出自哪部作品

欧洲文学史上第一个"吝啬鬼"形象出自莎士比亚早期的重要作品之一——《威尼斯商人》是一部具有极大讽刺性的喜剧。大约作于1596—1597年。剧本的主题是歌颂仁爱、友谊和爱情，同时也反映了资本主义早期商业资产阶级与高利贷者之间的矛盾，表现了作者对资产阶级社会中金钱、法律和宗教等问题的人文主义思想。这部剧作的一个重要文学成就，就是塑造了夏洛克这一唯利是图、冷酷无情的高利贷者的典型形象。

谁被誉"法国的荷马"

拉封丹(1621—1695年)是法国古典文学的代表作家之一，著名的寓言诗人。他生活在法国的一个"黄金时代"（路易十四时期），一生中写过牧歌、颂歌、故事诗、喜剧和小说等。1668年，他出版了《寓言诗》第一集，引起很大反响，建立了他的文学声誉，到1694年，共出版了12卷。此外还出版了5卷《故事诗》。他常用民间语言，通过动物形象讽刺当时法国上层社会的丑行和罪恶，嘲笑教会的黑暗

拉封丹

和经院哲学的腐朽。他对后来欧洲寓言作家有很大影响。拉封丹不仅为我们展现了17世纪的法国美丽的大自然图景和上自皇亲国戚、下至渔人樵夫的广阔而形象的现实社会图画，也把寓言这种古老的文体，推向了一个崭新的艺术高峰。他因此被后世人誉为"法国的荷马"。

谁被认为代表着"法兰西精神"

莫里哀（1622—1673年），法国17世纪古典主义文学最重要的作家之一古典主义喜剧的开创者。他的喜剧含有闹剧成分，在风趣、粗犷之中表现出严肃的态度具有很大的影响力。在法国他更是代表着"法兰西精神"。莫里哀生活在资产阶级勃兴、封建统治日趋衰亡的文艺复兴时期。他同情劳动人民。《伪君子》和《吝啬鬼》是莫里哀喜剧艺术的最高成果。剧作结构严谨，手法夸张，风格泼辣，在浪漫的喜剧色彩中夹杂着充满生活气息的闹剧成分，突破了古典主义的陈规旧套，至今仍在世界各地盛演不衰。

法兰西剧院上演场次最多的剧目是什么

法兰西剧院上演场次最多的剧目是莫里哀的《伪君子》。《伪君子》讲述了宗教骗子答尔丢夫以伪装的虔诚骗得了奥尔恭的极度信任。为了他，奥尔恭背弃女儿的婚约，取消了儿子的继承权，还把财产全部送给了他。后来奥尔恭的家人设计揭露了答尔丢夫的嘴脸。骗子被揭穿后凶相毕露，企图陷害奥尔恭，幸好国王明察秋毫，使得骗子受到了应有的惩罚。作者用辛辣的嘲讽口吻、巧妙的情节和出人意料的结局安排，揭示了17世纪中期法国上层社会的愚昧无知，揭露了宗教道德的伪善和僧侣教徒们的假仁假义、卑鄙无耻。文中的骗子答尔丢夫的形象是著名的艺术典型，"答尔丢夫"这个名词后来成了"伪君子"的同义语。

被誉为"欧洲的良心"

伏尔泰（1694—1778年)是法国启蒙思想家、文学家、哲学家。伏尔泰是十八世纪法国资产阶级启蒙运动的旗手，被誉为"法兰西思想之王"、"法兰西最优秀的诗人"、"欧洲的良心"。1765年，伏尔泰对学者提出"欧洲良心"的要求，希望他们在用理论阐述和探讨人道，宗教宽容，公正等问题的同时，能够为普通的平民在即刻所遭受的迫害而呼吁，能够在写作的同时，从事具体的调查申诉，能够得到欧洲封建君主的支持，而路易王朝政府也能够对上诉作出纠正的回应。他著名的史诗有《亨利亚德》、《奥尔良少女》，悲剧《欧第伯》、喜剧《放荡的儿子》，哲理小说《老实人》、《天真汉》。他又写过不少历史著作，如《路易十四时代》、《论各民族的风俗与精神》等。在哲学方面，他的代表作有《哲学辞典》、《形而上学论》、《牛顿哲学原理》等著作，其中最有影响的一本书是《哲学通信》被人称为"投向旧制度的第一颗炸弹"。

被称为"浪漫主义之父"的是谁

卢梭，18世纪法国启蒙哲学家和社会政治思想家。1712年6月28日生于瑞士日内瓦，大部分时间在法国度过，1778年病逝于巴黎附近的埃尔姆农维尔。主要理论著作有《论科学与艺术的进步是否有助于淳风化俗》、《论人类不平等的起源和基础》、《社会契约论》、《爱弥尔》及自传《忏悔录》。卢梭思想的基点是"自然"和"文明"的对立,他运用这一对立批判了基督教和封建的社会政治制度。他认为在史前的自然状态中,人是善良、自由、平等而富于同情心的。由于生产力的发展导致私有制的出现,人们通过订立社会契约建立国家和法以保障自由平等、财产和人身,从而结束了自然状态步入文明社会。但此后的一切社会和政治发展使人日益遭受压迫、奴役并陷入道德堕落状态。封建专制制度是这种发展的顶点。人民应用暴力革命推翻它,在新社会契约基础上建立人民主权的、公意统治的、实行法制的资产阶级民主共和国。这些思想对1789年法国大革命和欧美资产阶级革命及其社会政治思想发生过重大影响。

被誉为"德意志的伏尔泰"是谁

莱辛是德国启蒙运动时期剧作家、美学家、文艺批评家,被誉为"德意志的伏尔泰"。他的美学著作主要有《关于当代文学的通讯》、《拉奥孔》、《汉堡剧评》等。他的美学思想集中表现在《拉奥孔》中对画与诗的界限及两者和美的关系的论述上,表现在《汉堡剧评》中市民剧的创立上,体现着浓烈的启蒙气息。《拉奥孔》通过分析古典雕刻与诗歌的表现手法的差异,论证造型艺术与诗的界限,即空间艺术与时间艺术的界限,得出画更适合于表现美的结论。作为启蒙主义思想家,莱辛批判虚伪的宫廷风格和"虔诚"

的情感,用人道主义、浪漫主义取代已陷于僵死、衰落的古典主义。

哪本书被称为"预言圣经"

诺查丹玛斯(1503—1566年)的预言经典《诸世纪》在西方被称为"预言圣经"。诺查丹玛斯因为其预言的天才和对于占星术的出色掌握和了解,逐渐成为当世的一个很有名望的人,法国人对他十分信服仰慕,连法王亨利二世都召请他入宫,以便为国家预言吉凶祸福。五年之后,他离开法国宫廷,来到了沙隆,花了四年的时间完成一本奇书。这部书,就是预言名著《诸世纪》。《诸世纪》是他以中世纪占星术为基础写成的。《诸世纪》也叫《百诗集》,意思是"诗集"。全书共12卷,各卷都收有100篇四句诗,它被误译为《诸世纪》,这一称呼似乎流传得更广。全书共有1000首预言诗。由于书中准确预言了当时的事情,即法国国王亨利二世的死亡,这更使得很多人对他的预言深信不疑,在法国乃至欧洲都产生很大的反响。

塑造了一个英国"真正资产者"的是哪部作品

笛福(1660—1731年),英国小说家,英国18世纪启蒙时期现实主义小说的奠基人,被誉为"英国小说之父"。他的代表作《鲁滨逊漂流记》塑造了第一个英国"真正资产者"的形象,是他在59岁时所著的第一部小说,首次出版于1719年4月25日。这本小说被认为是第一本用英文以日记形式写成的小说,享有英国第一部现实主义长篇小说的头衔。作者用生动逼真

第六章 语言与文学

的细节把虚构的情景写得使人如同身临其境，使故事具有强烈的真实感。作品语言朴素生动，文字明白易懂，虽然艺术上并不十分成熟，但它对英国小说的发展起了积极的作用，小说主人公鲁滨逊也因此成为欧洲文学史上一个著名的文学形象。

斯威夫特最著名的小说是什么

斯威夫特（1667—1745年）是18世纪英国著名的讽刺作家和政治家。14岁他入都柏林的三一学院学习哲学和神学，1686、1692和1701年分别获得都柏林三一学院学士学位、牛津大学硕士学位和三一学院神学博士学位。1710年到1714年为托利党内阁大臣主编《考察报》。在圣帕特尼克大教堂做副主教时，他以大量政论和讽刺诗等抨击地主豪绅和英国殖民主义政策，受到读者热烈欢迎。他最著名的文学作品是寓言小说《格列佛游记》。本书的创作大约开始于1720年，出版于1726年，包括四个部分，每一部分都是英国医生格列佛的航海漂流旅行记录。作者借托船长格列佛之口逼真地描述了在四次航海中的奇异经历，通过这种幻想旅行的方式来影射现实，极尽讽刺之能事，对英国的君主政体、司法制度、殖民政策和社会风尚进行了揭露。

什么是"墓园诗派"

"墓园派"诗歌是18世纪40年代至50年代在英国出现的诗歌流派，代表诗人是托马斯·格雷（1716—1771年），他的《墓园挽歌》是英诗中难得一见的精品。"墓园派"诗人对"忧郁"、"死亡"这些话题格外迷恋，常以死、坟墓为创作题材，格调低沉，充满悲观失望的感伤情绪和神秘主义思想，令人窒息，它虽然具有感伤主义文学的基本特征，但只是更多地反映了感伤主义文学的消极面。

博马舍的代表作是什么

法国喜剧作家博马舍(1732—1799年)出生于一个钟表匠家庭。曾在王宫任职。22岁发明了一种钟表擒纵机。1767年发表第一个剧本《欧仁妮》，1773年起先后发表四部《备忘录》戳穿封建法庭的黑暗内幕。博马舍的代表作品是《塞维勒的理发师》、《费加罗的婚礼》和《有罪的母亲》。这三部剧都以同一主人公费加罗在不同时期的故事为内容，合称为"费加罗三部曲"。第三部在思想性和艺术性都不如前两部。尤其是前两部，不仅表达了先进的启蒙思想，而且在艺术上也取得了很高的成就。他运用古典主义喜剧形式来表现启蒙运动的思想内容，并使这两者达到了有机的统一。同时又兼具莎士比亚戏剧生动性和丰富性的特点。剧中的人物形象都个性鲜明。剧情合乎逻辑，矛盾鲜明突出而结构十分严谨，在喜剧艺术方面取得了较高的成就。博马舍的喜剧标志着古典主义戏剧向近代戏剧的转变，对以后欧洲现实主义戏剧的发展作出了贡献。

菲尔丁的代表作是什么

菲尔丁（1707—1754年）是18世纪最杰出的英国小说家，戏剧家。《约瑟夫·安德鲁传》是菲尔丁出版的第一部小说，主要作品有《大伟人乔纳森·菲尔德传》、《艾米莉亚》、《里斯本航海日记》等等，其中《汤姆·琼斯》对后世

145

影响极大，代表了18世纪英国现实主义小说的最高成就，被誉为"18世纪英国社会的散文史诗"。他的《汤姆·琼斯》故事在乡村、路途及伦敦三个不同背景下展开，向读者展现了当时英国社会风貌的全景图。小说以代表自然本性的汤姆与代表理智、智慧的索菲娅终成眷属结尾，表达了感情要受理性节制的思想。全书共十八卷，每卷都以作者对小说艺术的讨论开始，表现出菲尔丁对小说创作的一种理论上的自觉意识。

什么是德国狂飙突进运动

狂飙突进运动是18世纪德国文学界的运动，是文艺形式从古典主义向浪漫主义过渡时的阶段，也可以说是幼稚时期的浪漫主义。其名称来源于音乐家克林格的歌剧"狂飙突进"，但其中心代表人物是歌德和席勒。这次运动是由一批市民阶级出身的青年德国作家发起的，他们推崇天才、创造性的力量，并把其作为其美学观点的核心。这个运动持续了将近二十多年，从1765年到1795年，然后被成熟的浪漫主义运动所取代。

海涅称谁为"世界的一面镜子"

海涅称德国著名诗人、剧作家歌德（1749—1832年）是"世界的一面镜子"。歌德是德国古典文学和民族文学的主要代表。他在1770年就开始酝酿到1831年才全部完稿的伟大诗剧《浮士德》，是他一生进行思想与艺术探索的结晶。这部诗体剧作分上下两卷，长达12000余行，它是与荷马的史诗、莎士比亚的戏剧媲美的世界名著。1774年2月，歌德只用了4个星期的时间，就写成了他的第一部中篇小说《少年维特之烦恼》。这部书信体的小说，使年龄才25岁的歌德一下子成为享有世界声誉的作家。除此之外，歌德还是德国抒情诗的创始人，一生写了许多优美的抒情诗。他的才华和成就是多方面的，除戏剧、小说、诗歌外，在文艺理论、哲学、历史学、造型艺术和自然科学等许多领域也都非常突出。

19世纪欧洲浪漫主义文学有哪些特征

浪漫主义文学产生于18世纪末，在19世纪上半叶达到繁荣时期，是西方近代文学最重要的思潮之一。浪漫主义文学的特点是不刻意突出人的理性而是深入发掘人类的感情世界塑造出鲜明的人物形象；在文学创作风格上以想象力丰富的构思夸张的手法和跌宕起伏的戏剧情节为主要特点反映现实生活。由于作家阶级立场和政治态度的不同，浪漫主义分化成了积极浪漫主义和消极浪漫主义两个对立的派别。积极派的人物有英国的拜伦、雪莱，德国的赫尔德林、沙米梭、海涅，法国的史达尔夫人、雨果、乔治·桑，俄国的雷列耶夫、普希金以及波兰的密茨凯维支等；消极的代表则有法国的夏多布里昂、拉马丁、维尼，英国的华兹华斯、柯勒律治、骚塞，德国的诺瓦利斯、蒂克、史雷格尔、布伦塔诺，俄国的茹科夫斯基等。

《德国，一个冬天的童话》是谁的作品

德国诗人亨利希·海涅（1797—1856年）是19世纪革命民主主义诗人。他的作品中既有《诗集》等歌唱爱情的浪漫主义诗歌，也有《西里西亚纺织工人》、《德国，一个冬天的童话》等充满战斗激情的诗篇。政治抒情长诗《德国，一个冬天的童话》是1843年10月海涅流亡法国12年之后第一次返回德国的产物。分别日久，海涅回到日夜眷念的祖国，但出现在诗人面前的祖国，依然是四分五裂、停滞不前，封建反动统治依然如故，进步的社会运动惨遭镇压。对此，海涅非常愤懑。于是，他写出了《德国，一个冬天的童话》，利用梦境、幻想、童话和传说，对德国的封建反动制度进行揭露、讽刺和鞭挞，指出它腐朽、没落和灭亡的必然趋势。

格林兄弟的代表作是什么

格林兄弟是指德国童话搜集家、语言文化研究者雅各·格林和威廉·格林兄弟是。因两人兴趣相近，经历相似，合作研究语言学、搜集和整理民间童话与传说，故称"格林兄弟"。他们同在卡塞尔上学，同在马尔堡学习法律，后又同在卡塞尔图书馆工作，1830年同时担任格廷根大学教授。1837年因抗议汉诺威国王任意破坏宪法，同其他五位教授一起被免去教授职务。1840年任柏林科学院院士、柏林大学教授，直至他们去世。格林兄弟兴趣广泛，涉猎范围很广。1812年到1815年，他们搜集整理的《儿童与家庭童话集》出版。该书奠定了民间童话中引人入胜的"格林体"叙述方式，对19世纪以来的世界儿童文学产生了深远的影响。其中的《灰姑娘》、《白雪公主》、《小红帽》、《玫瑰公主》、《不来梅城的乐师》等是他们的代表作，以其丰富的想象、美丽的幢憬、善良的心灵和高尚的情操启迪了孩子们的心扉。1816—1818年，他们又出版了两卷集《德国传说》，1835年出版了《德国神话》。

谁被誉为"法兰西的莎士比亚"

雨果（1802—1885年）是19世纪前期积极浪漫主义文学运动的领袖，被誉为"法兰西的莎士比亚"，人道主义、反对暴力、以爱制"恶"是贯穿他一生活动和创作的主导思想。他的创作期长达60年以上，作品达79卷之多。其代表作是：长篇小说《巴黎圣母院》、《悲惨世界》、《海上劳工》、《笑面人》、《九三年》，诗集《光与影》。和《就英法联军远征中国给巴特勒上尉的信》，短篇小说《"诺曼底"号遇难记》等。《巴黎圣母院》是雨果第一部大型浪漫主义小说。

法国浪漫主义文学先驱是谁

斯达尔夫人是18世纪末19世纪初法国浪漫主义文学的先驱，文学批评家。写小说、悲剧、散文。她在批判新古典主义教条和吸收卢梭浪漫主义思想、德国浪漫主义因素的基础上建构起自己的浪漫主义理论。她认为人类和文学会日臻完美，追求个性的自由以及情感的张扬，为法国浪漫主义文学的发展开辟了空间。她的文学理论思想，有力地推动了浪漫主义运动的发展。她的代表作有《从文学与社会制度的关系论文学》、《论德国》。

《唐璜》是谁的代表作

拜伦（1788—1824年）是英国伟大的民主主义诗人、19世纪初期浪漫主义文学的杰出代表。拜伦一生的主要作品有诗集《懒散的时刻》，讽刺诗《英国诗人和苏格兰评论家》、《"编织机法案"编制者颂》、《审判的幻景》、《青铜世纪》，总题为《东方故事诗》的6篇传奇性长诗：《异教徒》、《阿比道斯的新娘》、《海盗》、《莱拉》、《柯林斯的围攻》、《巴里西那》，诗剧《曼弗雷德》、《该隐》，长篇叙事诗《恰尔德·哈罗尔德游记》、《唐璜》等。其中后两部长篇叙事诗是他的代表作。《唐璜》是19世纪浪漫主义诗人拜伦的代表作，是一部长篇诗体小说，通过主人公唐璜在西班牙、希腊、土耳其、俄国和英国等不同国家的生活经历展现了19世纪初欧洲的现实生活，讽刺批判了"神圣同盟"和欧洲反动势力。诗中表现了唐璜的善良和正义，通过他的种种浪漫奇遇，描写了欧洲社会的人物百态，山水名城和社会风情，画面广阔，内容丰富，堪称一座艺术宝库。拜伦在《唐璜》中曾说此诗他将写一百章，但是，在写成十六章和第十七章的一小部分后，他就前往希腊参战。在斗争中，他表现了出色的军事才能，成为希腊独立斗争的领袖之一。由于长年的奔波劳累，拜伦不幸病故。希腊独立政府为他举行了隆重的葬礼。

谁被誉为"真正的革命家"

雪莱是英国文学史上最有才华的抒情诗人之一，被誉为"诗人中的诗人"。雪莱（1792—1822年）生于古老贵族家庭。自幼富于反抗精神，受卢梭、葛德文思想影响。因为发表小册子《无神论的必然性》被牛津大学开除。1812年到爱尔兰去支持人民斗争，发表演说，散发《告爱尔兰人民》小册了。1813年出版第一部长诗《仙后麦布》，批判专横的封建统治，宣扬了他空想社会主义的理想，遭到统治阶级迫害，于1814年被迫出国，到意大利和瑞士。1822年7月8日渡海时不幸溺死。他的代表作有《解放了的普罗米修斯》、《西风颂》、《爱尔兰人之歌》等等。他充满战斗热情，在诗歌中表达了当时欧洲最先进的思想，被马克思和恩格斯赞誉为"真正的革命家"和"天才的预言家"。

美国现代诗和现代文学的开山鼻祖是谁

艾略特（1888—1965年），原籍美国后加入英国国籍，英国著名现代派诗人和文艺评论家，被认为是美国现代诗和现代文学的开山鼻祖。1906年入

雪莱

第六章 语言与文学

哈佛大学学哲学，接下来到英国上牛津大学，后留英教书和当职员。1908年开始创作。有诗集《普鲁弗洛克及其它观察到的事物》、《诗选》、《四个四重奏》等。代表作为长诗《荒原》，表达了西方一代人精神上的幻灭，被认为是西方现代文学中具有划时代意义的作品。1948年因"革新现代诗，功绩卓著的先驱"，获诺贝尔奖文学奖。

法国现实主义文学的杰出大师是谁

福楼拜（1821—1880年），法国作家。生于医师家庭。早期作品《狂人回忆录》、《十一月》带有浪漫主义色彩和忧郁情调。1857年发表长篇小说《包法利夫人》，暴露资产阶级道德的堕落，这部作品开创了文学史上的一个新纪元，也成为他的代表作。1862年写出历史小说《萨朗波》，以古代非洲奴隶国家雇佣军队起义为背景，描写起义军首领马多和迦太基姑娘萨朗波的恋爱。1869年完成长篇小说《情感教育》（副题《青年人的故事》），描写了一个丧失理想、自私自利的资产阶级青年的生活。1874年发表《圣安东尼的诱惑》，取材宗教传说，反映作者对资产阶级社会制度和精神文化的绝望。最后一部未完成的长篇小说《布法尔和白居谢》，描写两个找不到生活理想的人物的一生，充满浓厚的悲观情绪。他的作品，文字精练，被誉为是法国现实主义文学的杰出大师。

谁被誉为"俄罗斯诗歌的太阳"

普希金于1799年6月6日出生于沙俄莫斯科，1837年1月29日逝世于圣彼得堡，是俄国著名的文学家、伟大的诗人、小说家，及现代俄国文学的创始人。19世纪俄国浪漫主义文学主要代表，同时也是现实主义文学的奠基人，现代标准俄语的创始人，被誉为"俄国文学之父"、"俄国诗歌的太阳"。他诸体皆擅，创立了俄罗斯民族文学和文学语言，在诗歌、小说、戏剧乃至童话等文学各个领域都给俄罗斯文学提供了典范。普希金还被高尔基誉为"一切开端的开端"。

俄国文学史上第一"多余人"形象出自哪部作品

普希金的《叶甫盖尼·奥涅金》中，塑造了俄国文学史上第一个"多余人"的形象——奥涅金。"多余人"是19世纪俄国文学中所描绘的贵族知识分子的一种典型。他们的特点是出身贵族，生活在优裕的环境中，受过良好的文化教育。他们虽有高尚的理想，却远离人民；虽不满现实，却缺少行动，他们是"思想上的巨人，行动上的矮子"，只能在愤世疾俗中白白地浪费自己的才华。他们既不愿站在政府的一边，与上流社会同流合污，又不能和人民站在一起，反对专制制度和农奴制度。他们很是心仪西方的自由思想，他们也很不满俄国的现状，又无能为力改变这种现状，然而他们又是大贵族和权势者的代表人物，不可能与底层人民相结合以改变俄国的现状。之后又有赫尔岑《谁的罪过》中"别尔托夫"，莱蒙托夫《当代英雄》中的"毕巧林"，屠格涅夫《罗亭》中的"罗亭"，冈察洛夫《奥博洛莫夫》中"奥博洛莫夫"等。

谁被誉为"小说家中的小说家"

屠格涅夫，19世纪俄国批判现实主义作家。屠格涅夫的长篇小说以生动的艺术形象敏锐地反映出社会生活发展的新动向，被誉为19世纪40至60年代俄罗斯的"社会编年史"、"小说家中的小说家"。他出生于贵族家庭。15岁时考入莫斯科大学语文系，后转入彼得堡大学哲学系语文专业，以后又赴德国，攻读哲学等课程。在欧洲，他受到卢梭等启蒙思想的影响，与巴枯宁等人时有来往。1856年第一部长篇小说《罗亭》问世，罗亭成为"多余人"中最具光彩的形象。1859年发表的长篇小说《贵族之家》给他带来第一流作家的声望。以后他把目光转向观察新的社会典型，创作出刻画"新人"形象的两部长篇《前夜》和《父与子》，其中《父与子》是他的代表作。他著名的中短篇小说有《木木》、《阿霞》、《初恋》、《春潮》等等。

谁被誉为"俄罗斯民族戏剧之父"

奥斯特洛夫斯基，俄国剧作家。一生为俄国舞台提供了近50部剧本，创造了几百个人物形象，为俄国戏剧事业的发展作出了很大贡献。他出生于莫斯科，1840年入莫斯科大学攻法律，肄业后在法院工作期间开始写作。1847年发表剧本《破产者》的片断。从此后几乎每年都有一部或几部作品问世。他除了创作外，翻译外国剧本，发起和倡议、成立莫斯科演员联社、俄罗斯剧作家协会、演员训练班等。1886年被任命为莫斯科各皇家剧院的艺术总管理人，并于同年逝世。主要作品有：描写商人生活的《全家福》、《大雷雨》、《小丑》等；关于民众生活的《切勿随心所欲》、《闹市》等；描述小官吏生活的《穷新娘》、《肥缺》等；表现所谓"社会头面人物"的《意外事》、《智者千虑必有一失》、《没有陪嫁的女人》、《无辜的罪人》等；历史剧《米宁苏霍鲁克》等。他的创作在俄罗斯文学和戏剧中具有珍贵的美学价值。

谁被鲁迅称为"写实派的开山祖师"

果戈理（1809—1852年），是19世纪俄国批判现实主义文学的杰出代表和奠基人，被鲁迅称为"写实派的开山祖师"，被车尔尼雪夫斯基称之为"俄罗斯散文之父"。果戈理出生于乌克兰一个不太富裕的地主家庭。1830年开始了他的创作生涯，第一部浪漫主义故事集《狄康卡近乡夜话》，引起了当时进步文学界的注意，1835年，发表了中篇小说集《密尔格拉德》和《彼得堡的故事》，给作者带来了声誉。在描写"小人物"悲惨命运方面的作品中，以《狂人日记》、《外套》最有代表性。1836年发表了讽刺喜剧《钦差大臣》，以现实主义手法，深刻而无情地揭露了官僚集团恣意横行，违法乱纪的丑恶面貌，获得了惊人的成功。1842年发表的《死魂灵》，辛辣地讽刺、暴露了地主阶级的贪婪和残暴，描绘了一幅丑恶、腐朽的专制农奴制画卷。

《罪与罚》的作者是谁

《罪与罚》的作者是俄国19世纪著

名小说家陀思妥耶夫斯基（1821—1881年）。他的创作具有极其复杂、矛盾的性质。陀思妥耶夫斯基生于医生家庭，自幼喜爱文学。遵父愿入大学学工程，但毕业后不久即弃工从文。在法国资产阶级革命思潮影响下，他醉心于空想社会主义，参加了彼得堡进步知识分子组织的彼得拉舍夫斯基小组的革命活动，与涅克拉索夫、别林斯基过往甚密。1846年发表处女作《穷人》。而《双重人格》、《女房东》、《白夜》和《脆弱的心》等几个中篇小说使陀思妥耶夫斯基与别林斯基分歧日益加剧，乃至关系破裂。后者认为上述小说流露出神秘色彩、病态心理以及为疯狂而写疯狂的倾向，"幻想情调"使小说脱离了当时的进步文学。1849—1859年陀思妥耶夫斯基因参加革命活动被沙皇政府逮捕并流放西伯利亚。1861年创作的长篇小说《被伤害与被侮辱的人们》则继承了"小人物"的主题。他流放回来后创作重点逐渐转向心理悲剧。《罪与罚》则描写了一心想成为拿破仑式的人物、认定自己是个超人的穷大学生拉斯柯尔尼科夫，受无政府主义思想毒害，为生活所迫，杀死放高利贷的房东老太婆和她的无辜的妹妹，制造了一起震惊全俄的凶杀案。经历了一场内心痛苦的忏悔后，他最终在基督教徒索尼雅姑娘的规劝下，投案自首，被判流放西伯利亚。作品着重表现主人公行凶后良心受到谴责，内心深感孤独、恐惧的精神状态，刻画他犯罪前后的心理变化。小说一方面描绘了俄国下层人民的悲惨生活，揭露贵族社会的罪恶；一方面也宣扬逆来顺受，从宗教中求解脱的思想。

谁被称颂为具有"最清醒的现实主义"的"天才艺术家"

列夫·托尔斯泰，19世纪末20世纪初俄国最伟大的文学家，也是欧洲批判现实主义文学的巨匠和全世界公认的文学泰斗。他以自己有力的笔触和卓越的艺术技巧，创作了"世界文学中第一流的作品"，被列宁称颂为具有"最清醒的现实主义"的"天才艺术家"、"俄国革命的镜子"。他1828年9月9日出生，16岁入喀山大学。1851年参军去高加索，1852年在《现代人》杂志上发表处女作《童年》。1854年参加克里米亚战争，后来在他的作品《塞瓦斯托波尔故事》中叙述了他的这一段经历。1857年去法国、瑞典和德国游历。1855年至1863年间写了一系列短篇小说。1862年结婚后的十五年间，他创作了两部伟大的杰作：《战争与和平》和《安娜·卡列尼娜》。1880年以后，他花了很多时间就自己的宗教观点、社会观点、道德观点和艺术观点的各个方面写了一些书籍、小册子和论文。后来，他还就道德问题和性的问题写了许多中短篇小说和剧本。托尔斯泰71岁的时候，他写了最后一部长篇小说《复活》。1910年10月，日益恶化的家庭关系迫使托尔斯泰在一天夜里偷偷地离家出走。11月20日，他因患肺炎在梁赞省偏僻的阿斯塔堡车站去世。

福克纳称谁为"美国文学之父"

欧文(1783—1859年)是美国著名作家，他于1783年4月3日出生在纽约一个富商家庭。欧文从少年时代起就喜爱阅读英

西方文明千问

国作家司各特、拜伦和彭斯等人的作品。中学毕业后，他遵从父命在律师事务所学习法律，但他的志趣却在文学方面。代表作有《纽约外史》、《见闻札记》、《布雷斯勃列奇田庄》、《哥伦布传》、《攻克格拉纳达》和《阿尔罕伯拉》。1859年11月28日，欧文与世长辞。美国人民为了怀念这位在文学方面做出突出贡献的作家，在纽约下半旗致哀，而欧文的许多优秀作品则被人们传诵至今，成为珍贵的文学遗产。他本人更被尊为"美国文学之父"。

谁被誉为"浪漫主义之父"

席勒，是德国杰出的诗人和戏剧家，被誉为"浪漫主义之父"。1759年11月10日生于符腾堡公国的马尔巴赫城，父亲是个外科医生，后来在卡·欧伊根公爵军队里任小军官，母亲是一个面包师的女儿。1768年，席勒进入拉丁语学校，按照自己的爱好及父母的意愿，准备将来进神学院。但是，1773年席勒毕业时，欧伊根公爵却强迫他进了军事学院。这期间，他接触了莎士比亚、卢梭、歌德的作品，并着手秘密写剧本《强盗》。从军事学院毕业后，他到公国首都斯图加特任军医，继续创作《强盗》。1781年《强盗》出版，1782年上演，席勒为此被欧伊根公爵关禁闭两个星期。他不堪忍受公爵的压迫。于1782年逃离斯图加特。从此，席勒开始了他的文学生涯。1784年，他的杰出作品《阴谋与爱情》发表，1785年，他的名诗《欢乐颂》发表。1794年，他和歌德结成了亲密友谊，共同合作，推进德国的文学运动。他在歌德的赞助下，花了7年时间

席勒

完成了巨著《华伦斯坦》三部曲。后来又写了《奥里昂的姑娘》和《威廉·退尔》两部爱国主义剧本。1805年，席勒在贫病交迫中死去。

谁被誉为"美国文学史上浪漫主义小说的开创者"

霍桑(1804—1864年)，被誉为美国文学史上浪漫主义小说的开创者、美国浪漫主义文学心理小说的先驱。他于1804年出生于美国东部马萨诸塞州萨莱姆镇的一个移民家庭。为了从事写作，他于1825年从博多因学院毕业后又回到萨莱姆镇，在经历了无数失败之后，才于1837年出版了获得一定好评的短篇小说集《故事新编》。1846年，他到萨莱姆港任港监，并出版了另一部短篇小说集《古屋青苔》。1849年，他失去了萨莱姆港港监的职位，从此潜心写作。他的经典之作《红字》就是在这一年开始创作的。《红字》于1850年问

世后，即在大西洋两岸引起轰动，霍桑被誉为"活着的出生于本世纪最伟大的美国作家"。1851年，霍桑又出版了他的另一部著名长篇小说《七个尖角阁的房子》，此书也被20世纪的文学史家列为美国文学的"里程碑式的作品"之一。霍桑一生创作了四部长篇小说，一百多篇短篇小说，在世界文学史上留下了极为光辉的业绩。1853年，霍桑应时任美国总统的富兰克林·皮尔斯之邀，出任美国驻英国利物浦总领事，至1857年离任。

谁被誉为"田园作家"

乔治·桑（1804—1876年）出生于巴黎。1832年，她第一次以"乔治·桑"这一男性笔名发表两部小说，分别是《安蒂亚娜》和《瓦朗蒂娜》。从1833年至1836年，她相继发表《莱丽娅》、《雅克》和《莫普拉》。这些小说都是以作家早年的感情生活为基础写的，表达作者对爱情的感受与观点。她的作品为严肃有余、温婉不足的19世纪法国文学注入了清新的空气。她和当时著名的青年诗人缪塞以及著名钢琴家肖邦的恋情使得她的人生更富传奇色彩。1848年她发表了著名的田园小说《魔沼》，全书没有复杂的情节和冗长的理论阐述，而是自始至终充满诗意。这部作品奠定了作家晚期创作的基调。晚年的乔治·桑的创作受到了法国启蒙思想家卢梭的影响，追求反璞归真、回归自然。这一时期她的代表作品包括小说《弃儿弗朗索瓦》、《小法岱特》和《我的生活》。乔治·桑晚期的创作还有一个显著的特点，就是描写农民的生活。她在一些小说中采用糅合了土语的朴素法语，具有浓郁的乡土气息，因此被称为"田园作家"。

谁被誉为"侦探小说的鼻祖"

爱伦·坡（1809—1849年）是19世纪美国诗人、小说家和文学评论家。他被认为是侦探小说鼻祖、推理小说中的"莎士比亚戏剧"、科幻小说先驱之一、恐怖小说大师、短篇哥特小说巅峰、象征主义先驱之一和唯美主义者。爱伦坡出身演员家，提倡"为艺术而艺术"，宣扬唯美主义、神秘主义。受西欧尤其法国资产阶级文学颓废派影响最大。小说有《怪诞故事集》、《黑猫》、《莫格街谋杀案》等。论文有《写作的哲学》、《诗歌原理》。1841年发表的《莫格街谋杀案》是公认的最早的侦探小说。1842年发表的《玛丽·罗杰神秘案件》，纯粹用推理形式破案。其他如《金甲虫》、《你就是杀人凶手》、《被盗窃的信》等五部小说成功创造了五种推理小说模式，塑造了业余侦探奥古斯特·杜平这一艺术典型。爱伦·坡被誉为"侦探小说的鼻祖"。其小说风格怪异离奇，充满恐怖气氛。

《茶花女》是谁的代表作

《茶花女》是19世纪法国著名小说家、戏剧家小仲马（1824—1895年）的代表作。他的父亲是以多产闻名于世的杰出作家大仲马。小仲马的代表作品有：《茶花女》、《三个坚强的人》、《迪安娜·德·利斯》、《阿尔丰斯先生》、《德尼莎》等。在小仲马的众多作品中，《茶花女》是其中杰出的代表，也可以说

西方文明千问

是小仲马的自传体小说。《茶花女》真实生动地描写了一位外表与内心都像白茶花那样纯洁美丽的少女被摧残致死的故事。1875年2月21日，小仲马以22票的多数被选入法兰西科学院，成了法兰西科学院院士。

什么是废奴文学

废奴文学是指产生于19世纪30年代而盛行于50年代的，以废除奴隶制度，揭露和控诉奴隶主罪行为目的的美国资产阶级进步文学潮流。

19世纪30年代之后，美国北部进步人士掀起越来越高涨的废除黑奴运动。黑人的处境激起许多作家的同情，从爱默生、朗费罗到惠特曼都写过反对蓄奴的诗篇。影响最大的作品是斯托夫人的小说《汤姆叔叔的小屋》，林肯称她为"发动了一次战争的小妇人"。诗人惠蒂埃抗议蓄奴制的诗篇数量最多，反映了19世纪废奴运动历次重大的斗争。废奴文学虽限于道义上的谴责，却推动了废奴斗争，在文学史上，也是19世纪现实主义创作的先声。

《汤姆叔叔的小屋》的作者是谁

著名小说《汤姆叔叔的小屋》的作者斯托夫人，1811年6月14日出生于北美一个著名的牧师家庭，1896年去世。南北战争，即黑奴解放战争，是在19世纪60年代进行的。当时许多著名的美国作家都站在废奴的一边，为解放黑奴而呼吁。斯托夫人在青年时代随全家迁往距南部蓄奴州只隔一河之遥的辛辛那提，她亲眼看到南部奴隶主残酷压迫下的黑奴的悲惨生活。在废奴运动达到高潮的50年代，斯托夫人开始在当时一家废奴主义刊物上连载《汤姆叔叔的小屋》。作品通过主人公老黑奴汤姆和其他奴隶的命运声讨了南部蓄奴制的罪恶。小说广泛地描写美国南部各处奴隶主对黑奴的残酷压迫、剥削，刻画了形形色色奴隶主的嘴脸，既有伪善的谢比尔，也有凶相毕露的勒格里。小说也描写了不同类型的奴隶形象，既有笃信基督屈从于命运的汤姆，也有挺身向奴隶制作斗争的乔治。小说一问世，在国内外引起极大的重视和反响。

谁被誉为"文学中的林肯"

马克·吐温（1835—1910年）是19世纪后期美国现实主义文学的杰出代表。他的作品暴露了美国社会阶级对立、种族歧视等真实情况，帮助人们更完整地了解美国现实，因而他被称为美国"文学中的林肯"。1865年，马克·吐温发表幽默故事《卡拉韦拉斯县驰名的跳蛙》。马克·吐温从开始发表作品到1910年病逝，从事创作长达50多年，写了大量的小说、游记和政论。《哈克贝利·费恩历险记》是他的代表作。作者通过黑奴孩子吉姆和白人孩子哈克在逃亡途中所遇到的种种"意外"，描绘了密西西比河沿岸的贫困和凄凉，严厉地谴责了种族压迫的罪恶行径。小说主题的深刻性和艺术的独创性，代表了美国文学中空前的成就。晚年，他在创作上的成就主要是小说《败坏了哈德莱堡的人》。作者通过19位"上等公民"，为了占有一袋根本不属于自己的金币而进行的一场丑恶的表演的故事，无情地撕下了资产阶段所谓"诚实"、"道德"的外衣，暴露了他们的拜金主义和伪善的本

质。在这部小说中，作者对资本主义社会的批判，达到了空前猛烈的程度。

什么是"欧·亨利笔法"

所谓"欧·亨利笔法"，它的意思是指：文章的结尾既是出乎意料的却又是在情理之中合乎逻辑而令人信服的。由于欧·亨利认为在生活中充满意料不到的事情，所以他的小说大多这样结尾。由于欧·亨利在这方面的尝试尤其出色，所以文学界也把这样的结尾方法称之为欧·亨利式的结尾。

欧·亨利善于以浪漫主义的手法描写美国社会尤其是纽约百姓的生活。他的作品构思新颖，语言诙谐，结局常常出人意外；又因描写了众多的人物，富于生活情趣，被誉为"美国生活的幽默百科全书"。

谁被誉为地位"可与莎士比亚平起平坐"的作家

简·奥斯汀（1775—1817年）英国女小说家。她没有进过正规学校在家由父母指导学习，所受的全部教育就是阅读古典文学作品和流行小说。她终身未婚，长期居住在农村，生活圈子十分狭窄。奥斯汀于20岁左右开始写作，共发表6部小说。1811年出版《理智和感伤》，受到好评。以后接连出版了《傲慢与偏见》、《曼斯菲尔德花园》（1814）、《爱玛》。她逝世后的第二年，《诺桑觉寺》和《劝导》出版，第一次署了作者真名。18世纪70年代以后，英国文学中有40年左右没有出现过第一流的小说作家和作品，社会上充斥着庸俗无聊的"感伤小说"和"歌特小说"。奥斯汀最初的创作就是为了嘲讽这类流行小说。她的小说虽然反映的生活面不广，但扭转了当时小说创作的庸俗风气，在英国小说发展史上起到了承上启下的作用。

杰克·伦敦的代表作是哪部

杰克·伦敦是美国文学史上一位重要的批判现实主义作家，《马丁·伊登》是他的代表作，作品揭示了美国20世纪人们狂热追求"美国梦"的失败。小说的主人公马丁·伊登希望通过自己的努力跻身于上流社会，但进入上流社会后，他反而更加痛苦、精神更空虚，陷入无法自拔的境地，最后以自杀的方式结束自己悲惨的一生。《马丁·伊登》中的同名主人公马丁·伊登，无论在生活经历、思想观念还是在人物命运、社会背景等方面都深深地折射出作者杰克·伦敦的影子可以说《马丁·伊登》即是杰克·伦敦深沉的自我写照，他以同样方式结束了自己的生命，可见，马丁的人生悲剧也是杰克·伦敦的人生悲剧。

是什么原因启发司汤达创作《红与黑》

1827年的《法院公报》上登载一个27岁的青年家庭教师枪杀了自己的女主人的案例，启发了司汤达，但小说的故事已与生活中的案件有了很大的不同，作者用他长期以来对复辟王朝时期生活的观察，联系当时的实际，注入他对社会矛盾的认识，使《红与黑》成为一部反映复辟与反复辟斗争的形象历史。作品中的"红"代表了充满英雄业绩的资产阶级革命时期特别是拿破仑帝国;"黑"代表了教会恶势力猖獗的复辟时期,作品对社会的种种罪恶进行了全面的批判。同时,成功地塑造了典型环境中的典型人物,尤其强调环境对人物的影响,也使这部作品成为典范。

《双城记》指的是哪两座城市

《双城记》是英国作家查尔斯·狄更斯所著的描述法国大革命一部大时代长篇历史小说,"双城"指的是巴黎与伦敦。《双城记》有其不同于一般历史小说的地方,它的人物和主要情节都是虚构的。在法国大革命广阔的真实背景下,作者以虚构人物梅尼特医生的经历为主线索,把冤狱、爱情与复仇三个互相独立而又互相关联的故事交织在一起,情节错综,头绪纷繁。作者采取倒叙、插叙、伏笔、铺垫等手法,使小说结构完整严密,情节曲折紧张而富有戏剧性,表现了卓越的艺术技巧。

谁被誉为"批判现实主义大师"

萨克雷(1811—1864年),英国作家。出身于资产阶级家庭,受过良好的教育。他先学画画,后从事写作,为报刊撰搞,发表散文、游记、札记、中短篇小说等。他是多产作家,作品集有35卷之多。代表作长篇小说《名利场》以讽刺势利、批判金钱万能和宣扬仁爱为主旨通过讲述爱米利亚与利蓓加的荣辱沉浮和际遇向我们描绘了一幅英国上流社会的风景图,塑造英国19世纪贵族资产阶级的典型形象,揭露了他们的荒淫无耻、昏庸无能和道德败坏;作者称他们为"为一群极端愚蠢自私的人,不顾一切地为非作歹而又热烈地追求浮名浮利"。萨克雷从私生活入手深刻地揭示了资本主义社会的现实关系。玩世不恭、冷嘲热讽是他的小说的重要特色,不过他有时也流露出伤感情绪。长篇小说《纽可姆一家》是英国19世纪社会生活的宏伟画卷,但感伤主义冲淡了现实主义的批判精神。他的传世之作还有以英国17世纪末资产阶级革命为背景的历史小说《亨利·艾斯蒙德》。

被马克思誉为"现代英国的一批杰出的小说家"之一的女作家是谁

夏洛蒂·勃朗特(1816—1855年)是19世纪英国著名的现实主义女作家,出生于英国北部约克郡的豪渥斯,父亲是当地圣公会的一个穷牧师,母亲是家庭主妇。夏洛蒂·勃朗特排行第三,有两个姐姐、两个妹妹和一个弟弟。两个妹妹,即艾米莉·勃朗特和安妮·勃朗特,也是著名作家,因而在英国文学史上常有"勃朗特三姐妹"之称,曾被马克思誉为"现代英国的一批杰出的小说家"之一,其长篇小说《简·爱》是英国文学史乃至世界文学史上的经典作品。

《呼啸山庄》的作者是谁

《呼啸山庄》是英国女作家勃朗特姐妹之一艾米莉·勃朗特的作品。小说描写吉卜赛弃儿希斯克利夫被山庄老主人收养后,因受辱和恋爱不遂,外出致富,回来后对与其女友凯瑟琳结婚的地主林顿及其子女进行报复的故事。全篇充满强烈的反压迫、争幸福的斗争精神,又始终笼罩着离奇、紧张的浪漫气氛。它开始曾被人看做是年轻女作家脱离现实的天真幻想,

但结合其所描写地区激烈的阶级斗争和英国的社会现象,它不久便被评论界高度肯定,并受到读者的热烈欢迎。根据这部小说改编的影视作品至今久演不衰。

谁的小说被称为"威塞克斯小说"

托马斯·哈代(1840—1928年)是19世纪末英国批判现实主义小说家和诗人。他的故乡道塞特郡是他一生的居所,也为他的大部分小说提供了一个外部的蓝图。《威塞克斯小说》是哈代的系列小说总题名,包括14部小说。威塞克斯是哈代家乡的古地名,哈代用威塞克斯的同一背景把多部小说联成一体。全部作品分为三大类,"罗曼史和幻想"、"爱情阴谋小说"、"性格和环境小说"。主要内容是描写19世纪后半期英国宗法制农村社会的衰亡,表现下层人民的悲惨命运。代表作是《德伯家的苔丝》。他这些小说展示了英国农村的恬静景象。

什么是"易卜生主义"

易卜生主义是一种易卜生式的人道主义,充满审美的乌托邦伦理道德理想。在易卜生的戏剧创作过程中,无论是题材的选择、主题的表现、人物的塑造,还是细节的描绘,都凸显了积极的人道主义理想的光辉和强烈的社会批判锋芒。易卜生笔下一些重要的人物形象的"独白"和"对话",实际上是剧作家审美心理的自他呈现或自他描述。体现了"自由农民之子"的精神特性(激进性、开创性和独立性)以及时代要求。易卜生主义也有时代的、个人经历的局限性,当然不会超脱资产阶级人道主义发展的普遍观。

《卢贡·马卡尔家族》是谁的作品

《卢贡·马卡尔家族》是法国作家左拉的一部包括20部长篇小说的庞大作品。这套巨著描写第二帝国一个家族的自然史和社会史。社会史是这套小说的实际内容。左拉效仿巴尔扎克的《人间喜剧》,要反映这整个历史时代。这部巨著以女主人公阿·福格为中心,从她两次结婚所生的后代来证明遗传和环境对人的影响。它的题材非常广泛,涉及了法兰西第二帝国和第三共和国时期的政治、经济、军事等各个方面,出场人物有1200多个。虽然自然主义的理论影响了这部作品的社会意义,但作者还是成功地描写了19世纪后期法国社会的生活画面。

谁被誉为"短篇小说之王"

居伊·德·莫泊桑(1850—1893年)是法国19世纪后半期著名的批判现实主义作家。他出身于法国诺曼底的一个没落贵族家庭。中学毕业后,普法战争爆发了,他应征入伍,两年的兵营生活使他认识到了战争的残酷,祖国的危难启发了他的爱国思想。战争结束后,他到了巴黎,先后在海军部和教育部任小职员,同时开始了文学创作。1880年完成了《羊脂球》的创作,轰动了法国文坛。以后离职从事专门的文学创作,并拜福楼拜为师。10年间他写了300多个短篇和6个长篇小说,其中许多作品流传甚广,尤其是短篇小说,使他成为一代短篇小说巨匠。他的作品都不同程度的讽刺和揭露了资本主义的罪恶,尤其是在资产阶级思想腐蚀下的人们精神的堕落。

谁被称为"现代派鼻祖"

卡夫卡（1883—1924年）奥地利小说家，被称为"现代派鼻祖"。他的文笔明净而想象奇诡，常采用寓言体。别开生面的手法，令20世纪各个写作流派纷纷追认其为先驱。卡夫卡出生于犹太商人家庭，18岁入布拉格大学学习文学和法律，1904年开始写作，主要作品为4部短篇小说集和3部长篇小说。可惜生前大多未发表，3部长篇也均未写完。卡夫卡是欧洲著名的表现主义作家。他生活在奥匈帝国行将崩溃的时代，又深受尼采、柏格森哲学影响，对政治事件也一直抱旁观态度，故其作品大都用变形荒诞的形象和象征直觉的手法，表现被充满敌意的社会环境所包围的孤立、绝望的个人。

丹麦著名童话作家是谁

丹麦著名的童话作家是安徒生。安徒生（1805—1875年）出生于丹麦一个贫苦家庭，父亲是鞋匠，母亲是洗衣工。他11岁时，去当被人视为最下等的徒工。他没受过正规教育，但是他发奋自学，后来又到文法学院和大学读书。他曾渴望当一名演员，写过剧本、游记，1835年，他的第一部《讲给孩子听的故事》出版。从此，他几乎每年都要献给孩子们一本童话。直到他去世前三年，他一共写出了168篇童话。《安徒生童话》是儿童文学史上的一座丰碑，它以独特的魅力征服了丹麦以及全世界读者的心。安徒生在《丑小鸭》、《海的女儿》、《夜莺》、《皇帝的新装》、《坚定的锡兵》等童话中所塑造的形象，给人们带来了美的陶冶，感情的升华，童话，作为一种文学样式，在安徒生那里达到了它的高峰。

什么是巴黎公社文学

巴黎公社文学指1871年巴黎公社革命的参加者所从事的与这一伟大历史运动有关的文学创作。它旗帜鲜明地服务于公社的革命事业，开辟了法国无产阶级文学的新纪元。巴黎公社文学是巴黎公社的产物，是19世纪无产阶级文学的突出表现，它包括公社诞生前后20年间公社战士写的诗歌、小说和散文；主要内容是宣传爱国主义和国际主义思想，揭露反动派罪行，总结公社经验，号召人们继续斗争等。代表人物是鲍狄埃等；巴黎公社文学以其革命的激情、理想的光辉和战斗的风格，使法国文坛为之耳目一新，同时推动了世界无产阶级文学的发展。

谁被誉为"巴尔扎克的继承者"

马赛尔·普鲁斯特是法国作家。1871年7月10日生于巴黎一资产阶级家庭。他的父亲是学者，母亲是富有的犹太经纪人的女儿。普鲁斯特自幼患哮喘病，终生为病魔所苦。1922年11月8日死于巴黎。普鲁斯特是具有独特风格的语言大师。他的句子有如九曲十八弯的江河，蜿蜒伸展。但有时也极其简洁灵活，锋利，辛辣。语言生动准确，丰富流畅自然，闪烁着智慧的光芒，给人以无穷的回味。普鲁斯特的作品改变了对小说的传统观念，革新了小说的题材和写作技巧，他与亨利·詹姆斯和詹姆斯·乔伊斯开辟了当代小说的新篇章，在他们的小说中，超越时

普鲁斯特

空概念的潜在意识成了真正的主人公。

谁被誉为"20世纪最伟大的梦游者"

豪尔赫·路易斯·博尔赫斯（1899—1986年），阿根廷作家，阿根廷诗人、小说家兼翻译家。生于布宜诺斯艾利斯一个有英国血统的律师家庭。在日内瓦上中学，在剑桥读大学。掌握英、法、德等多国文字。中学时代开始写诗。1919年赴西班牙，与极端主义派及先锋派文坛风云作家过从甚密，同编文学期刊。1923年出版第一部诗集，1935年出版第一本短篇小说集，从此奠定了在阿根廷文坛上的地位。作品涵盖多个文学范畴，包括短文、随笔小品、诗、文学评论、翻译文学。其中以拉丁文隽永的文字和深刻的哲理见长。

被誉为"拉丁美洲的史诗"作品《漫歌集》是谁的作品

巴勃鲁·聂鲁达（1904—1973年），原名内夫塔利·里加尔多·雷耶斯·巴索阿尔托，智利当代著名诗人。生于帕拉尔城中的一个铁路职工家庭。少年时代就喜爱写诗并起笔名为聂鲁达，16岁入圣地亚哥智利教育学院学习法语。1928年进入外交界任驻外领事、大使等职。1945年被选为国会议员，并获智利国家文学奖，同年加入智利共产党。后因国内政局变化，流亡国外。聂鲁达在拉美文学史上是继现代主义之后崛起的伟大诗人。他的诗歌以浓烈的感情、丰富的想象，表现了拉美人民争取独立、民主、自由的历程，具有高度的思想性和艺术力量。由于"他的诗作具有自然力般的作用，复苏了一个大陆的命运与梦想"，聂鲁达于1971年荣获诺贝尔文学奖。

谁被誉为"结构写实主义大师"

马里奥·巴尔加斯·略萨是拥有秘鲁与西班牙双重国籍的作家及诗人。巴尔加斯·略萨于1936年3月28日生于秘鲁南部亚雷基帕省首府亚雷基帕市的一个中产家庭。他创作小说、剧本、散文随笔、诗、文学评论、政论杂文，也曾导演舞台剧、电影和主持广播电视节目及从政。诡谲瑰奇的小说技法与丰富多样而深刻的内容为他带来"结构写实主义大师"的称号，多国的许多著名学府和研究院也常邀请他去客座讲学与研究。巴尔加斯·略萨现在也担任英国伦敦大学国王学院的院士，并获得2010年诺贝尔文学奖。

被誉为"再现拉丁美洲历史社会图景的鸿篇巨著"的《百年孤独》是谁的作品

被誉为"再现拉丁美洲历史社会图

景的鸿篇巨著"的《百年孤独》，是加西亚·马尔克斯的代表作，也是拉丁美洲魔幻现实主义文学作品的代表作。加夫列尔·加西亚·马尔克斯（1927— ）是哥伦比亚作家、记者和社会活动家；是拉丁美洲魔幻现实主义文学的代表人物。1927年3月6日生于哥伦比亚阿拉卡塔卡。1961年至1967年，他移居墨西哥，从事文学、新闻和电影工作。之后他主要居住在墨西哥和欧洲，继续其文学创作。1975年，他为抗议智利政变举行文学罢工，搁笔5年。1982年，获诺贝尔文学奖，并任法国西班牙语文化交流委员会主席。1982年，哥伦比亚地震，他回到祖国。1999年得淋巴癌，此后文学产量遽减，2006年1月宣布封笔。

马尔克斯

谁被誉为"最会讲故事的作家"

威廉·萨默塞特·毛姆（1874—1965年），英国著名小说家，剧作家，散文家。毛姆原是医学系学生，后转而致力写作。他的文章常在讥讽中潜藏对人性的怜悯与同情。他一生著作甚多，除诗歌以外的各个文学领域，都有所涉及，有所建树。《人性枷锁》是其毕生心血巨著，也为他奠定了伟大小说家的不朽地位。他共写了长篇小说二十部，短篇小说一百多篇，剧本三十个，此外尚著有游记、回忆录、文艺评论多种。他的作品，特别是他的长、短篇小说，文笔质朴，脉络清晰，人物性格鲜明，情节跌宕有致，在各个阶层中都拥有相当数量的读者群。他的作品被译成各国文字，不少小说还被搬上银幕。他是20世纪上半叶最受人欢迎的小说家之一。

《约翰·克利斯朵夫》是谁的代表作

罗曼·罗兰（1866—1944年），法国思想家，文学家，批判现实主义作家、音乐评论家和社会活动家。《约翰·克利斯朵夫》被高尔基称为"长篇叙事诗"，被誉为20世纪最伟大的小说。这部巨著共10卷，以主人公约翰·克利斯朵夫的生平为主线，描述了这位音乐天才的成长、奋斗和终告失败，同时对德国、法国、瑞士、意大利等国家的社会现实，作了不同程度的真实写照，控诉了资本主义社会对艺术的摧残。全书犹如一部庞大的交响乐。每卷都是一个有着不同情绪和节奏的乐章。

《广岛之恋》是谁的作品

玛格丽特·杜拉斯（1914—1996年），法国当代最著名的女小说家、剧作家和电影艺术家。她于1914年4月4日出生在越南嘉定，十八岁时到巴黎求学，获巴黎大学法学学士和政治学学士学位。杜拉斯以小说《厚颜无耻之徒》开始她的文学生涯。她的作品不仅内容丰富，体裁多样，而且尤其注重文体，具有新颖独特的风格。代表作品有《抵挡太平洋的堤坝》、《琴声如诉》、《情人》、《痛苦》等。她在1965、1968和1984年出版了三部戏剧集，在1983年还获得了法兰西学院的戏剧大奖。作为法国重要的电影流派"左岸派"的重要成员，她不仅写作了《广岛之恋》、《长别离》等优秀的电影剧本，而且从1965年起亲自担任导演，从创作《印度之歌》开始，每年都有一两部影片问世，而且有不少获得了国际大奖。

《魔山》是谁的代表作

托马斯·曼（1875—1955年），德国作家，1929年诺贝尔文学奖得主。1894年发表处女作《堕落》。1901年长篇小说《布登勃洛克一家》问世，奠定他在文坛的地位。以后发表《特里斯坦》、《托尼奥·克勒格尔》和《威尼斯之死》等。1924年因表长篇小说《魔山》闻名全球。《魔山》以其波澜壮阔的场景，磅礴的气势，细腻的心理分析，精辟的哲理，反映了第一次世界大战前夕欧洲风云变幻的社会现实。1930年发表中篇《马奥与魔术师》。1939年发长篇《约瑟夫和他的兄弟们》的前三部以及《绿蒂魏玛》等。1947年长篇小说《浮士德博士》问世。1955年8月12日，在80寿辰后，结束了他"史诗性的，而非戏剧性的生命"。1929年，由于他在文学艺术领域的杰出贡献"主要是由于伟大小说《布登勃洛克一家》，它作为现代文学经典作品的地位一年比一年巩固"，获得诺贝尔文学奖。

谁享有"以德语创作赢得了不让于英、法语作品的广泛声誉"

斯蒂芬·茨威格（1881—1942年），奥地利著名作家、小说家、传记作家。擅长写小说、人物传记，也写诗歌戏剧、散文特写和翻译作品。以描摹人性化的内心冲动，比如骄傲、虚荣、妒忌、仇恨等朴素情感著称，煽情功力十足。他的小说多写人的下意识活动和人在激情驱使下的命运遭际。他的作品以人物的性格塑造及心理刻画见长，他比较喜欢某种戏剧性的情节。但他不是企图以情节的曲折、离奇的去吸引读者，而是在生活的平淡中烘托出使人流连忘返的人和事。茨威格对心理学与弗洛伊德学说感兴趣，作品擅长细致的性格刻画，以及对奇特命运下个人遭遇和心灵的热情的描摹。其作品在世界范围都有着经久不衰的魅力，曾获得诺贝尔文学奖，被公认为世界上最杰出的中短篇小说家之一。

"新闻体"小说的创始人是谁

欧内斯特·海明威(1899—1961年)美国小说家。一向以文坛硬汉著称，是美利坚民族的精神丰碑，1954年度的诺贝尔文学奖获得者、"新闻体"小说的创始人。代表作品《太阳照样升起》、《乞力马扎罗的雪》、《永别了，武器》、《老人与海》、《过海记》、《弗朗西斯·麦康伯短促的幸福生活》。1926年发表成名作《太阳照样升起》，作品表现战后青年人的幻灭感，成为"迷惘的一代"的代表作。生于美国芝加哥市郊橡胶园小镇。但蜚声世界文坛的海明威像他的祖父和父亲一样选择了自杀。1961年7月2日，海明威用自己的猎枪结束了自己的生命。整个世界都为此震惊，人们纷纷叹息这位巨人的悲剧。

谁是"爵士时代"最重要的代表人

弗·司各特·菲茨杰拉德（1896—1940年），他也是美国著名编剧，是"爵士时代"最重要的代表人物。他的每一篇成功的作品都是诗人的敏感和戏剧家的想象力的结晶，都是他的艺术才能发挥到炉火纯青的地步的产物。他塑造的人物形象大多是一群战后追求梦幻的青年男女，但他们在生活经历和精神世界方面都与作者有着密切的内在联系。从这些内在联系中，我们可以看到菲茨杰拉德从追求理想的"美国梦"到梦幻破灭的过程，或者说是菲茨杰拉德的"天路历程"。菲茨杰拉德的魅力来自于他清晰的叙述，优雅的文风，多姿多彩、点铁成金的遣词造句，这种风格在他的短篇小说中得到了最好的体现。属于迷惘的一代，是"浮躁的20年代"的代言人。

谁被誉为"二十世纪的莫里哀"

萧伯纳（1856—1950年），爱尔兰剧作家，1925年因为作品具有理想主义和人道主义而获诺贝尔文学奖，是英国现代杰出的现实主义戏剧作家，是世界著名的擅长幽默与讽刺的语言大师。萧伯纳的一生，是和社会主义运动发生密切关系的一生，他认真研读过《资本论》，公开声言他"是一个普通的无产者"，"一个社会主义者"。然而，由于世界观上的局限性，他没能成为无产阶级战士，而终生是一个资产阶级改良主义者。他的代表作有《鳏夫的房产》、《圣女贞德》、《卖花女》、《巴巴拉少校》、《医生的两难选择》等等。

谁被誉为"二十世纪现代主义与女性主义的先锋"

弗吉尼亚·伍尔夫（1882—1941年）。英国女作家，被誉为二十世纪现代主义与女性主义的先锋。两次世界大战期间，她是伦敦文学界的核心人物，同时也是布卢姆茨伯里派的成员之一。最知名的小说包括《戴洛维夫人》、《灯塔行》、《雅各的房间》。20世纪世界公认的意识流创作大师弗吉尼亚·伍尔芙是英国文坛的前卫开拓者之一，她和当时的詹姆斯·乔伊斯，还有法国的普鲁斯特等创作意识流文学作品的作家一起，把意识流小说推向世界，极大地影响了世界范围内传统的写作手法，他们的出现，成为了传统文学和现代文学的一个分水岭。她被誉为"20世纪最佳女作家"。

《喧哗与骚动》作家的作品

美国作家威廉·福克纳(1897—1962年)，一生共写了19部长篇小说与近百篇短篇小说，其中15部长篇与绝大多数短篇的故事都发生在约克纳帕塔法县，称为约克纳帕塔法世系。其主要脉络是这个县的杰弗逊镇及其郊区属于不同社会阶层的若干个家族的几代人的故事，时间从1800年起直到第二次世界大战以后。世系中共600多个有名有姓的人物在各个长篇、短篇小说中穿插交替出现。其中最有代表性的作品是《喧哗与骚动》。福克纳也是一位出色的推理小说作家，出版过一系列的犯罪小说《马弃兵》。

《静静的顿河》是谁的作品

哈依尔·肖洛霍夫（1905—1984年），是20世纪苏联文学的杰出代表，也是我国读者十分熟悉且至今仍给予特殊关注的作家。这不仅仅因为他给世界人民留下了《静静的顿河》、《新垦地》（旧译《被开垦的处女地》）、《一个人的遭遇》等珍贵的文学遗产，还因为他一生的创作和文学活动与我国文化事业的发展始终存在着或直接或间接的联系，并产生了一定影响。他的创作构成了一个独特的艺术世界，是贯穿从孕育诞生到解体前不久整个苏维埃时代百年世事的宏伟篇章。他在苏联叙事文学中开创了悲剧史诗的艺术先河。1965年他获得瑞典皇家学院授予的诺贝尔文学奖。

《钢铁是怎样炼成的》是谁的作品

尼古拉·阿列克谢耶维奇·奥斯特洛夫斯基（1904—1936年），苏联作家，坚强的布尔什维克战士、著名的无产阶级作家。1904年9月29日出生于工人家庭。因家境贫寒，11岁便开始当童工。15岁上战场，16岁身受重伤，25岁身体瘫痪，年仅32岁便去世。他的长篇小说《钢铁是怎样炼成的》，是30年代苏联无产阶级革命文学中最优秀的作品之一。1929年，他全身瘫痪，双目失明。1930年，他用自己的战斗经历作素材，以顽强的意志开始创作长篇小说《钢铁是怎样炼成的》。小说获得了巨大成功，受到同时代人的真诚而热烈的称赞。他的《钢铁是怎样炼成的》早在1942年就译成中文，书中主人公保尔·柯察金成为中国青年的学习榜样。

赫尔岑的代表作是什么

赫尔岑（1812—1870年），俄国哲学家、作家、革命家。赫尔岑于1812年出生在莫斯科的一个贵族地区家庭。1835年，赫尔岑因坚决反对封建专制和农奴制度，被沙皇以"对社会有极大危险的自由思想者"的罪名逮捕而流放各地，后期赫尔岑主要流亡西欧等国。1849年他来到日内瓦，全家加入瑞士国籍。1852年他侨居伦敦，创办《北极星》、《钟声》等革命刊物，刊物通过各种渠道传入俄国，对俄国的革命运动起着很大的推动作用；并写作完成《往事与随想》，这是一部包括日记、书信、随笔、政论和杂感的大型回忆录式作品，作者自称它是"历史在偶然出现于其道路上的一个人身上的反映"。1870年1月21日赫尔岑病逝于巴黎。他的主要文学著作有长篇小说《谁之罪》、中篇小说《克鲁波夫医生》和《偷东西的喜鹊》等。

谁被誉为"俄罗斯的良心"

索尔仁尼琴（1918—2010年），被称为托尔斯泰之后俄罗斯最伟大的作家，同时也是前苏联时代最有名的异议人士，有"俄罗斯良心"之称。他1918年生于基斯洛沃德斯克市。1940年同时毕业于莫斯科大学数学系和后来被关闭的莫斯科学院。卫国战争中当过炮兵大尉。1944年被逮捕，被判处8年徒刑，流放到中亚细亚。1956年得到平反，以后从事写作。60年代中期成为持不同政见者。1965年克格勃开始对他进行监视。1969年12月被开除出苏联作家协会。1970年获诺贝尔文学奖。1974年因发表《致苏联领导人的信》和其他活动被逮捕并被驱逐出苏联，1975年起居住在美国。1985—1991年苏联"改革"期间，苏联官方撤销了1974年对他的叛国罪的指控，1991年向他颁发了老战士荣誉证书并邀请他回国。索尔仁尼琴的主要著作有：《古拉格群岛》、《列宁在苏黎世》、《在第一圈子里》、《癌病房》、《一九一四年的八月》、《和平与暴力》、《致苏联领导人的信》等。

谁被誉为"社会主义现实主义文学的奠基人"

高尔基（1868—1936年），前苏联无产阶级作家，原名阿列克赛·马克西莫维奇·彼什科夫。社会主义现实主义文学的奠基人。高尔基刻苦自学文化知识，并积极投身革命活动，探求改造现实的途径。1892年发表处女作《马卡尔·楚德拉》，登上文坛，他的早期作品，杂存着现实主义与浪漫主义两种风格，这是他无产阶级世界观形成前必然经历的阶段。1901年他亲自参加彼得堡的示威游行，并创作了著名的散文诗《海燕之歌》，塑造了象征大智大勇革命者搏风击浪的勇敢的海燕形象，预告革命风暴即将到来，鼓舞人们去迎接伟大的战斗，这是一篇无产阶级革命战斗的檄文与颂歌，受到列宁的热情称赞。

为什么说《尤利西斯》是意识流小说的代表作

《尤利西斯》是爱尔兰意识流文学作家詹姆斯·乔伊斯于1922年出版的长篇小说。小说以时间为顺序，描述了主人公、苦闷彷徨的都柏林小市民、广告推销员利奥波德·布卢姆于1904年6月16日一昼夜之内在都柏林的种种日常经历。小说大量运用细节描写和意识流手法构建了一个交错凌乱的时空，语言上形成了一种独特的风格。《尤利西斯》是意识流小说的代表作，并被誉为20世纪一百部最佳英文小说之首，每年的6月16日已经被纪念为"布卢姆日"。《尤利西斯》是英国现代小说中最有实验性、最有争议的作品。

谁被誉为"20世纪美国批判现实主义之父"

德莱塞（1871—1945年），被誉为20世纪美国批判现实主义之父，先后发表了《嘉莉妹妹》、《珍妮姑娘》和《欲望三部曲》等多部著名长篇小说。他的作品打破了美国乐观传统，用巴尔扎克式的锋利笔法，深刻揭露了资本主义社会贫富两个世界的对立，讽刺了资产阶级腐朽堕落的生活方式，无情抨击了它对人们的腐蚀和摧残，具有鲜明的政治色彩。《美国悲剧》的发表，更为他赢得了世界性的声誉，被誉为是"美国最伟大的小说"。德莱赛以一个普通美国青年克莱德·格里菲斯短促的一生为线索，将美国现代社会生活的众多画面交织进去。《美国的悲剧》不但具有尖锐的批判锋芒，而且还有强烈的艺术感染力。

谁被誉为"美国戏剧之父"

奥尼尔（1888—1953年），美国戏剧家。出身于演员家庭，幼时跟随从事旅行演出的父亲在美国各地生活。1914至1915年，在哈佛大学贝克尔教授开办的戏剧写作班学习。1916年开始参加非商业性普罗文斯敦剧社的戏剧创作和演出活动。这时期他创作了许多独幕剧，广泛地反映了他所熟悉的海上生活，在精选题材、烘托背景和塑造人物性格方面，都显露出了他的艺术才华。1920年写了两部多幕剧《天边外》和《琼斯皇帝》，才确立了他在戏剧界的重要地位。奥尼尔的《克里斯·克里斯托夫逊》也是1920年的作品，后来被改写成《安娜·克里斯蒂》，作者因此再次获得普利策奖。同时，他还创作了一部兼有现实主义、表现主义和象征主义的戏剧《毛猿》。奥尼尔的剧作还有《榆树下欲望》、《伟大之神布朗》、《拉撒路笑了》、《奇妙的插曲》等。1931年，奥尼尔完成了一部著名的长剧《哀悼》，引起了美国评论家和广大观众的兴趣。他曾经四次获得普利策奖（1920、1922、1928、1957），1926年获得诺贝尔文学奖。

谁被誉为"最富魅力的后现代大师"

卡尔维诺1923年10月15日生于古巴，1985年9月19日在意大利去世。他是意大利新闻工作者，短篇小说家作家，他的奇特和充满想象的寓言作品，使他被冠以"最富魅力的后现代大师"。1941年进入都灵大学农学系。1943年纳粹德国入侵意大利，卡尔维诺投笔从戎，参加游击队。战后重入都灵大学攻读文学。1946年以长篇小说《蛛巢小径》一举成名。卡尔维诺致力于艺术创新。《宇宙奇趣》、《你和零》近于叙述宇宙世界的奥秘和人类社会的衍化，神话、科幻和哲理相映成趣。《命运交叉的城堡》、《看不见的城市》，寓哲理于童话。《寒冬夜行

人》由10个独立而又环环相扣的短篇组成，着力于小说艺术形式尤其是小说开端的探索。最后一部小说《帕洛马尔先生》，以看似荒诞不经的故事，深刻表现现代人失去精神支撑点的孤独和悲哀。他曾长期从事出版工作，主编文学刊物《梅那波》。

谁被誉为"俄罗斯的代言人"

帕斯捷尔纳克（1890—1960年）是俄国、苏联作家，翻译家。帕斯捷尔纳克被人们誉为"俄罗斯的代言人"，因为他的作品能够充分体现俄罗斯民族的精神气质：一种在对纯净灵魂的探求中凝铸的高贵与自尊，一种经历巨大苦难后所形成的特有的忧郁与沉着。30年代初出版自传体小说《旅行护照》、诗体长篇小说《斯波克托尔斯基》和诗集《重生》。1948—1956年完成的长篇小说《日瓦戈医生》是他后期代表作。它在国内遭拒绝后于1957年在意大利出版，并引起轰动，作者因"在现代诗和俄罗斯伟大叙事诗传统方面取得的重大成就"获1958年诺贝尔文学奖，因此触怒当时的苏联政府。作者于1958年被开除出苏联作家协会，逝世22年后恢复名誉。帕斯捷尔纳克同时是一位翻译家。他掌握多种语言文字，对格鲁吉亚文、英文和德文尤为精通，一生兼事文学翻译。所译莎士比亚的四大悲剧和十四行诗、歌德的《浮士德》和席勒的《玛丽亚·斯图亚特》等许多名著，均以优美的文笔和对原文的独到理解，别具风采，在译界享有盛誉。

美国"垮掉的一代"的代表人物是谁

凯鲁亚克（1922—1969年）是美

国"垮掉的一代"的代表人物。第二次世界大战期间,他曾在美国海军服役,1942年为《太阳报》的体育记者,战后从事写作。他一生共创作了18部小说,大多带有自传性质,主要作品有自传体小说《在路上》、《达摩流浪者》、《荒凉天使》、《孤独旅者》等。他以离经叛道、惊世骇俗的生活方式与文学主张,震撼了20世纪五六十年代美国主流文化的价值观与社会观。《在路上》是凯鲁亚克的自传性代表作,由作家用三个星期在一卷30米长的打字纸上一气呵成。小说主人公萨尔为了追求个性,与狄安、玛丽露等几个年轻男女沿途搭车或开车,几次横越美国大陆,最终到了墨西哥。小说主要描写了两种"垮掉"分子,一种是所谓的"热派",这种人自甘堕落,不可救药,在"硕大的当今世界"中尽情纵乐,直至自身的彻底毁灭。另一种是所谓的"冷派",他们试图在东方的禅宗和与之有关的哲理中寻求慰藉,以修身养性,互爱等更为精神方面的东西来代替西方文明的实利主义。

谁被誉为"侦探小说之父"

阿瑟·柯南道尔(1859—1930年),英国杰出的侦探小说家,剧作家,被誉为英国的"侦探小说之父"。1859年5月22日生于苏格兰爱丁堡附近的皮卡地普拉斯。1882年他在爱丁堡大学获得医学博士学位。在19世纪,英国的医生待遇非常差,于是,他开始尝试写作这个"第二职业"。 1886年,他完成了第一部侦探小说《血字的研究》,第一次把歇洛克·福尔摩斯与华生医生介绍给读者。《血字的研究》问世2年后,阿瑟·柯南道尔又出版了《四签名》,并发表于美英两地,结果这部小说一炮打响,阿瑟·柯南道尔顿时声名鹊起。1891年,32岁的阿瑟·柯南道尔终于决定弃医从文,正式当上专业作家,全身心地投入了创作。从1891年至1894年,他先后完成了《波希米亚的丑闻》、《橘核案》、《歪嘴男人》、《银色的骏马》等24个短篇,并结集出版。1928年至1929年,柯南道尔创作的有关福

阿瑟·柯南道尔

尔摩斯故事分短篇与长篇两卷在英国出版,书名为《福尔摩斯探案全集》。这套书成为现代侦探小说经典之作。1930年7月7日,73岁的柯南道尔与世长辞。

谁被誉为"科幻小说之父"

儒勒·凡尔纳是19世纪法国著名的科幻小说和冒险小说作家,被誉为"现代

科学幻想小说之父"曾写过《海底两万里》、《地心游记》等著名科幻小说。凡尔纳总共创作了66部长篇小说和短篇小说集，还有几个剧本，一册《法国地理》和一部6卷本的《伟大的旅行家和伟大的旅行史》。主要作品还有《气球上的五星期》、《地心游记》、《神秘岛》、《漂逝的半岛》、《八十天环游地球》等20多部长篇科幻历险小说。他在《神秘岛》中出色地预见到许多项未来的科学器械和发展，包括潜艇、水下呼吸器、电视以及太空旅行等。现在这一切都已经成为现实。

谁有"蓝天白云的耕作者"之称

圣埃克絮佩里，法国飞行员、作家。有"蓝天白云的耕作者"之称。代表作有《夜航》、《人类的大地》、《小王子》等。圣埃克絮佩里于1900年6月29日出生在法国里昂一个传统的天主教贵族家庭。圣埃克絮佩里主要是成人文学作家，但他有一部脍炙人口的儿童文学作品《小王子》深得全世界儿童的喜爱。书中主人公小王子为寻求爱、力量和知识遍游天上人间，作者用他那非凡的想像力、高超的艺术表现才能，向我们展示了一幅幅奇瑰多姿的画面，仿佛把读者带到了一个梦幻般的世界。这部作品自始至终洋溢着诗情画意，并向人们开启了儿童心灵世界之一隅。

《丁丁历险记》是谁的作品

埃尔热（1907—1983年），原名乔治·雷米，1907年5月22日出生于比利时布鲁塞尔。埃尔热是比利时漫画家，世界著名连环漫画《丁丁历险记》的作者。1924年，乔治·雷米开始使用埃尔热这个笔名。埃尔热的发音和他的名字的开头字母的法语发音相同。1929年1月10日，丁丁和白雪在儿童读物《二十世纪小伙伴》上诞生。《丁丁历险记》以15个月一本的周期快速创作，丁丁去了刚果、美洲、埃及，以浓郁的异国风情吸引着读者。埃尔热死后获得人们极高的评价。法国文艺界将他与科学幻想小说家儒勒·凡尔纳齐名并提，称之为"名垂青史的漫画家"。有的评论说他"将不被重视的连环画发展成了伟大的艺术，和电影并肩媲美"；说他是"儿童的良师益友"。

《安妮日记》的创作背景是什么

《安妮日记》是犹太少女安妮·弗兰克在二战中遗留下来的一本个人日记，它真实地记述了她与家人以及另两个犹太家庭为逃避纳粹迫害躲在密室里而度过的长达两年的隐蔽生活。安妮从13岁生日(1942年6月12日)写起，一直写到1944年8月4日他们的隐居地被德国党卫军查抄前不久。这个不到16岁在纳粹集中营中被伤寒病夺去了生命的孩子的日记在战后成为人们对那场人类梦魇进行深刻反思的珍贵教材。当时距德军投降仅一个星期。1947年，死里逃生的安妮父亲将女儿遗留的日记付梓出版。这本日记已转译成55种文字，共印刷3000万册。她避难的房子已被辟为安妮故居博物馆，吸引着世界各地的游客前来缅怀那不堪回首的人类悲剧。

谁被誉为"短篇小说艺术创新之人"

吉卜林（1865—1936年），英国小说家、诗人，生于印度孟买。他一生共创

西方文明千问

安妮·弗兰克

作了8部诗集、4部长篇小说、21部短篇小说和历史故事集，以及大量散文随笔游记等。他的主要著作有儿童故事《丛林之书》、印度侦探小说《基姆》、诗集《营房谣》、短诗《如果》以及许多脍炙人口的短篇小说。他是英国19世纪至20世纪中一位很受欢迎的散文作家，被誉为"短篇小说艺术创新之人"。他的作品简洁凝炼，充满异国情调，尤其短篇小说，无与伦比。他于1907年获得诺贝尔文学奖，成为英国第一位荣获此奖的作家。他也曾被授予英国爵士头衔和英国桂冠诗人的头衔，但都被他放弃了。

谁被誉为"德国儿童文学之父"

埃里希·凯斯特纳是德国小说家、剧作家、电影脚本和广播剧作家、儿童文学作家。1929年，他的第一本儿童书在柏林的威廉出版社出版，这部名为《埃米尔擒贼记》由瓦尔特·特里尔插图的儿童小说立刻轰动世界，遂使凯斯特纳一举成为名扬国内外的儿童文学作家。他在德国儿童文学史、德国儿童戏剧及德国电影史上均占据了一个相当突出的地位。凯斯特纳很快又开始写作他的第二部儿童小说《小不点和安东》。1949年凯斯特纳出版了两部儿童文学作品：《动物会议》和《两个小洛特》。1957年，他出版了童年自传《在我是一个小男孩的时候》。六十年代他还出版了两部儿童小说：《袖珍男孩儿》和《袖珍男孩儿和袖珍小姐》，1974年7月29日，埃里希·凯斯特纳在慕尼黑去世。1957年获得德国重要的文学奖——毕希纳奖。1960年，他被授予安徒生奖，这是授予儿童文学作家的最高国际奖。

谁被誉为"世界著名奇幻文学大师"

托芙·杨松（1914—2001年）被誉为世界著名奇幻文学大师，是世界上最受欢迎的童话作家之一。她出生于芬兰首都赫尔辛基，父亲是一位雕塑家，母亲是一位画家。她集画家、插图师、小说家和连环画家于一身。从1945年开始踏上创作姆米的道路，一生的代表作品有姆米故事系列八部、绘本三部。她先后获得斯德哥尔摩最佳儿童读物奖，约尔玛·拉格洛芙(世界上第一位获诺贝尔文学奖地女性)奖章，芬兰最高勋章。1978年荣获欧波学院颁授地声誉文学博士学位。1966年获国际儿童图书协会颁发地国际安徒生儿童文学作家奖。她从1938年开始写图画故事。曾出版《雕塑家的女宝宝》。第二次世界大战后开始写"木民特洛尔"系列童话。计有11部。其序卷是《木民特洛尔和大洪水》。第一部是《木民特洛尔追踪彗星》。接着出版了《魔法师的帽子》、《木民特洛尔父亲回想录》、《危险的夏天》、《神奇的冬天》、《父亲和海洋》、《木民谷的

第六章　语言与文学

主人公相比,本书的主人公爱丽丝不过是一个平凡的少女。爱丽丝坐在读书的姐姐身边感到很乏味,刚好这时,一只白兔出现在她面前。爱丽丝尾随白兔而去,不慎跌入了兔子洞中。在地下世界,爱丽丝发现了一个药瓶,在确认了药水不是毒药后,聪明的爱丽丝才喝下了它。原来这是瓶能让人长高或缩小的药水。此后,爱丽丝便与作品中的其他人物一同开始了一段神奇有趣的冒险……

托芙·杨松

11月》等。杨松还出版了一部短篇童话名作《看不见的宝宝》。托芙·杨松在85岁时被芬兰称誉为"国宝级作家"。2001年6月27日,她与世长辞。

《爱丽丝漫游仙境》是谁的作品

刘易斯·卡罗尔（1832—1898年）,英国数学家和逻辑学家。1850年被牛津大学基督堂学院录取,毕业后任数学讲师,直至退休。卡罗尔对基督堂学院院长利德尔的三个女儿极其钟爱,常给她们讲故事,后来把这些故事写出来给了利德尔的长女爱丽丝。1865年,他以卡罗尔为笔名发表了《爱丽丝漫游仙境》,又于1871年发表了续篇《爱丽丝镜中世界奇遇记》。他的其他主要作品有《斯纳克之猎》和《西尔维亚和布鲁诺》。《爱丽丝漫游仙境》通过描写主人公经历的一段自由自在的旅行,在读者面前展示了一个只有在梦中才会看到的神奇世界。与其他作品中的

《金银岛》是谁的代笔作

斯蒂文森(1850—1894年),苏格兰随笔作家、诗人、小说家、游记作家、新浪漫主义代表。斯蒂文森出生于苏格兰爱丁堡,早年就读于爱丁堡大学。他从学生时代起就酷爱文学。斯蒂文森的作品题材繁多,构思精巧,其探险小说和惊险小说更是富于独创性和戏剧性力量,作品有游记《内河航程》和《驴背旅程》,惊险浪漫故事集《新天方夜谭》,小说《金银岛》、《绑架》及其续篇《卡特琳娜》和《巴伦特雷的少爷》。1889年斯蒂文森移居太平洋萨摩亚岛养病,1894年病逝岛上。他是19世纪末新浪漫主义文学的代表,他最著名的小说有《金银岛》,叙述少年吉姆一行人去海上荒岛寻找海盗埋藏有财富的冒险故事。这部小说给作者带来巨大声誉,为后来大量的掘宝题材小说开了先例。

《纳尼亚传奇系列》是谁的代表作

克利弗·S.刘易斯（1898—1963年）既是作家,又是教授、学者,一直任教于牛津大学和剑桥大学这两所英国最著名的高等学府。他编著的作品很多,范围也很广,既

有文学史、文艺评论，也有散文、诗歌集，特别是他写了不少童话，最有名的代表作当首推七部描写《纳尼亚传奇系列》的：《狮子·女巫·魔衣橱》、《凯斯宾王子》、《黎明踏浪号》、《魔椅》、《马和孩子》、《魔术师的外甥》、《最后之战》；《太空三部曲》：《来自寂静的星球》、《漫游金星》、《那股邪恶的力量》等等。

谁被誉为"哈梅林的魔笛手"

罗尔德·达尔（1916— ）出生于英国威尔士，二次大战期间参加英国皇家空军，曾多次驾驶战斗机投入空战。1942年任英国驻美国华盛顿空军副武官。他在美国开始文学创作。早期的创作主要是以他熟悉的飞行生活为题材的短篇小说。第二次世界大战后他的短篇小说在美国引起反响，并深受好评，达尔1961年开始为儿童写作，主要作品有《小詹姆与大仙桃》、《女巫》、《慈善的巨人》、《魔指》、《查理和巧克力工厂》（1964）、《古怪的福克斯先生》、《世界冠军丹尼》等等。这些作品在欧美都很受欢迎。

哪套书被誉为"儿童文学中的《圣经》"

毕翠克丝·波特1866年出生于伦敦。1875年，9岁的波特开始在素描本上描绘兔子。1902年《小兔彼得的故事》出版。因此她的创作充满温馨喜悦，使得这套绘本深受人们喜爱。"彼得兔"系列故事至今已被翻译成三十六种语言，销售量以千万册计，英语国家的孩子们几乎人手一册。

谁被誉为"童话外婆"

林格伦1907年出生在瑞典斯莫兰省一个农民家里。上世纪20年代到斯德哥尔摩求学。1946年至1970年间担任拉米和舍格伦出版公司儿童部主编，开创了瑞典儿童文学的一个黄金时代。像许多著名的儿童文学作品一样，让林格伦蜚声世界的是《长袜子皮皮》。林格伦的童话代表作还有《小飞人卡尔松》、《米欧，我的米欧》、《狮心兄弟》、《绿林女儿》、《淘气包埃米尔》等，她共为孩子们写了87部文学作品。她的作品已被翻译成约80种语言在全世界广为发行，不少作品还被改编成电影和电视剧。1957年她获瑞典"高级文学标准作家"国家奖；1958年获"安徒生金质奖章"；1971年获瑞典文学院"金质大奖章"。

第七章　哲学与思维

西方哲学史上第一位哲学家是谁

他是古希腊时期的思想家，古希腊及西方第一个自然科学家和哲学家，也是希腊最早的哲学学派——米利都学派（也称爱奥尼亚学派）的创始人。他还是是希腊七贤之一，并且是在西方思想史上第一个记载有名字留下来的思想家。他就是"科学和哲学之祖"——泰勒斯。

泰勒斯、阿纳克西曼德、阿纳克西美尼共同创立了米利都学派，时间大约在公元前6世纪。米利都学派的观点是朴素的唯物主义，米利都学派开创了理性思维，试图用观测到的事实而不是用古代的希腊神话来解释世界。

除了哲学方面，他还是第一个去埃及，并把几何学传回希腊的人。他还教埃及人用影子去测量金字塔的高度；并且提出了一条几何学公理（有一条边和相邻角相等的三角形全等），依此而测量出海上船只的距离。他曾预言了日蚀和冬至、夏至，并认为季风迎面吹向埃及，使海水水位上涨，引起倒灌，使尼罗河水面上涨。

什么是毕达哥拉斯学派

毕达哥拉斯学派也叫"南意大利学派"，是一个集政治、学术、宗教三位于一体的组织。毕达哥拉斯学派是由古希腊哲学家毕达哥拉于公元前6世纪末创立的。该学派于公元前5世纪被迫解散，其成员大多是数学家、天文学家、音乐家。它是西方美学史上最早探讨美的本质的学派。

毕达哥拉斯学派认为数是万物的本原，认为音乐的和谐是由高低长短轻重不同的音调按照一定的数量上的比例组成。同时，该学派认为数是宇宙的要素，按照几何图形分类，可分成"三角形数"、"正方形数"、"长方形数"、"五角形数"等等。在数学方面，最重要的贡献是发现了著名的"勾股定理"。

毕达哥拉斯学派后来在政治斗争中遭到失败，毕达哥拉斯逃到塔林敦后，被杀害。他死后，他的学派的影响却仍然很大，其学派又延续了200年之久。

什么是伊壁鸠鲁学派

伊壁鸠鲁学派，也称为花园学派，是由伊壁鸠鲁创立的。他曾在小亚细亚的许多城邦教授哲学，后来在雅典的一个花园里建立了自己的学校，称为"伊壁鸠鲁花园"，逐渐形成了伊壁鸠鲁学派。伊壁鸠鲁的学说包括准则学、伦理学和物理学三个部分。

伊壁鸠鲁认为，最大的善来自快乐，没有快乐，就不可能有善。快乐包括肉体上的快乐，也包括精神上的快乐。伊壁鸠鲁相信德谟克利特的原子论，但他并不认为原子的运动受各种自然法则的支配。伊壁鸠鲁否定宗教，否认神是最高的法则制定者。他认为

西方文明千问

人死后，灵魂原子离肉体而去，四处飞散，因此，人死后并没有生命。

什么是斯多葛学派

斯多葛学派的创始人是芝诺。公元前300年左右，他在雅典创立了该学派。由于他通常在雅典的画廊讲学，故称之为"画廊学派"或"斯多葛学派"。斯多葛哲学学派因在雅典集会广场的廊苑聚众讲学而得名。斯多葛学派是希腊化时代一个有极大影响的思想派别，被认为是自然法理论的真正奠基者。斯多葛派认为世界理性决定事物的发展变化。所谓"世界理性"就是神性，它是世界的主宰，个人只不过是神的整体中的一分子。斯多葛派把宇宙看作是美好的、有秩序的、完善的整体。

古希腊三大哲学家是谁

苏格拉底和他的学生柏拉图及柏拉图的学生亚里士多德并称为"希腊三贤"，是古希腊的三大哲学家。

苏格拉底被认为是西方哲学的奠基者。他的一生大部分是在室外度过的。他喜欢在市场、运动场、街头等公众场合与各方面的人谈论各种各样的问题，如战争、政治、友谊、艺术、伦理道德等等。他曾三次参战，当过重装步兵。40岁左右，他成了雅典远近闻名的人物。

苏格拉底认为，天上和地上各种事物的生存、发展和毁灭都是神安排的，神是世界的主宰。苏格拉底经常和人辩论。辩论中他通过问答形式使对方纠正、放弃原来的错误观念并帮助人产生新思想。他主张专家治国论，他认为各行各业，乃至国家政权都应该让经过训练，有知识才干的人来管理，而反对以抽签选举法实行的民主。

柏拉图生于雅典一个贵族奴隶主家庭。他的母亲是雅典立法者梭伦的后裔，青年时师从苏格拉底。苏格拉底死后，他游历四方，曾到埃及、小亚细亚和意大利南部从事政治活动。公元前387年，活动失败后逃回雅典，设立了一所学园，此后执教40年，直至逝世。他的代表作是《理想国》和《法律篇》。柏拉图是西方客观唯心主义的创始人，其哲学体系博大精深，对其教学思想影响尤甚。柏拉图认为世界由"理念世界"和"现象世界"所组成，认为人的一切知识都是由天赋而来，它以潜在的方式存在于人的灵魂之中。

亚里士多德是古希腊哲学家、科学家和教育家。他创立了形式逻辑学，丰富和发展了哲学的各个分支学科，对科学作出了巨大的贡献。

苏格拉底为什么被处死

苏格拉底之所以被处死，主要是因为苏格拉底和雅典民主政体的矛盾。公元前399年，苏格拉底被人控告有罪，罪名主要是两项：不敬城邦所敬的诸神而引进了新神，并败坏了青年。朋友们打算营救他逃离雅典，但他拒绝了。他认为自己必须遵守雅典的法律，因为他和国家之间有神圣的契约，他不能违背。苏格拉底认为如果城邦的法律是不公正的，你就不必遵从它们，但是如果你违反了城邦的法律，你仍然必须服从惩罚。苏格拉底认为有服从城邦的合法权威和城邦法律的义务，所以他十分自觉地接受了死刑。69岁的他安详地喝下了毒酒，用自己的行为实践了他的

第七章　哲学与思维

达维德《苏格拉底之死》

哲学理念。

《理想国》表达的思想是什么

《理想国》又译作《国家篇》、《共和国》，是古希腊著名哲学家柏拉图重要的对话体著作之一，共10卷。在柏拉图的著作中，《理想国》不仅是篇幅最长，而且是柏拉图对自己哲学思想的概括和总结，是西方政治思想传统的最具代表性的作品。

柏拉图《理想国》的宗旨就是要缔造一个秩序井然的正义国家，他认为国家就是放大了的个人，个人就是缩小了的国家。他把国家分为三个阶层：受过严格哲学教育的统治阶层、保卫国家的武士阶层、平民阶层。在柏拉图眼中，第三阶层的人民是低下的，可以欺骗的。由于柏拉图出身于贵族家庭，他的很多思想都是维护贵族统治的。他在自己的社会政治观点中，力图保存和恢复昔日的氏族制度，以重新恢复贵族的专制统治，他的哲学观点也充斥着旧氏族时代的观点和思想方式。柏拉图关于"理想国"的思想，集中的反映了他妄图保存和恢复氏族制度的要求，反映了他对腐朽氏族制的憧憬。

为什么说亚里士多德是"创造性的集大成者"

亚里士多德（公元前384—322年），人类历史上最伟大的思想家之一，他以独特的治学方式潜心研究、广泛汲取古希腊一切文明成就，并对其作了全面的梳理，是一个真正的创造性的集大成者，是人类历史上难得一见的百科全书式思想家，其研究涉及逻辑学、物理学、生物学、天文学、心理学、形而上学、神学、伦理学、政治学、法学、美学等几乎一切学科，几乎覆盖了当时所有的知识领域。求学、游学、办学，亚里士多德毕生浸入智慧、传播知识，无丝毫之懈怠，终成人类智慧的化身与伟大导师。他的著作有《逻辑》、《物理学》、《论天》、《论灵魂》、《论动物构成》、《形而上学》、《尼各马可伦理学》、《政治学》、《修辞学》及《诗学》。可以说，他是当时知识界的全才，又是思想理论策划的大师。亚里士多德担负了对苏格拉底、柏拉图学说的整理并使之系统化的任务。这一任务的完成，是希腊思想史上的里程碑。亚里士多德由于创造性地将早期思想家的知识和理论精华融为一体，从而登上古希腊思想界的顶峰。因此，他被后人称为"古代最博学的人物"。

谁被誉为"第一个百科全书式的学者"

被马克思和恩格斯誉为古希腊人中"第一个百科全书式的学者"的人，就是德谟克利特。德谟克利特是古希腊伟大的唯物主义哲学家，原子唯物论的创立者。他在哲学、逻辑学、物理、数学、天文、动植物、医学、心理学、伦理学、教育学、修辞学、军事、艺术等方面都有所建树。在第欧根尼的记载中，他通晓哲学的每一个分支，同时，他还是一个出色的音乐家、画家、雕塑家和诗人。他认为，万物的本原是原子和虚空。原子是不可再分的物质微粒，虚空是原子运动的场所。他提出了圆锥体、棱锥体、球体等体积的计算方法。

谁被誉为继亚里士多德之后的"第二导师"

被誉为继亚里士多德之后的"第二导师"是萨克汗国首都突厥斯坦城著名的医学家、哲学家、心理学家、音乐学——法拉比。法拉比(870—950年)出生于哈萨克汗国首都突厥斯坦城。他除编著有关多学科的160多种著作外，还在整理研究西域回鹘医学的基础上编著了《论器官的功能》、《论神经学》等等十几部有关医学的专著。在哲学上，他受亚里士多德和新柏拉图主义思想

影响，吸收了苏菲派自然泛神论的成分，并与自然科学的成果相结合，力图调和理性与信仰，用哲学论证宗教信条，使哲学冲破伊斯兰教义学的禁锢而得到独立发展。法拉比还奠定了阿拉伯音乐理论的基础。他在《音乐大全》中确立了音乐的基本概念，对曲谱进行了分类，记述了各种乐器的演奏法。他的主要哲学著作有：《知识大全》、《论灵魂》、《柏拉图和亚里士多德的哲学》、《论政治》，音乐理论著作有《音乐大全》等。

"我思故我在"是谁的观点

"我思故我在"是西方现代哲学的奠基人——笛卡尔提出的观点。笛卡尔是法国哲学家、数学家、物理学家。他对现代数学的发展做出了重要的贡献，因将几何坐标体系公式化而被认为是"解析几何之父"。笛卡尔是第一个创立完整哲学体系的哲学家。哲学上，笛卡儿是一个二元论者以及理性主义者。笛卡尔的"我思故我在"是他全部认识论哲学的起点，也是他"普遍怀疑"的终点。他从这一点出发确证了人类知识的合法性。也就是说：笛卡尔是唯心主义者。

被称为"英国唯物主义和整个现代实验科学的真正始祖"的是谁

培根是英国哲学家、思想家、作家和科学家，被马克思称为"英国唯物主义和整个现代实验科学的真正始祖"。他在逻辑学、美学、教育学方面也提出许多思想。他崇尚科学、发展科学的进步思想，崇尚知识。他的著作主要有《学术的进步》和《新工具》等等。培根在逝世后还留下了许多遗著，包括《论事物的本性》、《迷宫的线索》等

等。培根一生在学问上成就很大，然而作为政客他饱尝了仕途之艰辛。做女王掌玺大臣的父亲去世后，他一直未得到女王的重用。直到詹姆斯一世当政，他才逐渐得到升迁，先后担任过法院院长、检察长、掌玺大臣等，还被封男爵、子爵等贵族尊号。然而，后来他又被免除了一切官职。成为平民之后，培根将全部的精力投入到学问研究中，他最终成为中世纪英国著名的唯物主义哲学创始人。1626年4月培根离开了人世。

什么是人文主义

"人文主义"这个词实际上很晚才出现，它来自于拉丁文。德国启蒙运动时代的哲学家将人类统称为Humanity，当时的人文主义者称他们自己为Humanista。而Humanism这个词却一直到1808年才出现。人文主义是指社会价值取向倾向于对人的个性的关怀，注重强调维护人性尊严，提倡宽容，反对暴力，主张自由平等和自我价值体现的一种哲学思潮与世界观。

古希腊先哲从实际出发，以人为本，洞察宇宙，探索人生，他们的思想主张是西方人文主义思想的起点。人文主义是文艺复兴核心思想，是新兴资产阶级反封建的社会思潮，也是资产阶级人道主义的最初形式。它肯定人性和人的价值，要求享受人世的欢乐，要求人的个性解放和自由平等，推崇人的感性经验和理性思维。

斯宾诺莎的贡献是什么

斯宾诺莎是荷兰著名的哲学家、西方近代哲学史重要的欧陆理性主义者、欧洲早期资产阶级革命时期杰出的唯物主义哲学家、英勇的无神论者，与法国的笛卡尔和德国的莱布尼茨齐名。

他的主要贡献是，哲学上，斯宾诺莎是一名一元论者或泛神论者。他认为宇宙间只有一种实体，即作为整体的宇宙本身，而上帝和宇宙就是一回事。在伦理学上，斯宾诺莎认为，一个人只要受制于外在的影响，他就是处于奴役状态，而只要和上帝达成一致，人们就不再受制于这种影响，而能获得相对的自由，也因此摆脱恐惧。斯宾诺莎的代表著作是《几何伦理学》，该著作一直到斯宾诺莎死后才得以发表。他的其他重要的作品包括《神学政治论》、《政治论》等等。

德国古典哲学的创始人是谁

德国古典哲学的创始人是康德。他是德国哲学家、天文学家、星云说的创立者之一，唯心主义、不可知论者，德国古典美学的奠定者。康德于1724年4月22日出生在东普鲁士堡。1740年，康德进了科尼斯堡大学。从1746年起任家庭教师9年。1755年，康德获得大学私人助教资格，开始教授哲学。他除讲授物理学、数学外，还讲授逻辑学、形而上学、道德哲学、火器等等学科。从1781年开始，出版了一系列涉及广阔领域的有独创性的伟大著作。1804年2月12日病逝。康德的"三大批判"构成了他的伟大哲学体系，它们是："纯粹理性批判"、"实践理性批判"和"判断力批判"。当代德国著名哲学家、现代存在主义哲学家雅斯贝斯将康德、柏拉图、奥古斯汀并列称为三大"永不休止的哲学奠基人"。

霍布斯的哲学观点是什么

霍布斯是英国政治家、思想家、哲学

家。1588年4月5日出生于英国南部的维斯堡镇。1603年，不到15岁的霍布斯以优异的成绩进入牛津大学。1608年，大学毕业后做过贵族家庭教师，游历欧洲。

在哲学方面，他创立了机械唯物主义的完整体系。他继承了培根的唯物主义经验论的观点，认为几何学和力学是科学思维的理想楷模。他力图以机械运动原理解释人的情感、欲望，从中寻求社会动乱和安宁的根源。他提出"自然状态"和国家起源说，认为国家是人们为了遵守"自然法"而订立契约所形成的，反对君权神授，主张君主专制。霍布斯研究文学和历史的第一个成果，就是把古希腊历史学家修昔底德的《伯罗奔尼撒战争史》译成英文。霍布斯认为，历史最重要的职责就是要为统治阶级在政治策略方面提供有益的教训。修氏的杰作正是这方面的不可超越的典范。他的著作有《论物体》、《利维坦》、《论人》等等。

"分析心理学"的创立者是谁

分析心理学的创始人是瑞士心理学家、精神分析医师、现代心理学的鼻祖之一——荣格。

荣格1875年7月26日生于瑞士。1902年荣格获得苏黎世大学医学博士学位，1905年任该校精神病学讲师。后来辞职自己开诊所。1911年被推选为国际精神分析学会的第一任主席。后因与弗洛伊德的分歧退出国际精神分析学会，自创分析心理学。1961年去世。

他的分析心理学因集体无意识和心理类型的理论而声名远扬。他把人的精神结构由外而内分为这样几个层次：意识、潜意识、个体无意识、集体无意识。他还是

著名的析梦理论和实践大师。荣格一生解析过据说八万多个梦，可谓前无古人。人称圆梦大师。

《西方的没落》一书是谁的作品

《西方的没落》的作者是德国著名的历史学家和历史哲学家——斯宾格勒。他曾就读于哈雷大学、慕尼黑大学和柏林大学。1904年，斯宾格勒在哈雷大学获得博士学位，之后成为了一名中学教师。一战期间，他完成了《西方的没落》一书。全书分为两卷，第一卷出版于1918年，第二卷出版于1922年。在《西方的没落》中，他把这些文化划分为8种：埃及文化、印度文化、巴比伦文化、中国文化、古典文化（希腊罗马文化）、伊斯兰文化、墨西哥文化和西方文化，另有一个尚未发展完成的俄罗斯文化。除了对现实的深刻理解之外，斯宾格勒学说的最有价值之处在于他对西方传统历史观念的冲击和批判。他否定了欧洲中心论。因此，《西方的没落》也被很多人称为一部未来之书，而斯宾格勒也被称为"西方历史的先知"。

谁被誉为"哲学家们的哲学家"

被誉为"哲学家们的哲学家"的是英国哲学家、数理逻辑学家、语言哲学的奠基人、分析哲学的创始人之一——维特根斯坦。1918年，维特根斯坦完成了他前期的名作《逻辑哲学论》。1929年他获得剑桥大学哲学博士学位，次年成为三一学院研究员。1945年完成了他的后期名作《哲学研究》。1947年辞去教授职务，专心哲学写作。1951年4月29日，维特根斯坦与世长辞。他的临终遗言是："告诉他们我这一生过得

很好!"维特根斯坦的哲学思想可分为前期和后期,前期为逻辑分析哲学、核心是图式说;后期以语言游戏说代替图式说。以语言分析代替了逻辑分析,以日常语言代替了理想语言。他这一时期的哲学对日常语言哲学和科学哲学中的历史主义有较大影响。

谁被誉为"20世纪最伟大的女性思想家"

汉娜·阿伦特

汉娜·阿伦特被誉为"20世纪最伟大的女性思想家"之一。汉娜·阿伦特1905年10月14日生于德国汉诺威一个俄国犹太移民家庭,在柯尼斯堡长大。她后来师从海德格尔和雅斯贝尔斯,1928年获颁海德堡大学哲学博士,纳粹上台后流亡巴黎,二战期间移民美国,长期任教于纽约社会研究学院。随着《人的状况》、《在过去与未来之间》、《论革命》等著作的出版,使她成为20世纪政治思想史上的瞩目人物。1975年12月阿伦特因心脏病突发去世。

西方现代哲学的开创者是谁

尼采(1844—1900年),德国著名哲学家,西方现代哲学的开创者,同时也是卓越的诗人和散文家。他最早开始批判西方现代社会,然而他的学说在他的时代却没有引起人们重视,直到20世纪,才激起深远的调门各异的回声。后来的生命哲学、存在主义、弗洛伊德主义、后现代主义,都以各自的形式回应尼采的哲学思想。尼采的著作对后世的影响无疑是巨大的。他的思想具有一种无比强大的冲击力,它颠覆了西方的基督教道德思想和传统的价值,揭示了在上帝死后人类所必须面临的精神危机。

谁被誉为"美学上的金字塔"

威廉·弗里德里希·黑格尔,1770年出生于一个政府公务员家庭。1788年进入杜宾根神学院学习。1793年毕业后,先后在伯尔尼和法兰克福当了七年的家庭教师。1800年到耶拿,与谢林共同创办《哲学评论》杂志。1807年出版他的第一部著作《精神现象学》。1808至1816年,他在纽伦堡当了八年的中学校长。在此期间完成了《逻辑学》(简称《大逻辑》)。1816年,他被聘为海德堡大学教授。1817年,出版《哲学全书》(其中的逻辑学部分简称小逻辑),完成了他的哲学体系。1818年开始担任柏林大学教授,1821年出版《法哲学原理》。1829年,黑格尔被任命为柏林大学校长和政府代表,1831年死于霍乱。他在柏林大学的讲稿死后被整理为《哲学史讲演录》、《美学讲演录》和《宗教哲学讲演录》。

谁被誉为"悲观主义哲学家"

叔本华是19世纪德国著名的哲学家,现代西方哲学中人本主义的先驱和唯意志主义哲学的创始人。1818年叔本华发表了《作为意志和表象的世界》,从而奠定了他的哲学体系。到1891年,《作为意志和表象的世

西方文明千问

叔本华

界》就已再版了18次。他认为哲学回答的是世界和人类的本质、本源问题,而真正的本质、本源应当从人的内心深处去寻找,这就是人的意志或下意识的生命本能的冲动,或生存(生活)意志。叔本华的哲学思想对后来的生命哲学、存在主义哲学等都产生了重大而深远的影响。因为,叔本华的人生观带有明显的悲观主义色彩,被誉为"悲观主义哲学家"。

谁被称之为"法国的尼采"

被誉为"法国的尼采"的是20世纪极富挑战性和反叛性的法国哲学家和"思想系统的历史学家"——福柯。他生于1926年,1946年进入法国最著名的高等学府巴黎高等师范学校学习哲学,后又研究精神病学。毕业后,福柯离开巴黎到一些不很知名的大学担任教职,又一度离开法国,先后应聘在瑞典和波兰任教。1960年返回巴黎任教。1970年,福柯成为法兰西学院的思想体系史教授。1984年因患艾滋病去世。他的主要著作有《古典时代疯狂史》、《疯癫与文明》等等。他的思想对文学评论及其理论、哲学、批评理论、历史学、科学史、批评教育学和知识社会学都有很大影响。

谁被誉为"存在主义教皇"

他是法国当代著名作家、哲学家、存在主义文学的创始人。他也是优秀的文学家、戏剧家和社会活动家。他就是法国无神论存在主义的主要代表人物——萨特。1905年6月21日生于巴黎。他的主要哲学著作有《想象》、《存在与虚无》等等。他的中篇《恶心》、短篇集《墙》、长篇《自由之路》早已被承认为法国当代文学名著。他的戏剧创作成就高于小说,一生创作9个剧本,其中《苍蝇》、《间隔》等,在法国当代戏剧中占有重要地位。1964年他被授予诺贝尔文学奖金,但萨特没有接受这一奖金,理由是"他谢绝一切来自官方的荣誉"。

谁被誉为"荒诞哲学家"

他是法国小说家、哲学家、戏剧家、评论家。1913年11月7日出生于阿尔及利亚的蒙多维城,他就是加缪。加缪1935年开始从事戏剧活动,曾创办过剧团,写过剧本,当过演员。1942年因发表《局外人》而成名。中篇小说《局外人》不仅是他的成名作,也是荒诞小说的代表作。长篇小说《鼠疫》曾获法国批评奖。1957年加缪获得诺贝尔文学奖。1960年,在一次车祸中不幸身亡。他的小说蕴含着哲学家对人生的严肃思考和艺术家的强烈激情。他的哲学及其文学作品对后期的荒诞派戏剧和新小说影响很大。加缪的思想,其核心就是人道主义,人的尊严问题。

第八章　宗教与文化

什么是犹太教

犹太教是世界三大一神信仰中最早而且最古老的宗教，也是犹太民族的生活方式及信仰。犹太教最重要的教义在于只有一位神即无形并且永恒的上帝。犹太教的经典就是《圣经》。多数犹太人的宗教活动主要在家中进行。它包括每天三次的祈祷即早晨、下午及日落之后。会众的祷告通常在犹太会堂举行。会堂是犹太人祷告与学习的地方。在星期一、星期四、安息日及节日和至圣日会堂的敬拜包括读希伯来文的托辣与先知书。

什么是哭墙

公元前1000年犹太大卫王的儿子所罗门，耗时7载，在耶路撒冷的神庙山（也称圣殿山）上兴建了一座圣殿，作为朝拜犹太教神主耶和华的地方，这就是著名的耶路撒冷第一圣殿。公元前586年，巴比伦军队攻占耶路撒冷，第一圣殿被毁，后来犹太人两度重修圣殿，但在罗马占领时期两次被毁坏殆尽。希律圣殿是公元前37年由希律一世大帝在所罗门建造的第一圣殿的废墟上重建起来的。希律圣殿被古罗马提图斯军团毁于公元70年，此后，犹太人在原来犹太圣殿废墟上用原来圣殿的石头垒起一堵52米长、19米高的大墙，称为"西墙"。许多世纪以来，犹太教徒都到这里来面壁祈祷，每当追忆历史上圣殿被毁情景，便不禁嚎啕大哭一场，哭墙因此而得名。1981年哭墙被列入《世界遗产目录》。

犹太教有哪些节日

安息日对犹太人来说是具有特别意义的圣日。安息日是一个星期的第七天是休息日。犹太人的安息日不是星期天而是从每个星期五的太阳落山开始到次日的同一时刻截止。在这一天犹太人不允许做任何工作专心休息和学习经文。

赎罪日是犹太人一年中最重要的圣日。在新年过后的第10天，犹太人彻底斋戒，停止所有工作，聚集在会堂内祈祷上帝赦免他们在过去的一年中所犯的罪过。在圣经时代，犹太人这一天在圣殿举行献祭仪式，将一头公山羊杀死祭奠上帝，把另一头山羊放逐旷野让它带走犹太人的一切罪孽。这就是所谓"替罪羊"的来历。

哭墙

逾越节通常在阳历的四月，希伯来文的动词的意思是"越过"，就是上帝在领以色列人出埃及前，给埃及人第十个灾难时，灭命的使者在击杀头生的孩子和牲畜时"越过"了门框、门楣上涂了羊血的希伯来人的家庭。

除此之外，犹太教还有纪念上帝在西西奈山授予十诫的七七节以及新年等节日。

犹太教的象征七烛台的每一支各代表什么意思

七支烛台是犹太教的圣物之一，从罗马时代的犹太教第二圣殿时期以来，即成为犹太人的象征。

1948年以色列建国的时候，将七支烛台定为以色列国的国徽。7支灯烛台中间1支略高于两边的6支，它代表安息日；其余6支代表上帝创世的6天。以色列国建立后，认为圣殿烛台给无家可归、受尽磨难的犹太人带来了光明和安慰，还象征和解及光复的希望，是犹太人敬爱上帝的庄严所在。因而确定将7支烛台作为国徽的中心图案。国徽呈盾形，以蓝为底色，白色的7支烛台居盾面中心，两侧各有一株白色橄榄枝。

什么是基督教

基督教是当今世界上传播最广，信徒人数最多的宗教。公元一世纪中叶，基督教产生于地中海沿岸的巴勒斯坦，135年从犹太教中分裂出来成为独立的宗教。392年，基督教成为罗马帝国的国教，并逐渐成为中世纪欧洲封建社会的主要精神支柱。1054年，基督教分裂为罗马公教（天主教）和希腊正教（东正教）。16世纪中叶，公教又发生了宗教改革运动，陆续派生出一些脱离罗马公教的新教派，统称"新教"，在中国称为"耶稣教"。所以，基督教是天主教、东正教和新教三大教派的总称。基督教的创始人是耶稣。基督教的经典是《圣经》。基督教的教义可归纳为两个字——"博爱"。基督教主要节日有圣诞节、受难节、复活节、升天节、诸圣日（万圣节）等，天主教和东正教还有圣神降临节、圣母升天节、命名日等节日。

什么是天主教

天主教是基督教三大派别之一。天主教因其中心在罗马，又称罗马公教。目前天主教会也是所有基督宗教的教会中最为庞大的教会。基督教是由耶稣在巴勒斯坦创立的。1054年，东西两派基督教会分裂。东派教会自称正教，西派教会自称公教，也就是天主教。天主教信奉天主和耶稣基督，并尊玛丽亚为圣母。教义统一，基本教义信条有天主存在；天主永恒、无限、全知、全能、全善，他创造世界和人类，并赏善罚恶；圣父、圣子、圣神三位一体、道成肉身、圣子受难，复活升天，末日审判等。天主教把耶稣的诞生、死亡、复活、升天、圣母的升天都定为节日，记于专门的教历之上，每逢这些节日要举行的弥撒为主的仪式。又设有圣洗、坚振、圣体、终傅、告解、神品、婚配七项圣事。

什么是东正教

东正教是基督教其中的一个派别，主

第八章　宗教与文化

要是指依循由东罗马帝国所流传下来的基督教传统的教会，它是与天主教、基督新教并立的基督教三大派别之一。"仪式"在东正教中，占重要的位置。在弥撒中使用发酵面饼，受洗者要浸入水中3次，涂油礼时额、眼、鼻、嘴、耳、胸、手足均要涂油，其余圣事与天主教相同。强调礼仪的神秘气氛。教堂陈设布置庄严华丽，宗教服饰引人注目。东正教节日繁多，除耶稣诞生、受难、复活、升天等节日外，还有圣母圣诞瞻礼、圣母献堂瞻礼、圣母行法瞻礼、圣母领报瞻礼、圣母升天瞻礼等及许多斋期。

基督教的灵魂人物是谁

耶稣是基督教里的核心人物，是基督教信仰的救世主，基督教的创始人。在基督教里被认为是犹太旧约里所指的救世主（弥赛亚）。根据《新约》四福音书的记载，耶稣是上帝之子，由童贞女玛丽亚受圣灵感孕，生于伯利恒城客店的马厩之中。耶稣成年后从施洗约翰受洗，并经受了40天的考验，后开始在犹太各地和巴勒斯坦的加利利传教。他率领其12个门徒一方面宣传天国将临、悔改得救的福音，一方面治病救人，扶危助困。在逾越节前夕，被其门徒之一犹大所出卖，以"诱惑国民"和"僭称犹太人之王"的罪名，被钉死在十字架上。死后第三日复活，并显现于众门徒中，第40日升天。

什么是《旧约全书》

《旧约全书》大部分是以希伯来文写成的。《旧约全书》共39卷，编纂的体例是分为经律、历史、诗文、先知4部分。"旧约"之所以称为"约"，来源于耶和华击杀埃及人拯救以色列人脱离埃及法老之时与以色列人立的约。当然这"约"就是以门楣上刷的"羊血"为立约的证据，而且以此来立约说，凡是门楣与门框上有羊血的都是以色列民——神的选民，都是耶和华要留下的对象。凡是埃及的人与牲畜都不是耶和华拯救的对象，将其所有的长子与初生的牛羊都击杀。整个旧约圣经除未立约以前的《创世纪》以外，其余的书主要记载立约以后（造物主）在以色列民中间作的工作。因耶和华与以色列民立的约，在律法时代记载的书就称为《旧约》，是以耶和华与以色列民立的约来命名的。

什么是《新约全书》

基督教圣经分为旧约和新约两大部分。新旧约是以耶稣出生为界限的由福音书（马太福音、马可福音、路加福音、约翰福音）、使徒行传、使徒书信和启示录组成。新约与旧约恰成对比，就是指摩西之约；因为旧的约不能在人的心里产生公义。《新约全书》的数量比较一致，都有27卷。《新约圣经》正典书目，于公元397年举行的迦太基会议正式确定。其原本已失传，现所发现的最早抄本残片约为公元2世纪时所抄。目前保存的最早希腊文《圣经》抄本为4~5世纪的抄本。

基督教的戒律是什么

基督信仰宗教的主要戒律是摩西十戒。这十戒是摩西在引领以色列民出埃及时，从主处求得的戒律，以约束以色列民。以后，这十戒也成为所有基督信仰宗教的基本戒律。第一条："我是耶和华——你的上帝，曾将你从埃及地为奴之家领出来，除了我之外，你不可有别的神。"第二条："不可为自己雕刻偶像，也不可做什么形象仿佛上天、下地，和地底下、水中的百物。不可跪拜那些像，也不可事奉它，因为我耶和华——你的上帝是忌邪的上帝。恨我的，我必追讨他的罪，自父及子，直到三四代；爱我、守我戒命的，我必向他们发慈爱，直到千代。"第三条："不可妄称耶和华——你上帝的名；因为妄称耶和华名的，耶和华必不以他为无罪。"第四条："当记念安息日，守为圣日。六日要劳碌做你的工，但第七日是向耶和华——你上帝当守的安息日。这一日你和你的儿女、仆婢、牲畜，并你城里寄居的客旅，无论何工都不可做；因为六日之内，耶和华造天、地、海，和其中的万物，第七日便安息，所以耶和华赐福与安息日，定为圣日。"第五条："当孝敬父母，使你的日子在耶和华——你上帝所赐你的土地上得以长久。"第六条："不可杀人。"第七条："不可奸淫。"第八条："不可偷盗。"第九条："不可做假见证陷害人。"第十条："不可贪恋人的房屋；也不可贪恋人的妻子、仆婢、牛驴，并他一切所有的。"

什么是伊甸园

伊甸园是《圣经》故事中人类的始祖亚当和夏娃居住的乐园。根据《旧约·创世纪》记载，上帝耶和华照自己的形像造了人类的祖先，男的称亚当，女的称夏娃，安置第一对男女住在伊甸园中。伊甸园在《圣经》的原文中含有乐园的意思。圣经记载伊甸园在东方，有四条河从伊甸流出滋润园子。这四条河分别是幼发拉底河、底格里斯河、基训河和比逊河。

为什么摩西带领犹太人出埃及

以色列人出埃及以前，在埃及经受长期的奴役与迫害。以色列的后代在歌珊至少生活了400年。他们在那里日子过得很红火，人丁兴旺，子孙绵绵。到了大约公元前15世纪，埃及有一位新法老登上了王位。这位法老对希伯来人生养众多、繁荣强盛深为不安。法老为了让以色列人衰弱，让他们去做苦工。法老王又下令所有以色列男人都必须在出生的时候被丢弃或杀死。摩西就是在这种环境下被巧妙的保护着存活下来，他为了保护同胞杀死了埃及监工，摩西在沙漠逃亡了40多年，并历经磨难成长为一名真正的男子汉，他遇见了上帝耶和华，耶和华授予了他可展示于世人的神力，并告知以色列人让他们从埃及离开去迦南是上帝的意志，以色列人都相信了摩西。以色列人从埃及的兰塞出发，历经一路辗转和战斗，来到了上帝应许之地——迦南。

耶稣十二门徒分别是谁

耶稣的十二门徒在《圣经》里记载了四次，分别是：西门彼得、安得烈、雅各、约翰、腓力、巴多罗买、多马、马太、亚勒腓的儿子雅各、达太、奋锐党的西门及卖主的犹大。为什么耶稣不选十个人而要选十二个呢？因为"十二"这个数目有一连串的意义。旧约有以色列的十二支派；将来的新耶路撒冷有十二个门，门上有十二位天使，门上又写着以色列十二个支派的名字；城墙有十二根基，根基上有羔羊十二使徒的名字。

第八章　宗教与文化

这些足够说明主耶稣选召十二个门徒不是偶然的一个数目。

谁出卖了耶稣

在庆祝逾越节的前夜，耶稣和他的十二门徒坐在餐桌旁，共进庆祝逾越节的一顿晚餐。餐桌上一共有十三个人，这是他们在一起吃的最后一顿晚餐。在餐桌上，耶稣告诉他的门徒们，他们其中的一个将出卖他。但是，耶稣没有说出谁出卖了他。这个人就是犹大。犹大为了30块银元将耶稣出卖。耶稣被钉死后，犹大因悔恨而自杀。后来，犹大成为叛变者的代名词。

什么是诺亚方舟

诺亚方舟出自圣经《创世纪》和亚伯拉罕诸教中。由于偷吃禁果，亚当夏娃被逐出伊甸园。此后，该隐诛弟，揭开了人类互相残杀的序幕。人世间充满着强暴、仇恨和嫉妒，只有诺亚是个义人。上帝看到人类的种种罪恶，愤怒万分，决定用洪水毁灭这个已经败坏的世界，只给诺亚留下有限的生灵。诺亚花了整整120年时间终于造成了方舟，并听从上帝的话，把全家和各种成对的飞禽走兽带进方舟。7天后，洪水自天而降，一连下了40个昼夜，人群和动植物全部陷入没顶之灾。除诺亚一家人以外，亚当和夏娃的其他后代都被洪水吞没了，连世界上最高的山峰低于水面7米。后来，诺亚把鸽子放出去，黄昏时分，鸽子嘴里衔着橄榄叶回来。诺亚由此判断，地上的水已经消退。后来人们就用鸽子和橄榄枝来象征和平。

被誉为"三大宗教的圣城"是哪座城市

耶路撒冷

耶路撒冷被誉为三大宗教的圣城，这三大宗教分别是犹太教、基督教和伊斯兰教。城圈面积约1平方公里，划为4个区。东部为穆斯林区；西北部为基督教区；西南部为亚美尼亚区；南部为犹太教区。城西南面的锡安山为犹太教又一重要圣地；城东的橄榄山有基督教与犹太教圣地。自从公元前10世纪，所罗门圣殿在耶路撒冷建成，耶路撒冷一直是犹太教信仰的中心和最神圣的城市。耶路撒冷长期以来是巴勒斯坦人和以色列人聚居的城市。

什么是圣礼

圣礼或圣事是基督教传达神圣恩典的仪式。传统圣礼是指：洗礼，目的是为了洗去原罪；坚信礼，将生灵完全赐予受礼者；圣餐，当信徒领受圣餐时，他们乃是直接领受耶稣的身体及血；神职授任礼，能消除许多罪过，使人执行圣职，仍然能够将天父赐予的恩宠普及其他信徒；忏悔礼，即告解，信徒在神职人员面前忏悔自己的罪过，以求得上帝宽恕，并得到神职人员的信仰辅导；膏油礼，可以消除各种可以宽恕的和致命的罪过；婚礼指男女双方结合所行之礼，神父亦为见证。这些圣礼多数从使徒时期就被使用，但婚姻圣礼直到中世纪才被承认。

什么是圣杯

在《新约》中"圣杯"只译作"杯"，相传系耶稣被钉于十字架前，曾和门徒最后聚餐时所用绿柱玉琢制的酒杯，亚利马人的约瑟接受和保护了这只杯子，并用其承接了耶稣基督在十字架上所流出的宝血。因此，圣杯是基督的象征，也是基督教话语中所说的生命的象征。传说中，如果能找到这个圣杯而喝下其盛过的水就将返老还童并且永生。

什么是原罪

"原罪"一词来自基督教的传说，它是指人类生而俱来的、洗脱不掉的"罪行"。基督教重要教义之一。人类的始祖亚当和夏娃在伊甸园中，因受了蛇的诱惑，违背上帝命令，吃了禁果，这一罪过成了整个人类的原始罪过，故名。基督教并认为此罪一直传至所有后代，为此需要基督的救赎。亦喻指与生俱来的罪过。"原罪"是基督教教义、神学的根本，因为有了"原罪"，才需要"救赎"，才需要"救世主"，才产生了基督教。基督教认为否定了"原罪"，就否定了基督的"救赎"，基督教就没有存在的必要了。

什么是做礼拜

基督教的礼拜（天主教，东正教称弥撒，新教称礼拜）是基督徒每周日在教堂进行的宗教活动的称呼。主要的含义是赞美耶稣、祈祷、悔过自己的罪。从周一至周六教堂聚会的活动时间、内容和主题虽然各个教堂都不固定，但是主日礼拜是必不可少而且仪式相同的。基督教"礼拜"的主要内容有祈祷、唱赞美诗、唱诗班献唱，读经、讲道、启应和祝福等。牧师的讲道，在礼拜的内容中占重要的时间。一般礼拜堂都设有讲台，位置在教堂前端的中央或前端的一旁，而且为能使会众更容易看见，讲台都是设置于高台之上。教堂这种布置象征着上帝话语的重要，显示了基督教对讲道的重视，也是基督教教堂最具象征作用的。唱诗班在礼拜中也很重要。他们主要负责以歌唱带领会众崇拜主，是整个崇拜的表率。赞美诗一般都谱有高音、中音、次中音和低音四部，可供四部合唱之用。其内容多是根据圣经和基督徒的灵性经验写出来的赞美诗歌，表达对上帝和耶稣的称颂、感谢及祈求等。

"天使"是怎么来的呢

在希伯来文中，"天使"的意思是"使者"。在犹太教伊斯兰教和基督教中对天使的概念十分相近，它们是侍奉神的灵。神差遣它们来帮助需要拯救的人，传达神的意旨，是神在地上的代言人。天使的外形是人形(即是神的形状)会在身上发出光辉，头顶上方有光环，背后长有翅膀。犹太人将天使分为10类：圣者、快司、强者、火焰、火花、神使、王公、王子、影像、生灵。"圣者"指完全服从上帝意旨而成圣。"快司"在圣经中称"车辇"，显示他们有快速行进的本领。"强者"相当于《圣经》中的"万军"或"天军"。"火花"在圣经中称"星辰"，指数目之

多，又指如星星一样明亮。"神使"相当于《圣经》中的"守望圣者"，表明他的责任，是世人的监督者。"王子"在《圣经》中称"神的儿子"。"生灵"相当于《圣经》中的"仆役"。

"撒旦"代表什么意思

在希伯来文中，"撒旦"的意思是"敌对者"，是"魔鬼"的别名。《圣经》中，撒旦是堕天使，他曾经是上帝座前的六翼天使，负责在人间放置诱惑，后来堕落成为魔鬼。撒旦被看作是与光明力量相对的邪恶、黑暗之源。自创世起一直到最终审判始终与代表善和、喜与乐的上帝处于不停息的斗争之中。

基督徒胸前划十字的顺序是什么

划十字是基督教教徒所做的一种动作，以纪念基督在十字架上为救世人而受难。在洗礼和坚振礼中，神父或主教就把划十字作为向受礼者祝福的一部分。在崇拜仪式中，神父祝福时，也在自己前面划十字。教徒在进入教堂和某些礼拜仪式中，通常也划十字。传统的划十字方法是，用右手从额头到胸部，然后从一个肩膀到另一个肩膀，最后回到胸部。在西方，是从左肩划到右肩，在东方则是从右到左。在做祈祷时，基督教徒要用手在胸前划十字。东正教和天主教划十字的方式不同：东正教在改革以前是用两个手指划十字，现在则用三个手指（拇指、食指和中指，在胸前自右向左、自下向上划十字；天主教徒是用整个手掌在胸前自左向右、自上向下划十字。新教教徒一般不划十字。

什么是"弥撒"

"弥撒"的意思就是一种圣祭，祭献的意思。耶稣受难时被钉在十字架上，做弥撒就等于是重新祭献耶稣，把耶稣祭献给天主的这样一种仪式。弥撒分两个部分，一个是宣读圣经、讲道，二是祭献。内容有不同，有庆礼的，有追思的。弥撒圣祭是天主教最崇高之祭礼，基督的圣体圣血在祭坛上经由祝圣而成为真正的祭祀，乃十字架祭祀的重演，指的是基督教纪念耶稣牺牲的宗教仪式。

根据基督教《新约》记载，耶稣在传教3年后，预知自己会被捕受尽酷刑而死，因此在纪念逾越节的晚上和门徒共进最后的晚餐。耶稣牺牲后，门徒常聚在一起重温耶稣的教诲和举行分饼仪式，后来这两部分成为完整的祭献礼仪。弥撒中，教友透过聆听圣道及参加圣祭，亲身参与耶稣基督自我奉献于天主圣父的大礼。教会初期称为分饼，西方教会604年后始称弥撒。在教会中，只有神父、主教才可以主持弥撒。

"阿门"是什么意思

"阿门"在希伯来语中的意思是"但愿如此实实在在的"，也是犹太教、基督宗教和伊斯兰教的宗教用语，在礼拜和祷告时表示同意或肯定的意思。在旧约，当人民领受王的命令的时候，说"阿门"表示遵命；当人民受警戒的时候，说"阿门"表示领受；当百姓听先知说预言时，说"阿门"表示诚心所愿。"阿门"一词在《圣经》中最早出现在《民数记》第5

章第22节。"阿门"的使用很广,可以用来表示对法规、命令、誓约、祈求、祝愿、许诺或咒诅、斥责的同意,可以作赞颂词的结束词,也可以用作宗教礼仪的闭幕词,最普通的是用作祈祷的结束词。

什么是教皇

教皇也称作"教宗",最初本为古代天主教对其神职人员的一般尊称。天主教成为罗马帝国国教后,罗马、君士坦丁堡、亚历山大里亚、安提阿和耶路撒冷五地的主教均用此称谓来表示其宗主教之衔,而罗马主教认为此衔仅指西部教会的领袖。西罗马帝国灭亡后,罗马主教成为西方教会中的最高首领。按照天主教会的传统说法,耶稣基督的第一个门徒伯多禄乃众门徒之首,他于传教过程中去罗马担任了罗马教会的第一任主教。从此,罗马主教均为伯多禄的继位人,其地位因而也在其他主教之上。这便是"教皇制"的由来。所以,"教皇"的全称为"罗马教区主教、罗马教省都主教、西部宗主教、梵蒂冈君主、教皇",亦称"宗徒伯多禄的继位人"、"基督在世的代表"等。除了他的宗教职务之外,教皇也是拥有独立主权的梵蒂冈的国家元首。

什么是主教

主教是天主教、东正教的高级神职人员。职位在神父之上,通常是一个地区教会的首领。主教由教宗任命。依据初期教会的传统,祝圣主教代表授予圣职圣事的圆满性。主教即是藉著圣神被祝圣为教会中的牧人及管理者,也是教义的导师及圣职敬礼的司祭。在一般基督教主流教会,指耶稣基督派遣宗徒继续实行他的使命,到了第一世纪末、第二世纪初就形成了主教的制度。主教包括:辅理主教,指没有继承权而辅佐教区主教的主教;助理主教,指有继承权而辅佐教区主教的主教。

什么是牧师

牧师是在一般基督新教的教会中专职负责带领及照顾其他基督徒的人。"牧师"的称谓源自耶稣——基督教的源头——称他自己为"好牧人"并说"好牧人为羊舍命",耶稣说这话时是在预言他将被钉十架,预言他的死是为了拯救人类这群迷失的羔羊。耶稣呼唤彼得跟随他的时候就延续了这个"牧人"比喻。故此,"牧师"一称可以理解为:跟随主耶稣的、受主的呼召教牧会众的主真理的仆人。治疗和支持毫无疑问是牧师的主要职责。带着对他们信念的忠诚,牧师治疗并保卫着他的同伴们。牧师与天主教中神父的不同在于牧师可以结婚,女性亦可以成为牧师。在三级圣品制里,牧师上一级是主教,低一级是会吏。

什么是神父

神父通常是一个教堂的负责人。神父除了要主持弥撒及婚礼外,为垂危者祷告、告解甚至驱魔也是神父的职务。神父即神甫,司祭、司铎的尊称。介于主教与助祭之间,属七级神品,是罗马天主教和东正教的宗教职位。千百年来只有男修士才可担当此职位。天主教的神父终身不可结婚,而东正教的神父可以在晋铎前结婚,但主教只能在独身者中挑选。神父是天主教神职,天主教认

第八章 宗教与文化

为人只有向神父忏悔才能将罪借着神父传递给主耶稣,这是违背圣经教训的。圣经告诉我们只要奉耶稣基督的名,我们的祷告就会被神悦纳。神父有两种:服务教区的和属于修会的。

什么是修士、修女

修士、修女是基督教修道主义下的产物,天主教和东正教有,马丁路德改教之后取消了修院,新教就没有修士和修女了。

修士又译作僧侣,专指基督教修院制度形成后进入修道院修行的人。他们要发誓绝色绝财绝意,终身不娶,侍奉上帝,每日生活在修道院中,学习和劳动。很多修道院有苦修的传统,修士们常常禁食,晚上睡在冰冷的地面上,以此来赎罪。严格的修院制度还禁止修士们出门接触外界,甚至连修士之间的言谈也被禁止。

修女是天主教中离家进修会的女教徒,通常须发三愿(即"绝财"、"绝色"、"绝意"),从事祈祷和协助神甫进行传教。修女要经过初愿、复愿和终身愿三个阶段。

什么是修道院

修道院为天主教培训神父的学院,又译神学院。简称修院,分为备修院、小修院、大修院3种。修道院始于2~3世纪,分男与女修院,按天主教法典的规定,须由教皇和主教批准,至少有修士12人方可成立。世界上第一座修道院是修建于996年的潘诺恩哈尔姆千年修道院。当时的修道院一如罗马教会,享有对外接受捐献的权利,随着土地捐献的增加,修道院也变得越加富裕。不同的修道院各自订定明规,以达到不同的目的。部分修士会恪守戒律,若干受过训练的传教士会被派到荒野之中,有些会在教会的教条上对教皇作出建议,有些则提供重要的社会服务,例如照顾老者、医疗照护和救急扶危。

什么是"方济各会"

方济各会,也译称为方济会,是天主教托钵修会派别之一。1209年由意大利人方济各得教皇批准创立。1517年教皇利奥十世、1897年教皇利奥十三世、1909年教皇庇护十世等对该会进行了统一整顿、改组,至今自称为方济各会的仍有住院会、利奥会和嘉布遣会等三个小兄弟会。方济各会初期规定会内不置恒产,会士托钵乞食为生。但后来却积累了大量产业,并分化成数派。有的主张严守原定会规;有的则主张应随时代的发展而改变会规。会士间互称小兄弟,故又名"小兄弟会"。其会士着灰色会服,故亦称"灰衣修士"。方济会效忠教宗,重视学术研究和文化教育事业,反对异端,为传扬福音而到处游方。

什么是巴别塔

"巴别塔"之名来自犹太教和基督教经典《圣经》的《旧约·创世记》第11章第1—9节。据记载,人类当时有共同语言,并且一起居住在与幼发拉底河相距不远的示拿之地。人们利用河谷的资源,在那里建筑城和塔,为了聚集全体的人类以及展示人类的力量。上帝降临视察,认为人类过于自信和团结,一旦完成计划将能为所欲为,便决定变乱人们的口音和语

西方文明千问

巴别塔

言，使他们分散各地，停止建造高塔，通天塔自然坍塌，计划因此失败，人类自此各散东西。所谓"巴别"，就是变乱的意思。现代人生哲学认为，"巴别塔"是一个寓意无限丰富的伟大寓言，它是古希伯来民族伟大智慧的凝结。

什么是伊斯兰教

伊斯兰教与佛教、基督教并称为世界三大宗教。中国旧称大食教、清真教、回教等。其宗教徒称为"穆斯林"，意为顺服安拉意志的人。伊斯兰教创建于公元7世纪初，创始人为穆罕默德。穆罕默德是一位宗教家、思想家、政治家和军事家。生于阿拉伯半岛麦加，40岁时在麦加宣布自己受到天启，被安拉选为使者，受命传播一种新的宗教——伊斯兰教。公元622年，由于遭到贵族的反对和迫害，他从麦加迁到麦地那，继续传教。并建立起了政教合一的宗教公社组织。公元630年，他亲自率领万人组成的穆斯林大军攻克麦加城，并以麦地那为中心，统一了阿拉伯半岛，建立了政教合一的国家。公元632年6月8日，穆罕默德于麦地那逝世，葬于麦地那大清真寺的陵园中。伊斯兰教分为逊尼和什叶两大派系。

什么是《古兰经》

《古兰经》，意为"诵读"，是伊斯兰教的最高经典。《古兰经》是穆罕默德在610—632年的传教活动中，根据宗教和政治的需要，以奉真主颁降的名义，陆续发表的有关宗教和社会主张的言论的汇编。《古兰经》共计114章，6236节。《古兰经》内容相当广泛，包括伊斯兰教基本信仰、宗教制度、对社会状况分析、社会主张、道德伦理规范、早期制定的各项政策、穆罕默德及其传教活动、当时流行的历史传说和寓言、神话、谚语等。在伊斯兰教国家，《古兰经》中不少的规定已成为人们日常生活中约定俗成的法则。穆斯林信仰《古兰经》是真主的语言，是真主授给穆罕默德的启示。总之，《古兰经》是伊斯兰教的基础，是伊斯兰教的一切精神问题和伦理问题的最后根据。

伊斯兰教的圣地位于哪里

伊斯兰教的圣地位于沙特阿拉伯的麦加，是伊斯兰教最著名的圣地。据说，公元610年穆罕默德在城郊希拉山洞受到安拉的启示，在麦加开始了一生中传播伊斯兰教的活动，后来迁徙麦地那。公元630年穆罕默德率众返回麦加，清逐麦加天房中的一切偶像，遂成为全世界穆斯林朝觐的圣地，建有一座能容纳50万人作礼拜的清真大寺。每逢朝觐季节，世界各地的穆斯林来麦加朝觐，最多曾达250万人以上。

伊斯兰教的主要节日有哪些

开斋节，亦称"肉孜节"，意为"斋戒"，时间在伊斯兰教历10月1日。教法规定，教历9月斋戒一月，斋月最后一天寻看新月，见月的次日开斋，即为开斋节，并举行会礼和庆祝活动。宰牲节，又称"古尔邦"节，时在伊斯兰教教历12月10日，即朝觐者在麦加活动的最后一天。伊斯兰教规定这天为"宰牲节"。穆斯林每逢这一节日，也是沐浴盛装，到各清真寺举行会礼，互相拜会，宰杀牛、羊、骆驼，除了自食以外，互相馈赠，或送给清真寺，以示纪念。圣纪是穆罕默德的诞生日，圣忌是穆罕默德的逝世日。盖得尔夜，也称"平安之夜"，教历9月27日夜。

阿訇和教长是什么称谓

阿訇是伊斯兰教教职称谓，波斯语的音译，原为伊斯兰学者、宗教家和教师之意。凡在清真寺里学习多年而经学水平和道德操守都合格的人，经举行"挂帐"或"穿衣"仪式（毕业）后，即可受聘到清真寺任职，称为开学阿訇。教长是中国通用汉语的穆斯林对担任清真寺内讲经传教、主持宗教仪式职务的阿訇的称谓。

什么是"哈里发"

哈里发是伊斯兰教职称谓，原意为"代理人"或"继位人"。穆罕默德及其以前的众先知即被认为是安拉在大地上的代理人、代治者。因此，哈里发是伊斯兰教和伊斯兰教国家领袖的称号。公元632年穆罕默德逝世后，阿布·伯克尔被选为继承者，即"安拉的使者的继承者"简称哈里发。阿布·伯克尔及其继任者欧麦尔、奥斯曼和阿里，史称"四大正统哈里发"。后来一些地方王朝的统治者也用此称号。1517年奥斯曼帝国征服埃及，掳走哈里发。后土耳其苏丹又兼哈里发，成为伊斯兰教最高领袖。1924年为土耳其共和国宣布废除。

世界主要有哪几大人种

人种是根据体质上可遗传的性状而划分的人群。通常根据肤色、发形等体质特征把全世界的人划分为4个人种：蒙古利亚人或称黄种人，肤色黄、头发直、脸扁平、鼻扁、鼻孔宽大；高加索人或称白种人。皮肤白、鼻子高而狭，眼睛颜色和头发类型多种多样；尼格罗人或称黑种人，皮肤黑、嘴唇厚、鼻子宽、头发卷曲；澳大利亚人或称棕种人，皮肤棕色或巧克力色，头发棕黑色而卷曲，鼻宽，胡须及体毛发达。

万国邮政联盟成立于什么时候

各国政府间商定邮政事务的国际组织，简称万国邮联。其宗旨是组织和改善国际邮政业务，发展邮政方面的国际合作，给予会员国可能的邮政技术援助。1874年9月15日—10月9日，德国、法国、英国、罗马尼亚、瑞士、美国等22个国家在瑞士伯尔尼举行全权代表大会，签署了第一个国际性邮政公约——《伯尔尼条约》，成立邮政总联盟。1878年5月，邮政总联盟第二届代表大会修订了《伯尔尼条约》，改其名为《万国邮政公约》，并改邮政总联盟为万国邮政联盟。总部设在伯尔尼。1947年7月4日，万国邮联与联合国签订协定，成为联合国的专门机构。

什么是法老

法老是古埃及国王的尊称,也是一个神秘的名字,它是埃及语的希伯来文音译,其象形文字写作,意为大房屋,在古王国时代(约前2686—前2181年)仅指王宫,并不涉及国王本身。新王国第十八王朝图特摩斯三世起,开始用于国王自身,并逐渐演变成对国王的一种尊称。第二十二王朝(前945—前730年)以后,成为国王的正式头衔。习惯上把古埃及的国王通称为法老。法老作为奴隶制专制君主,掌握全国的军政、司法、宗教大权,其意志就是法律,是古埃及的最高统治者。法老自称是太阳神阿蒙·赖神之子,是神在地上的代理人和化身。

什么是木乃伊

木乃伊,即干尸。古代埃及人用防腐的香料殓藏尸体,年久干瘪,即形成木乃伊。原来的意思是沥青,指一种干枯不腐烂的尸体。古埃及人笃信人死后,其灵魂不会消亡,仍会依附在尸体或雕像上,所以,法老王等死后,均制成木乃伊,作为对死者永生的企盼和深切的缅怀。在埃及发现的木乃伊的数量最多,时间最早,技术也最复杂。

为什么称希波克拉底为"医学之父"

公元前430年,雅典发生了可怕的瘟疫,许多人突然发烧、呕吐、腹泻、抽筋、身上长满脓疮、皮肤严重溃烂。患病的人接二连三地死去。没过几日,雅典城中便随处可见来不及掩埋的尸首。对这种索命的疾病,人们唯恐避之不及。但此时希腊北边马其顿王国的一位御医,却冒着生命危险前往雅典救治病人。他一面调查疫情,一面探寻病因及解救方法。不久,他发现全城只有一种人没有染上瘟疫,那就是每天和火打交道的铁匠。他由此设想,或许火可以防疫,于是在全城各处燃起火堆来扑灭瘟疫。这位医生就是被西方人尊为"医学之父"的古希腊著名医生、欧洲医学奠基人希波克拉底。

什么是黑死病

黑死病是人类历史上最严重的瘟疫之一。黑死病的一种症状,就是患者的皮肤上会出现许多黑斑,所以这种特殊瘟疫被人们叫做"黑死病"。对于那些感染上该病的患者来说,痛苦地死去几乎是无法避免的,没有任何治愈的可能。该病起源于亚洲西南部,约在1340年代散布到欧洲,而"黑死病"之名是当时欧洲的称呼。从1348年到1352年,它把欧洲变成了死亡陷阱,这条毁灭之路断送了欧洲三分之一的人口,总计约2500万人!在以后的300年间,黑死病不断造访欧洲和亚洲的城镇,威胁着那些劫后余生的人们。尽管准确统计欧洲的死亡数字已经不可能,但是许多城镇留下的记录却见证了惊人的损失:1467年,俄罗斯死亡127000人,1348年德国编年史学家吕贝克记载死亡了90000人,最高一天的死亡数字高达1500人!在维也纳,每天都有500-700人因此丧命,根据俄罗斯摩棱斯克的记载,1386年只有5人幸存!650年前,黑死病在整个欧洲蔓延,这是欧洲历史上最为恐怖的瘟疫。欧洲文学史上最重要的人物之一，意大利文艺复兴时期人文主义的先驱薄伽丘在1348—1353年写成的《十日谈》就是瘟疫题材的巨著。

什么是"公爵"

早在古罗马帝国时期，欧洲大陆的公爵称号通常授予守疆拓土、军功卓著的高级指挥官，以后因重大政治变化而中断。几百年后，公爵爵位又见于德国。大约在公元970年，德国皇帝奥托一世初设公爵爵位。不久法国和欧洲大陆其他地区也建立了公国（即大公国）。在英国，公爵是仅次于国王或亲王的最高级贵族，与作为一国之主的欧洲大陆的"大公爵"（即大公）有所不同。所谓公爵，乃是贵族群体的顶端，且多是守疆拓土、军功显赫的统帅。正规场合公爵也穿深红色的丝绒外套，帽子上镶四条貂皮。其冠冕上有一个金环，上饰8枚红色金叶片。国王则称公爵为"我们真正可信和最为敬爱的伙伴"。

什么是"侯爵"

在英格兰，拉丁语"侯爵"一词最初指威尔士边疆的领主。那时只说明他们领地的位置靠近边界，并不说明其地位高于伯爵。1397年，萨默塞特伯爵约翰被封为多西特侯爵和萨默塞特侯爵。侯爵的地位和尊荣程度不甚明确，大约在公爵和伯爵之间，一段时期内不被看重。亨利六世在位期间，约翰·德·比奥福特被国王免去侯爵爵位，下院为此向国王请愿，要求恢复比奥福特的爵位。到了15世纪，这级爵号稳定地保持了它在贵族爵位中的第二

第八章 宗教与文化

级地位以后，才被贵族们所看重。与其他4个等级的贵族相比，侯爵的数目一向最少。在重大场合，侯爵也穿红色丝绒外套，帽子上镶有三行半貂皮，冠冕上装一银环，带有四片金叶和四个银球。国王对他的称呼一如对待公爵。

什么是"伯爵""子爵""男爵"

伯爵在罗马帝国时，伯爵是皇帝的侍从，掌管军、民、财政大权，有时也出任地方官吏，封建制度强化后，伯爵可割据一方，成为世袭的大封建领主。后来，其地位渐次低落，介于侯爵与子爵之间，为贵族的第三等级。在英国，伯爵之衔历史最久，在1237年黑王子爱德华被封为公爵之前，它是英国最高的爵位。这一爵名，来源于斯堪的纳维亚半岛的丹麦。

上院贵族中数子爵资格最浅。子爵称号源于法国，最早是由国王查理曼于八世纪时封的，后来传到欧洲其他大陆国家。起初，子爵是伯爵的副手，后来独立存在，也可世袭。子爵爵位到十五世纪才传入英国，博蒙德·约翰于1440年第一个被封为英国子爵，其地位在男爵之上。

子爵帽子上有两行半貂皮，冠冕上加一银环，饰有6个银球。

男爵是贵族爵位中最低的一级。在十一至十二世纪时，它是欧洲君主国国王或大封建主的直接附庸。在英语中，"男爵"一词，是诺曼人在征服欧洲大陆时引进来的，本义为"只不过是普通的人"，后来演变为"强有力的人"。当时，英国的那些直接从国王那儿得到土地的大佃主，概可称为男爵，但这并非由国王分封。到了1387年理查二世封约翰·比彻姆为男爵后，男爵才成

191

西方文明千问

为英国贵族的正式爵位。

什么是"亲王"

亲王是一种爵位或尊贵称号。在欧洲，通常指享有统治权者，或指皇室成员，但有时也指较低级的贵族。15世纪法国正式采用亲王称号，享此称号的皇族成员拥有特别的权利。德意志在10~12世纪出现一个新的王公(即亲王)阶级，包括直接隶属德意志国王和帝国明确划定封地的人；12世纪80年代起形成的这个王公等级，包括公爵，有王权的伯爵，边境侯爵、伯爵、大主教、主教和某些隐修院院长和军事宗教团的首领。19~20世纪，普鲁士王国曾以亲王作为授予的单纯是荣誉的称号。在英国，现今国王伊丽莎白二世的丈夫菲利普(爱丁堡公爵)在1957年被封为大不列颠和北爱尔兰亲王。

什么是"骑士"

骑士是欧洲中世纪时受过正式的军事训练的骑兵，后来演变为一种荣誉称号用于表示一个社会阶层。骑士的身份往往并不是继承而来的，骑士属于贵族的最底层。中世纪时，骑士在领主军队中服役并获得封地。它属于贵族阶级的最低层，通常只拥有一小块封地。在欧洲中古时代纷乱的局势中，国王和贵族都需要一些在战争上具有压倒性优势的兵种，为此他们会悉心培育一些年轻人，使之成为骑士。

什么"骑士七技"

骑士教育是中世纪西欧等级制度的产物是随着盛行于12世纪的骑士制度兴盛起来的，是一种特殊的家庭教育形式，是在骑士生活和社交活动中进行的，其主要目标是培养英勇善战、忠君敬主的骑士。

学习内容有初步的宗教知识、道德教育以及一些身体的养护和锻炼基本知识和技艺，重点是学习"骑士七艺"，即骑马、游泳、投枪、击剑、打猎、弈棋和吟诗。同时要侍奉领主和主妇，战时要随主人出征。年满21岁通过授职典礼并授予骑士序号。

什么是地理大发现

地理大发现是指15—18世纪（又称大航海时代，即新航路的开辟），欧洲航海者开辟新航路和"发现"新大陆的通称，它是地理学发展史中的重大事件。促进了资本主义的发展。而且地理大发现促进了科学技术的进步。由于航海需要解决许多实际问题，天文学、数学得到了很大的发展。到17世纪，科学的中心已从中世纪商业繁荣和文艺复兴的文化中心德国和意大利北部，转移到受地理大发现好处的大西洋沿岸地区，如法国、荷兰和英国南部。

第一个环球航行的人是谁

麦哲伦是葡萄牙著名的航海家和探险家，先后为葡萄牙（1505—1512年）和西班牙（1519—1521年）作航海探险。地点从西班牙出发，绕过南美洲，发现麦哲伦海峡，然后横渡太平洋。虽在菲律宾被杀，但他的船队依然继续西航回到西班牙，完成史上第一次环球航行。被世界认为是第一个环球航行的人。他依次经过的大洋是：大西洋、太平洋、印度洋。

牛津大学是什么时候建立的

牛津大学建立于13世纪，世界十大学

府之一，以美丽的大学城闻名全世界，童话故事——爱丽丝梦游仙境即以此地为故事背景。在牛津处处都是优美的哥特式尖塔建筑，因此有"尖塔之城"之称。牛津大学是英国第一所国立大学，培育出无数的顶尖杰出人士。该校包含36个学院，除了各自有不同的建筑特色之外，每个学院为独立自主的教学机构，提供学生课业及生活上的指导。牛津大学的课程，无论是文科还是理科，都可获得文学学士学位或相应的荣誉学位，由导师自己挑学生，经过三年的学习，取得学士学位。近年来，牛津还设有两种以上的科目结合在一起的科目，如哲学和数学、古典文学和现代文学等，充分体现了当今学术领域多角度、多边缘，亟需资源共享的潮流和趋势。

圣女贞德是谁

圣女贞德（1412—1431年），被称为"奥尔良的少女"，是法国的民族英雄、军事家，天主教会的圣女。英法百年战争（1337—1453年）时她带领法国军队对抗英军的入侵，支持法国查理七世加冕，为法国胜利做出贡献。最终被俘，被宗教裁判所以异端和女巫罪判处她火刑。

为什么法国把7月14日定为国庆日

1789年7月14日，巴黎群众攻克了象征封建统治的巴士底狱，从而揭开法国大革命序幕。当时的巴士底狱实际上是全法国生活条件最好的一个监狱，并且不是巴黎人民所畏惧的王朝的象征。巴士底狱被攻占那一天，巴士底狱里发现只有7个囚犯，大部分是被自己人关押的贵族家庭的精神病患者。自从1879年，为了纪念法兰

第八章 宗教与文化

西第一共和国的建立，法国政府宣布把7月14日定为国庆节。

什么是《马斯特里赫条约》

《欧洲联盟条约》即《马斯特里赫特条约》，第46届欧洲共同体首脑会议于1991年12月9—10日在荷兰的马斯特里赫特举行。经过两天辩论，通过并草签了《欧洲经济与货币联盟条约》和《政治联盟条约》，即《马斯特里赫特条约》。这一条约是对《罗马条约》的修订，它为欧共体建立政治联盟和经济与货币联盟确立了目标与步骤，是欧洲联盟成立的基础。

什么是"苏格拉底计划"

苏格拉底计划是高等教育领域内的一个合作项目，也是一个交流项目。该项目旨在提高欧洲高等教育的质量，并通过与第三世界国家的合作来加强文化间的交流。该计划通过设置高质量的硕士课程，接纳世界各地的大学生和教育界人士在欧洲的大学里进行硕士课程的学习，鼓励欧洲的大学生和教育界人士到第三世界国家学习，以达到加强欧洲各国在高等教育领域的合作以及与国际间的交流。

什么是"达芬奇计划"

达芬奇计划是由哈达网发起的，面向所有博客的，以鼓励分享、共创奇迹为旨趣的互联网项目。面对经济全球化和教育国际化的挑战，欧盟各成员国对于职业教育与培训重要性的认识达到了前所未有的高度。自20世纪90年代中期开始，欧盟启动了著名的"里奥那多·达芬奇计划"（简称"达芬奇计划"），其目的在于推

西方文明千问

动成员国范围内的职业教育一体化进程，通过区域合作增强实力，提升欧盟国家职业教育在国际上的整体竞争力。"达芬奇计划"的实施取得了一些成效，但也存在不少有待解决的问题。

什么是《申根协定》

《申根协定》亦称《申根协议》、《申根公约》或《神根公约》，最早于1985年6月4日由7个欧盟国家在卢森堡的一个小城市申根签署。该公约于1995年7月正式全面生效。它的成员国亦称"申根国家"或者"申根公约国"，成员国的整体又称"申根区"。其目的是取消相互之间的边境检查点，并协调对申根区之外的边境控制。

德国第一个地理学讲座教授和柏林地理学会创建人是谁

李特尔是德国第一个地理学讲座教授和柏林地理学会的创建人。他是德国地理学家。近代地理学创建人之一。生于奎德林堡，卒于柏林。曾任法兰克福大学、柏林大学教授。最早阐述了人地关系和地理学的综合性、统一性，奠定了人文地理学的基础。认为地理学是一门经验科学，人是整个地理研究的核心和顶点。创用"地学"一词。主张地理学和历史学结合。坚持目的论的哲学观点，认为上帝是建造地球的主宰。著有《欧洲地理》、《地学通论》等。

为什么过生日要吹蜡烛

过生日吃蛋糕吹蜡烛已为人们熟悉，这一习俗源于希腊。在古希腊，人们都信奉月亮女神阿耳特弥斯。在她的一年一度的生日庆典上，人们总要在祭坛上供放蜂蜜饼和很多点亮着的蜡烛形成一片神圣的气氛，以示他们对月亮女神的特殊的崇敬之情。后来，随着时间的推移，由于疼爱孩子，古希腊人在庆祝他们的孩子的生日时，也总爱在餐桌上摆上糕饼等物，而在上面，又放上很多点亮的小蜡烛，并且加进一项新的活动——吹灭这些燃亮的蜡烛。他们相信燃亮着的蜡烛具有神秘的力量，如果这时让过生日的孩子在心中许下一个愿望，然后一口气吹灭所有蜡烛的话，那么这个孩子的美好愿望就一定能够实现。于是吹蜡烛成为生日宴上有着吉庆意义的小节目，以后逐渐地发展，直至今天。

26个字母是怎么来的

26个字母最初起源于埃及象形文字，后由腓尼基人改进发明了腓尼基字母，希腊人对腓尼基字母加以改革后创造了希腊字母，古罗马人对希腊字母加以改革进而发明了拉丁字母，英文字母就属于拉丁字母。几千年的变迁，古代字母和现代字母的发音已经有很大的区别，但其基本的象形含义仍或多或少地保存下来。而且每个字母的原始意义又渗透到各种词根之中，最终在现代词汇中留下了明显的痕迹。

理发店门前三色标志的含义是什么

在中世纪，西欧流行一种说法：人生病主要是因为体内各元素不平衡，只要引出多余的"元素"，就会恢复健康。而血液则被认为是最容易引出的一种"元素"，因而欧洲人认为"放血是康复之始"。但医师认为这是下等人做的事，自己不肯动手放血，而托理发师来做，于是

第八章 宗教与文化

理发师就成了业余外科医师。1540年，经英格兰国王批准，成立了理发师、外科医师联合会，并为此举行了庄严的仪式，国王亲自把批准书交给联合会主席维凯瑞。从此，理发师正式打出了外科医师的牌子，并选三色柱作为他们行医和理发的标志。三色柱中的红色代表动脉，蓝色代表静脉，白色代表纱布。1745年，英王乔治二世敕令成立皇家外科医学会，外科医师从此与理发师分家，但理发店门前的三色柱却一直沿用下来。

为什么说阿维森纳是"医中之王"

阿维森纳（980—1037年）是伊本·西拿的拉丁文名，是欧洲人对他的称呼。阿维森纳很小的时候，他的父亲就把他交给了有名的教师培养。阿维森纳从小聪颖好学，43岁左右就已熟知阿拉伯和波斯文学和医学等。45岁时，阿维森纳已成为有名的医生和学者。67岁那年，阿维森纳来到了中亚另一个古国——哈马丹。在哈马丹，他又治好了一个国王的病。国王感谢他，任命他做了大臣。后来，因为宫廷内讧，他遭诬陷被投入了监狱，经王子搭救才获释。王子很器重他，任命他为侍臣和科学顾问。74岁那年，阿维森纳随军与突厥人作战，途中患病。靠了自己的高明医术，阿维森纳把死期推迟了六年，直到1037年才离开了人世。因为阿维森纳医术、医德高超，人们赞誉他为"医中之王"。

护士这一职业是什么时候出现的

护士在医院出现的时间并不是很长。19世纪初，英国虽然设立了许多较大规模的医院，但是并没有专门的护士，只是由一群仆役兼管护理工作。1836年德国一位宗教家开设了一所医院，并训练了一批年轻的姑娘专门负责病人的护理工作，这就是最早的护士。1854年，克里米亚战争爆发，英国陆军部命令南丁格尔组织一个看护队，到战地服务。南丁格尔带领38名经过训练的妇女到前方工作。因为护理工作井井有条，大大减少了伤员的死亡率。1856年，英国正式在伦敦多马医院设立了护士学校，委派南丁格尔主持。这是世界上最早的护士学校。不久，许多国家相继开办了专门的护士学校。

为什么医生要穿白大褂、戴口罩

19世纪，欧洲的医院仍然不讲卫生、不采取消毒措施。因此，医院内每年都有大量的病人因此感染，甚至丧生。后来法国生物学家巴斯德发现，微生物是各种传染病的起因，并用消毒法成功防止了啤酒变酸。1868年，英国著名的外科医生列斯特把"巴斯德消毒法"应用于医学，在他主持下的格拉斯医院进行了改革，医生、护士由原来的戴灰色礼帽穿大礼服，改为戴白色布瓜帽穿白大褂。由于此项改革的实施，医院的死亡率降低。

1897年德国人美得奇向人们介绍用纱布包口鼻可以防止细菌侵入。于是，人们采用带子将口罩系在耳后，使得医务人员工作方便卫生。

卡诺莎之行是怎么回事

西欧封建社会时期，天主教会在西欧的势力很强大，教会实际上成了一个封建主。为了争夺土地、财产和统治权，封建主和教会之间经常发生冲突。1234年，年

西方文明千问

亨利四世

仅6岁的亨利继承德意志的王位，即德意志亨利四世。罗马教廷抓住国王年幼的机会，准备实行教会独立，反对主教由国王授权，想借此削弱德国国王的权利。此时已经二十多岁的亨利四世不能忍受教皇对他的限制，他针锋相对，一些反对亨利四世的公侯和高级教士乘机叛变，亨利四世被完全孤立了。他被迫签署了服从教皇权力的保证书，表示愿意对自己的严重罪行做出忏悔。1255年1月，亨利四世身着罪衣，只带随行，越过阿尔卑斯山，赶到卡诺莎城堡，准备当面向教皇"悔罪"。亨利四世赤足露顶，在教皇的府第门前站立了三昼夜，才得到教皇的赦免。亨利四世获得教皇的赦免后，带着随从离开卡诺莎城堡。后来，"卡诺莎之行"就成了屈辱投降的同义语。

世界上第一起交通罚款是什么时候

世界上第一起交通罚款是1901年5月11日，美国汽车俱乐部成员在新泽西的莫里斯敦由于超速行驶而被罚款。他们违反了在全国越野赛期间明文贴出的"每小时限速13公里"的规定。据见证人说，他们的车速竟达每小时48公里。当这些先生们停下车在当地的一家旅店进餐时，莫里斯敦警方对他们处以10美元的罚款，3名司机及1名机械师当场交付了罚金。

最小的国家是哪个国家

梵蒂冈，世界上最小的国家，也是唯一一个以宗教立国的国家。梵蒂冈其实是意大利的"国中之国"，位于罗马西北角台伯河右岸的高地上，以四周城墙为国界，故名"梵蒂冈城国"，面积仅0.44平方公里，人口1380人，常住人口只有540人，主要是意大利人，信奉天主教。这里有世界上最大的天主教堂，也是全世界第二大教堂。

什么是脱帽礼

脱帽礼来源于中世纪的欧洲，当时，由于作战时双方短兵相接，肉搏而战，头部容易受到袭击，因而不得不戴上笨重的盔甲。士兵们到达安全地带后就脱下头盔以减轻负担了；同时，到别人家里去，来者为了表示自己不是敌人，首先会把头盔掀开，露出自己的真实面孔。这种习惯发展到现在，就变成了非常绅士的脱帽礼。

为什么要下半旗致哀

当今世界上通行的一种致哀方式就是下半旗。当一个国家的重要人物逝世后，习惯上把国旗升起后下降到离旗杆顶端一段距离（三分之一处），以表示对死者的哀悼。

用下半旗表示哀悼的做法，据说最

第八章　宗教与文化

早出现在1612年。一天，一艘名叫"哈兹·伊斯"号的英国船驶进泰晤士河，它的桅杆上飘着半旗，象征船员对已故船长的敬意。该船长是在北美北部海岸探寻通向太平洋的水道时不幸去世的。后来，很多船只都沿用了这种哀悼方式。17世纪以后，这种局限在船上下半旗表示哀悼的做法便流传到陆地上，后来被官方承认，并被各国所采用。

为什么礼炮是二十一响

作为最高礼仪习俗的鸣礼炮二十一响源自英国。17到18世纪，英国成为日不落帝国，世界上每一块大陆都有它的殖民地。英国军舰驶过外国炮台或者驶入外国港口时，要求所在国向他们鸣炮致礼，表示对英国的尊重和臣服。作为回礼，英国一般鸣礼炮七声。但是英国舰队鸣一声礼炮，别的国家就要鸣三声。这样三七二十一声礼炮的习俗诞生了。后来，随着英国实力的下降，英国舰队开始鸣二十一声礼炮，以表示平等的关系。

为什么西方人忌讳"13"

世界上许多国家，特别是西方国家，都把"13"这个数字当成是凶险不吉利的象征。意大利文艺复兴时期著名的画家达芬奇以耶稣和他的12门徒吃最后一顿晚餐为题材，创作了名画《最后的晚餐》。画面上一共有13个人，其中，参加晚餐的第13个人就是犹大，他为了30枚银币出卖了耶稣。而耶稣遇害的那天恰好是13号。由此人们认为"13"不是一个吉利的数字。现在在西方，很多地方都避讳"13"。在法国，城市门牌号码至今很难看见13号。

人们往往以"12A"来代替"13"。欧美等国的高层建筑也往往不设第13层。

订婚戒指的由来

世界上第一个把戒指作为订婚信物的人是奥地利王麦士米尼。1477年，他在一次晚会上认识了一位公主玛丽。她美丽的容貌和优雅的举止征服了这位国王。麦士米尼虽然知道玛丽已经许婚给当时的法国王储，但是为了赢得她的爱情，他派人专门打造了这枚珍贵的钻石戒指。面对奥地利王的热烈追求，玛丽改变了自己的想法，与他结婚。从此以后，以钻石戒指作为订婚信物，便成为西方人士的一种传统。

什么是决斗

决斗最早出现在古巴比伦、古希腊等奴隶制国家，到中世纪的时候，决斗在欧洲十分盛行。最开始，决斗是神明裁断的一种方式。在当时，产生了很多决斗的规则，例如：当两个人发生纠纷时，如果一方向对方脸上摔帽子、扔手套，或者是做出其他侮辱的行为，就被视为发出决斗的邀请。一个人一经宣布要决斗，就不能反悔。如果一方愿意言和，必须双方达成口头或者是书面协议，协议不成仍须决斗。决斗双方各有自己的证人，由证人约定决斗的时间和地点。决斗使用的武器依据决斗者身份等级的不同而有所差别。古时候用剑，后来用枪。决斗时双方应该离开一定距离，谁开第一由抽签决定。有些没有决斗能力的人，还可以找人代为决斗。后来法律有所改变，决斗不再是一种解决诉讼的裁制方法。作为一种习俗，一直保持到19世纪。

197

西方文明千问

奥运会为什么要举行点燃"圣火"的仪式

点燃圣火

在1928年的阿姆斯特丹奥运会上，顾拜旦提出了这一想法，当时仅限于在体育场附近的一个喷泉盛水盘上点燃圣火。从1934年起，顾拜旦和当时接替他任国际奥运会主席的卢森堡人亨利·德·巴叶特—拉图伯爵都表示赞成在奥林匹亚举行一个预备性仪式。更让人感到满意的是，他们采纳了迪姆的想法，将在此点燃的奥运圣火通过经特别挑选的使者们传递到柏林。1935年6月，德国的计划被用5种不同语言公布于众。雅典奥运会圣火将于3月25日点燃，这是奥运会的一个盛大仪式，也是自1936年起延续下来的传统。

奥运会上的五环旗有什么象征意义

奥运会五环旗是在顾拜旦主持下制定的。五环分别为蓝、黑、红、黄、绿色，三环在上，两环在下，环环相扣，紧紧联在一起。按照顾拜旦对此的解释，五环"象征世界上承认奥林匹克运动、并准备参加奥林匹克竞赛的五大洲，而第六种颜色白色——旗帜的底色，意指所有国家都毫无例外地能在自己国家的旗帜下参加比赛"。后来有的人解释说，国际奥委会最初采用蓝、黑、红、黄、绿色作为五环的颜色是因为它能代表当时参加国际奥委会所有国家国旗的颜色。自1920年第7届奥运会起，五环的五种颜色象征五大洲：蓝色代表欧洲，黑色意指非洲，红色象征美洲，黄色标志着亚洲，而绿色喻作澳洲。

鸽子为什么是和平使者的象征

远在上古时期，人们把鸽子看做爱情使者，而非和平使者。一直到纪元初，鸽子才被当作和平的象征。《圣经》上就有了关于鸽子的记载：诺亚从方舟上放出一只鸽子，让它去探明洪水是否已经退尽。上帝让鸽子衔着一条橄榄枝回来，表示人间尚存希望。

16世纪波澜壮阔的宗教改革运动，给鸽子赋予了新的使命，使它成了圣灵的化身。而在宗教改革时期的绘画作品中，宗教改革之父马丁·路德的头上更是经常出现象征天命的鸽子。

1950年11月，为纪念社会主义国家在华沙召开的世界和平大会，毕加索特意挥毫，画了一只昂首展翅的鸽子，当时，智利著名诗人聂鲁达把它称为"和平鸽"，从此，作为世界和平使者的鸽子，就为各国所公认了。

奥运会为什么要设吉祥物

吉祥物象征吉祥如意，是人们对生活

第八章　宗教与文化

的美好祝愿和富于浪漫的联想。也是每届奥运会中有趣而有代表意义的纪念品。在紧张激烈的比赛场上，自始至终有这么一种可爱的吉祥物陪伴，不仅大大活跃了比赛的氛围，同时也增加了运动会友谊和节日的气氛，表达了对运动会的良好祝愿。

瑞士洛桑为什么被称为"奥林匹克之都"

瑞士小城洛桑在国际上享有鼎鼎大名是因为这里是国际奥林匹克委员会和奥林匹克博物馆的所在地，被人们称为"奥林匹克之都"。位于日内瓦湖畔北部沿岸的中心，曾因是罗马的军港而繁荣。现在这里是沃州的省府，分为湖畔的乌希地区和山丘上的中心街道两个部分，新老市区地势差别很大。洛桑还是瑞士联邦最高法院的所在地联邦理工学院、洛桑大学、酒店学校、国际学校等著名学府也齐聚于此，赋予了这个小城浓郁的学术气氛。

哪届奥运会五大洲运动员首次实现大团聚

1908年，在英国伦敦举办的第4届现代奥运会上，首次汇聚了来自世界五大洲的代表，实现了奥运会大家庭的首次团聚。这次奥运会的东道主英国伦敦是在罗马放弃主办权后作为替补承办奥运会的。在这之前，第1届奥运会仅有13个国家和地区参加。第2届奥运会上，印度有一名运动员随英国参赛，使得当届奥运会除非洲代表缺席外，欧、美、亚、大洋洲均有代表参加。但到了第3届奥运会，亚洲代表却又缺席奥运。在第4届伦敦奥运会上，由于土耳其作为亚洲国家参赛，终于使五大洲的运动员首次在五环旗下相聚。第4届伦敦奥运会也由此成为现代奥运史上具有历史意义的一届盛会。

谁是现代奥运史上的第一个冒牌冠军

现代奥运史上的第一个冒牌冠军是弗雷德·洛茨，在1904年美国圣路易举行的第3届现代奥运会的马拉松比赛中，在比赛开始时一直处于领先地拉，但当跑完12公里后，他便两腿抽筋，只得放弃比赛，搭车回运动场。当汽车行驶了17公里后，他感到体力有所恢复，又下车继续跑回体育场。全场所有观众对他报以热烈的掌声，以为他是冠军，当时的美国总统的女儿还授予他1枚奖牌。但不一会儿，跑在洛茨后面的另一位美国选手希克斯进入会场，揭穿了洛茨的骗局。最后洛茨被取消资格，并受到美国代表团除名以及终身不得参加美国奥运代表团的处罚。

为什么田径运动有"运动之母"的美称

希腊是田径运动的摇篮地，最初的奥运比赛项目，只有短距离赛跑，希腊人称之为"斯泰德"。田径运动原为人类基本体力的活动，古代各民族用以作为生活上的技能，凡跑跳掷等运动几无一日不用，故体力发达、体能优越。古希腊人最为重视，田径一词在希腊文中，是"战斗"的意思，在古希腊，田径是运动的总称，是各项运动项目的基础，有"运动之母"的美称。

为什么说短跑是最早的奥运会项目

当时比赛的距离为192.27公尺。1896

199

西方文明千问

年第一届奥运会设有男子100公尺和400公尺项目，第二届又增设了男子200公尺项目。女子短跑比赛到第九届奥运会时被列入，当时只设100公尺一个项目，后在第十四届、第十八届又相继增设了200公尺和400公尺。在奥林匹克的历史，短跑是最重要的竞赛甚至于在13届奥运以前，只有这个项目。在奥运会上"短跑"包括了100、200、和400公尺的竞赛项目。

花样滑冰源于何时

花样滑冰起源于18世纪的英国，后在德国、美国、加拿大等欧美国家迅速开展。1772年，英国皇家炮兵中尉罗伯特·琼斯撰写的《论滑冰》在伦敦出版，这是世界上第一部有关花样滑冰的著作。当时举行的花样滑冰比赛是所谓的"英式风格"，古板又正式，和现代花样滑冰相去甚远。1863年，被誉为"现代花滑之父"的美国人杰克逊·海因斯（Jackson Haines）将滑冰运动与舞蹈艺术融为一体，在欧洲巡回表演，丰富了花样滑冰的内容和形式。1868年，美国的丹尼尔·梅伊和乔治·梅伊首次表演了双人滑。1872年，奥地利首次举办了花样滑冰比赛。1896年，首次世界男子单人花样滑冰锦标赛在俄国彼得堡举行；1906年，首次世界女子单人花样滑冰锦标赛在瑞士达沃斯举行；1952年，首次世界冰上舞蹈锦标赛在法国巴黎举行。国际滑冰联盟规定的比赛项目有单人花样滑冰、双人花样滑冰和冰上舞蹈3个项目。

跨栏跑运动起源于哪个国家

17至18世纪时，英国一些地区畜牧业相当发达，牧民们经常需跨越畜栏，追赶逃跑的牲畜。节日里，一些喜爱热闹的年轻牧民还常常举行跳越羊圈的游戏，他们把栅栏搬到平地上，设若干个高矮和羊圈相仿的障碍，看谁能跑在最前面，这就是跨栏赛的雏形。18世纪末，跨栏活动正式成为体育运动项目。19世纪初，出现了可移动的"⊥"形栏架，推动了跨栏技术的发展。1935年比赛中又出现了"L"形栏架，栏板只要受4公斤的冲撞力量，就会向前翻倒。"L"形结构较为合理和安全，一直沿用至今。

马拉松比赛的距离是多少

马拉松比赛起源于古希腊时期的一场战争。公元前490年，希腊人和波斯人在希腊的马拉松镇进行了一场激烈战争，结果希腊人取得了胜利。为了把胜利的消息很快传送到雅典，派了一个名叫菲力比斯的战士，从马拉松镇一直跑到雅典。当他到达雅典时已经精疲力竭，传达了胜利的消息后便死了。

1896年举行首届奥运会时，顾拜旦采纳了历史学家布莱尔以这一史事设立一个比赛项目的建设，并定名为"马拉松"。比赛沿用当年菲力比斯所跑的路线，距离约为40公里200米。此后十几年，马拉松跑的距离一直保持在40公里左右。1908年第4届奥运会在伦敦举行时，为方便英国王室人员观看马拉松赛，特意将起点设在温莎宫的阳台下，终点设在奥林匹克运动场内，起点到终点的距离经丈量为26英里385码，折合成42.195公里。国际田联后来将该距离确定为马拉松跑的标准距离。女子马拉松开展较晚，1984年才被列入第23

届奥运会。

网球运动为什么被称为贵族运动

因为发源于英国的网球比赛过程非常注重比赛双方的礼节，不管是球具、衣着、判决技巧都有比较多的讲究。较早期间对一个球员的优劣评判，甚至包括他的击球姿势体型仪态等一切除了"运动竞技"以外的要求都高于其他运动，所以，传统上网球是在英国社会里属于较高尚的运动，是所谓的贵族运动。

网球比赛中的"大满贯"指什么

所谓"大满贯"，这是网球运动的王冠称号。是指一位或一对网球运动员在同赛季获得温布尔登网球锦标赛、美国网球公开赛、澳大利亚网球公开赛、法国网球公开赛这四大锦标赛的冠军，即为获得"大满贯"。"大满贯"一词首次使用是在1933年。当时，一位名叫约翰·基兰的美国记者在描述杰克·克劳福德立志在当年夺取前面所说的四项赛事的冠军的雄心壮志。遗憾的是，克劳福德在当年的美国锦标赛决赛中输给了佛雷德·佩里，未能如愿。直到1938年，才由唐纳德·布吉成为历史上首位四大满贯得主。

尽管"大满贯"一词最初只是使用在网球运动上，后来也逐渐为其他运动所采用，用于形容选手取得的类似成就。

台球为什么被称为力学魔术师的表演

因为台球比赛既是一种健身游戏，也是一种较有情趣的竞赛活动。一场比赛有时会打很长时间，比赛中既要使自己多得分，又要想方设法给对方设置障碍，让对方失误丢分，从而战胜对手。台球运动员需要有良好的体力和清醒头脑，因为台球运动中战术的运用与力学原理密切相关。一个优秀的台球运动员比赛时，能够根据力学原理对球杆击球的部位、力量、球的行进和反弹路线等作出仔细、精确的计算，从而得心应手地打出魔术般的好球。所以，人们戏称台球运动为"力学魔术师的表演"。

乒乓球为什么被称为"桌上网球"

乒乓球运动

乒乓球运动于19世纪末起源于英国，相传起源于网球。相传当时几位大学生将桌子当作场地，用木板将酒瓶塞像打网球一样在桌子上推来推去，故称之为"桌上网球"，也就是乒乓球的英文"table tennis"的由来。1900年左右，由于轻工业的发展，球改成用赛璐珞制成的空心球。纽约的印刷工人海维特调制出一种外貌很像象牙，受热变软、遇冷变硬的人造塑料，取名为赛璐璐，1869年海维特用赛璐璐制造了一批乒乓球，很受人们欢迎。现在，乒乓球多用棉花制成的塑料加工而成。19世纪后，乒乓球运动便逐步发展起来。第一次大型乒乓球比赛于1900年12月在英国伦敦台敦皇后大厅举行，开创了乒乓球比赛的先河。

足球运动为什么被称为"世界第一运动"

因为足球运动竞争激烈，对抗性强，技术、战术复杂，比赛时间长，规则简单，易于开展。而且经过一个多世纪的发展，技术、战术更加丰富，比赛常常是在高速奔跑中进行，再加上优秀运动员的出色表演，高超的个人技术与巧妙的集体战术配合融为一体，使足球运动产生了一种令人不可抗拒的魅力。有着如此丰富内涵和感染力的足球是一种艺术，也是一种人生的享受。毫无疑问，它是当之无愧的"世界第一运动"。

为什么足球比赛中要使用红、黄牌

在红黄牌问世之前，裁判员对队员实行警告或罚出场时，只能用语言或手势来表示。但是由于语言和手势不统一，在国际足球比赛中容易产生误解和矛盾。为了克服语言不同而给裁判工作带来的困难，同时也向场外领队、教练及其他人员明确表示对谁给予了警告或罚出场，国际足联裁判委员会决定，在1970年墨西哥举行的第九届世界杯足球赛中使用红黄牌。该届比赛结束后，通过总结，国际足联技术研究小组在报告中指出，用红黄牌来表示对运动员警告和罚出场的做法应该在高级比赛中普遍使用。自此以后，凡由国际足联主办的世界性足球比赛均使用红黄牌，各洲与国家协会纷纷仿效。裁判员使用红黄牌是严格维护规则和比赛纪律，制止非体育道德行为、严重犯规和暴力行为，引导比赛正常进行的一种教育手段。它有利于运动员在技术战术水平、体育道德等方面有所进步；有利于鼓励进攻，鼓励进球，使比赛更精彩；有利于裁判员控制比赛的秩序，促使比赛顺利进行。

举重中的抓举和挺举有什么区别

抓举是运动员将杠铃平行的放在两小腿前面，两手虎口相对撞杠，以一个连续动作把杠铃从举重台上举至两臂在头上完全伸直。

挺举是运动员以两个分解的动作把杠铃举过头顶。先将杠铃放置于身体重心的水平线上，屈腿预蹲，将杠铃提起，经过胸前将杠铃置于肩上，然后站立；然后是两手握杠，曲臂，下颌与杠平，直臂推起，动作完成。

在抓举或挺举的三次试举中举起最高重量，即为单项成绩，名次按成绩来确定。总成绩名次以抓举和挺举的总和来确定。如成绩相等时，比赛前体重轻者名次列前。如成绩和体重又相等时，则以先举起该重量的运动员名次列前。

现代冬季两项指哪两项运动

滑雪、射击。起源于斯堪的纳维亚半岛，由远古时代的滑雪狩猎演变而来。1767年挪威边防军滑雪巡逻队举行了滑雪射击比赛，据记载，这是世界上最早的现代冬季两项比赛。1861年挪威成立世界上最早的滑雪射击俱乐部。1912年挪威军队在奥斯陆举行名为"为了战争"的滑雪射击比赛。后逐渐在欧美国家开展，成为一种体育运动项目。1924年被列为首届冬奥会表演项目，1958年举行第1届世界现代

冬季两项锦标赛，1960年被列为冬奥会比赛项目，并定名为现代冬季两项。

比赛中运动员为什么在手中抹白粉

因为运动员往手中抹的白粉是碳酸镁的粉末，它有很强的吸水性能。运动员在比赛过程中，手上会出许多汗，如果不及时吸干，很容易在器械上打滑，不仅影响完成动作的质量，还有可能给运动员造成运动损伤。所以，运动员上场前都会习惯性地往手上抹白粉，一方面防止打滑，另一方面借此松弛一下紧张的心情，稳定情绪，以便发挥出最高水平。

"铁人三项"都包括什么内容

游泳、自行车和长跑，并在运动员体能、速度和技巧上提供挑战的综合性体育运动项目称之为"铁人三项"。铁人三项起源于美国。铁人三项运动在夏威夷诞生后，最初仅在夏威夷和加利福尼亚流行，后逐渐在澳大利亚、新西兰、西班牙、法国、英国、日本、中国等国家广泛开展。国际铁人三项联盟每年都组织很多比赛。其中有奥林匹克标准距离的铁人三项世界锦标赛；在世界各地举办的10—12站铁人三项世界杯系列赛；长距离铁人三项世界杯系列赛；标准距离和长距离铁人两项世界杯系列赛与世界锦标赛，此外还有冬季铁人三项赛、室内铁人三项赛、残疾人铁人三项、青少年铁人三项赛等。比赛一般分优秀运动员组、青年运动员组和业余分龄组。

水上芭蕾起源于什么时候

花样游泳是女子项目。20世纪20年代起源于德国、英国等欧洲国家。原为游泳比赛间歇时的水中表演项目。由游泳、技巧、舞蹈和音乐编排而成，有"水中芭蕾"之称。1920年花样游泳创始人柯蒂斯将跳水和体操的翻滚动作编排成套在水中表演，后传入美国和加拿大。1934年在美国芝加哥万国博览会上举行首次表演。1937年考斯特成立世界上第一家花样游泳俱乐部。1942年美国业余体育联合会确认花样游泳为正式比赛项目。1952年被列为奥运会表演项目。1956年得到国际游泳联合会承认。1973年举行首届世界花样游泳锦标赛。1984年成为奥运会正式比赛项目，有单人和双人两项，1996年改为团体赛。

古代奥运会为什么禁止妇女参加

古代奥运会禁止妇女参加，与希腊体育的保护神赫拉克勒斯的神话传说有关。他认为女性出现在战场和竞技场上会使希腊勇士的意志和力量减弱，遭受失败。其实也是出于希腊人对妇女的歧视。早在荷马时代，希腊妇女的地位已逐渐降低，仅仅做为男人的财富而存在，因而希腊男人不能容忍地位"下等"的希腊妇女与男性一样参加竞技。还与希腊人裸体竞技的习俗有关。这类裸体运动被认为是男性的"性别秘密"，如果被妇女偷看，被窥者将会感觉到极大的羞耻和侮辱。正因为如此，古希腊的法律规定，凡妇女偷看奥运会一类的裸体竞技，将被处以极刑。

维特为什么被称为"花样滑冰皇后"

维特出生于著名的卡尔·马克思城，从师于原民主德国冰上铁女人尤塔·米勒，掌握了沙尔乔夫三周跳等许多高难动作，加上

西方文明千问

体形优美，极具表现力，使她的花样滑冰表演既有惊险的瞬间，又有典雅的造型，充满迷人的魅力。维特曾获两届奥运会冠军，四届锦标赛冠军，六届欧洲冠军，八届民主德国全国冠军。因此她被誉为"花样滑冰皇后"。

维特

瑞士最古老的大学是哪所大学

巴塞尔大学是瑞士最古老的大学，1460年建立，不久后伊拉斯谟从鹿特丹来此执教，巴塞尔日渐发展成为阿尔卑斯山北的人文中心。伊拉斯谟是文艺复兴时期重要的人文主义思想家和作家，死于1536年，遗体就埋葬在巴塞尔大教堂内。继伊拉斯谟后，19世纪，哲学家尼采在巴塞尔大学执教达10年，在此完成了许多宏篇巨作。

德国最古老的大学是哪所大学

海德堡大学是德国最古老的大学，也是德意志神圣罗马帝国继布拉格和维也纳之后开设的第三所大学。海德堡大学，全名鲁普莱希特·卡尔斯·海德堡大学，位于德国巴登·符腾堡州的海德堡市。1385年10月23日海德堡获得了教皇Urban六世建立大学的特许，16世纪的下半叶，海德堡大学就成为欧洲科学文化的中心。1386年建校。建校之初即设有神学、法学、医学、哲学四大经典科系。直至1890年自然科学系才成为第五个独立的科系。1969年海德堡大学的科系发展为16个。

为什么称莱比锡为"博览会之母"

莱比锡

因为莱比锡最早是作为博览帝国而闻名于世，是世界最古老的博览会，已有800多年的历史，所以被称为"博览会之母"。世界上第一届样品博览会(1895年)和第一届技术博览会(1918年)是在莱比锡举行的。莱比锡地处中欧交通要道，早在中世纪就是东西方贸易中心。1170年开始出现商业性的集市，这便是莱比锡博览会的前身。15世纪，莱比锡博览会已成为欧洲各国商品交换的中心。第二次世界大战期间，博览会的大部分设施被毁，商品交流一度停顿。战后在1946年又恢复举办。莱比锡博览会的展室面积共达35万平方米，每年举办两次：3月份的春季博览会，以工业产品和综合性产品为主；9月份的秋季博览会，重点展出轻工业品和各种消费品。

莱比锡大学创建于什么时候

莱比锡大学创立于1409年，是欧洲最

第八章　宗教与文化

古老的大学之一,也是现今德国管辖地区内历史第二悠久的大学。1953年至1991年间,莱比锡大学曾名为"莱比锡卡尔·马克思大学"。莱比锡大学有14个系、150多个研究所,是莱比锡最大的一所大学,萨克森州第二大的大学。著名校友有莱布尼兹、歌德、尼采、历史学家兰克、让·保罗等。1879年德国生理学家威廉·冯特任莱比锡大学哲学教授时建立了第一个心理实验室,标志着现代心理学的开端。医学专业是莱比锡大学最知名的专业。

"桑拿浴"发源地是哪个国家

桑拿浴的起源,说法不一,但是比较一致的说法是起源于古罗马。当时的古罗马人出于强身健体之目的,用木炭和火山石取热量健身,这就是现代桑拿的雏形。

"桑拿"是芬兰语,原意是指"一个没有窗子的小木屋"。早些时候的桑拿并不完全是洗浴、取热、消遣之所,它还有其他重要的功能,如用桑拿房烘亚麻、熏肉、烤肉、预备酿酒的麦芽等。桑拿房甚至还是当时芬兰妇女分娩的地方,因为人们认为那里最卫生、最洁净,还认为蒸汽可以减轻分娩的痛苦。芬兰全国总人口为500万,而全国各地各种形式的桑拿设施却不少于160万,也就是说平均每3个多人就有一个桑拿房。

"大学生戴帽节"是哪个国家的节日

"大学生戴帽节"是芬兰的节日。上世纪初,一个五一节的前夕,一群大学生在阿曼达铜像旁的饭店里聚会。欢庆之余,他们突然想到伫立在寒夜中孤独的阿曼达,学生们立即从饭店买来一块台布披在阿曼达身上。一个小伙子灵机一动,从头上取下白色大学生帽,戴在阿曼达头上。从此之后,每年五一节前夕,总有大学生给阿曼达戴白帽,久而久之,便成了每年一度的固定节日——戴帽节。

圣诞老人的故乡在哪里

圣诞老人

圣诞老人的故乡在哪里?多年来在西方国家一直是个悬案。直到1995年圣诞节前夕,当时的联合国秘书长加利将一封发给圣诞老人的节日贺卡寄往芬兰北部拉毕省的省会罗瓦涅米,这才使争论停止。因为加利的贺卡起到了一种盖棺定论的作用,联合国承认圣诞老人的故乡是芬兰的罗瓦涅米。

斯德哥尔摩为什么被称为"北方威尼斯"

斯德哥尔摩是瑞典王国的首都,全国最大城市和第二大港,位于波罗的海与梅拉伦湖交汇处,由湖海之间的14个岛屿和斯堪的纳维亚半岛部分陆地组成,人口

65万。因景色瑰丽，号称"水上城市"、"北方威尼斯"。

为什么称英国为"日不落帝国"

英国在维多利亚女皇时，英国的殖民地遍布全球，在任何时间也有阳光照耀她的其中一个属土。英国从事殖民掠夺的时间最长，占领的殖民地最多，维持殖民统治的时间最久。据统计，1914年英国殖民地面积达3350万平方千米，相当于全球陆地面积的1/4，占各列强殖民地总和的1/2，等于本土面积的100多倍。殖民地人口近4亿，等于本国人口的9倍，殖民地范围包括各大洲，是当时最大的殖民帝国。英国的国旗飘扬于各殖民地的上空，不管是东半球还是西半球都能受到阳光的普照，因此自称为"日不落帝国"。

为什么荷兰被称为"风车之国"

荷兰王国又名尼德兰王国，位于西欧中部大西洋沿岸。200多年前，荷兰的风车星罗棋布，共有上万个。荷兰的风车大的有4层楼高，车叶最长的达40多米。风车在海风吹动下长年不息地转动着，为人们磨粉和排水。风车成了荷兰的标志，荷兰因而被称为"风车之国"。18世纪末，荷兰全国的风车约有12000架，每台拥有6000匹马力。这些风车用来碾谷物、粗盐、烟叶、榨油、压滚毛呢、毛毡、造纸以及排除沼泽地的积水。正是这些风车不停地吸水、排水，保障了全国三分之二的土地免受沉沦和人为鱼鳖的威胁。20世纪以来，由于蒸气机、内燃机、涡轮机的发展，风车几乎被人遗忘。但是，因为风车利用的是自然风力，没有污染、耗尽之虞，所以它不仅被荷兰人民一直沿用至今，而且也成为今日新能源的一种，深深地吸引着人们。

荷兰风车

为什么说《吉尼斯世界纪录大全》的产生与啤酒有关

1759年，一位叫吉尼斯的爱尔兰人在都柏林创办了一家啤酒作坊，消费的啤酒名为吉尼斯啤酒。经过200多年的努力，吉尼斯啤酒行销世界100多国度和地域，吉尼斯由此知名。听说，事先人们在吉尼斯公司饮酒时，经常一边喝酒，一边争论世界上什么最大、最小、最重、最轻等成绩。公司老板为了招徕顾客，印了一些小册子来答复这些成绩。日积月累就成了《吉尼斯世界纪录大全》的雏形。1954年在英国伦敦设立公司，1955年8月7日出版了《吉尼斯世界纪录大全》。

荷兰最古老的大学是哪所

荷兰王国阿姆斯特丹大学位于荷兰首都阿姆斯特丹市，已有三百多年历史，是荷兰最古老的大学之一 也是目前荷兰最大的综合性大学。1632年1月，荷兰两位

第八章　宗教与文化

国际著名的学者在阿姆斯特丹市中心学堂开始了他们的首席系列讲座，因此，该学堂被认为是阿姆斯特丹大学的前身。1815年，正式被官方认可为高等教育学院。但直到1877年，学院才更名为市立阿姆斯特丹大学，同时拥有最高学位——博士学位授予权。在随后大约100年时间里，阿姆斯特丹大学一直沿用"市立阿姆斯特丹大学"的名称，所有的教师由阿姆斯特丹市政府聘任，市长也兼任大学校长。20世纪60年代初，荷兰政府开始负责大学财政拨款，原"市立阿姆斯特丹大学"因而更名为"阿姆斯特丹大学"。

世界上历史最悠久的中央银行是哪个银行

英格兰银行是英国的中央银行。刚刚成立的英格兰银行只算得上是一般的商业银行——发行钞票、吸收存款、发放贷款，那时的商业银行都能办理这些业务。不过，英格兰银行一开始就与政府维系着一种特殊而密切的关系，一直向政府提供贷款，负责筹集并管理政府国债，还逐渐掌握了绝大多数政府部门的银行账户。正是凭借这一关系，英格兰银行的实力和声誉迅速超越了其他银行。到1837年，英格兰银行不但安然挺过当年的银行危机，还拿出大笔的资金，帮助那些有困难的银行渡过难关，这也成为英格兰银行充当"最后贷款人"角色的开始。到1946年，英国议会通过《英格兰银行法》，英格兰银行终于名正言顺地成为英国的中央银行。

啤酒节源于哪个国家

啤酒节源于德国，1810年的十月，为了庆祝巴伐利亚的路德维格王子和萨克森国的希尔斯公主的婚礼而举行的盛大庆典。自那以后，十月啤酒节就作为巴伐利亚的一个传统的民间节日保留下来。每年9月的第三个星期六至10月的第一个星期日，于慕尼黑举行的啤酒节，是德国极具历史意义的传统节庆。延续至今已有100多年的历史。

美国白宫因什么而得名

白宫是美国总统府所在地，同时又是美国政府的行政中心。白宫位于首都华盛顿市宾夕法尼亚大街。1792年由费城建筑师丁·霍本设计，1800年建成。他根据18世纪末英国乡间别墅的风格，参照当时流行的意大利建筑师柏拉迪的欧式造型设计而成，用弗吉尼亚州所产的一种白色石灰石建造。1814年，英军攻占华盛顿时，将其付之一炬，后几经修复和改建，才成目前的规模。为了消除被大火烧毁的痕迹，整个建筑被涂成了白色。其中最大的一次扩建和修缮是在1948—1953年间，加修了一座二层阳台，安装了电视系统和空调设备，增建了双层地下室和坚固的地下防空室；白宫内部原有的具有历史意义的房间基本保持原貌，以作纪念。白宫共占地7.3万多平方米，由主楼和东、西两翼三部分组成；主楼宽51.51米，进深25.75米，共有底层、一楼和二楼3层。

底层有外交接待大厅、图书室、地图室、瓷器室、金银器室和白宫管理人员办公室等；外交接待大厅呈椭圆形，是总统接待外国元首和使节的地方，墙上挂有描绘美国风景的巨幅环形油画；地上铺有天蓝色底、椭圆形的花纹地毯，上绣象征美国50个州的标志。1940年罗斯福总统曾在此发表过著名的"炉边谈话"。

1901年，美国总统罗斯福首次为此楼命名——"White House"意思是"白色的房屋"，人们称它为"白宫"。

雅典名称的由来

希腊首都雅典的名称是根据古希腊神话中雅典娜的名字命名的。在古希腊神话中，雅典娜是奥林匹斯众神中的一位主要的神，是"万神之神"宙斯和"聪慧女神"墨提斯所生，代表着威力与智慧，被认为是"智慧之神"、"明月女神"，是农业和园艺的保护神。

传说这座城市建成以后，雅典娜和海神波塞冬争夺此城的拥有权。众神表示谁能给人类一件有用的东西，就以谁为这座城市的保护神，并以其名字命名城市。波塞冬用他的三叉戟猛刺了一下岩石，岩石中跳出一匹战马，这是"战争"的象征；雅典娜用她的长枪敲了一下岩石，岩石中变出一只苹果，象征着"和平"。于是，众神判雅典娜获胜，这座城市的拥有权归她，并以她的名字命名了这座城市。

"符拉迪沃斯托克"是什么意思

符拉迪沃斯托克市，意为"东方统治者"或是"征服东方"，是俄罗斯滨海边疆区首府，也是俄罗斯远东地区最大的城市。原名为"海参崴"。城市位于俄中朝三国交界之处，三面临海，拥有优良的天然港湾，地理位置优越，是俄罗斯在太平洋沿岸最重要的港口，也是俄罗斯太平洋舰队司令部所在地。同时它又是俄罗斯远东最重要的军事基地，和远东最重要的军事入海口。通过这个城市，他比较方便的控制和影响了中国朝鲜日本等地区。

哪座城市被誉为"北方威尼斯"

荷兰首都阿姆斯特丹是一座风光迤逦的水城，有"北方威尼斯"之称。这是一座用桩支撑起来的"海底城市"，大部分地区处在海平面4米以下，靠拦海大坝和抽水设备保证城市的安全。整个城市有几百万根涂着黑油的木桩打入地下十几米的深处，仅王宫下面就竖着13659根这样的支撑物。市内有160多条大小水道，将城市分割成无数的小岛，1000多座风格各异的桥梁穿梭其间，其中300多座可以通行车辆。水道分布规则，状似蛛网，将城市一层一层围成半圆形。大小运河堤岸平直，船只可以自由地航行到市区的任何地方。一位法国地理学者赞叹地说："这是荷兰最奇异的城市，比事务性的鹿特丹和官署中心的海牙更奇特。阿姆斯特丹才是所有荷兰城市中真正的荷兰城。"

罗密欧与朱丽叶的爱情故事发生在哪个城市

《罗密欧与朱丽叶》讲述的是在一个名叫维洛那的意大利小城里，有两个门户相当的大家族——蒙太古家和凯普莱特家。世代的恩怨导致了两家人之间纷争不断。在这样充满深仇大恨的两个家族之间，却产生了一段感人至深的恋情。蒙太古家的儿子罗密欧与凯姆莱特家的女儿朱丽叶在一次宴会中一见钟情。罗密欧请求劳伦斯神父为他们举行秘密婚礼。可就在这时，一件非常不幸的事情发生了：罗密欧的好朋友茂丘西奥因为帮罗密欧出头被

第八章　宗教与文化

朱丽叶的表哥提伯尔特一剑刺死。迫于正义的呼唤，也为了替朋友报仇，罗密欧不得不拔剑杀死了提伯尔特。朱丽叶焦急万分，请求劳伦斯长老帮助，长老急中生智，一面让朱丽叶在婚前的夜晚服下他的假药，一面派人送信给罗密欧，让他适时赶来带走朱丽叶。可是送信的人却没有如期找到罗密欧。罗密欧听到朱丽叶的死讯，悲痛欲绝，匆匆回到维洛那城，来到朱丽叶的墓地，以死殉情。当朱丽叶从假死中醒过来后，满怀着同罗密欧相聚的希望，但是当她发现罗密欧已经死去后，不顾外面喧嚣的人声，也不顾长老的劝告，立即决定同罗密欧死在一起。她听到守夜人的声音后，果敢地拿起匕首，刺进了自己的心脏。

比萨是如何起源的

关于比萨的起源没有一个确切的说法，语义学家认为它是由意大利语中一个古老的词衍化而来的，意思是"拉"或"捏"，这可能是指从烤炉里取出热面包的方法。大约一个世纪以后，罗马的公民也开始吃这种上面抹油、加调料的圆面饼。人们把它称做focaccia作为点心或开胃小吃。大约1000年前，这种覆盖香草和调料、经烘烤的圆面饼在那布勒斯格外流行，比萨这个词也在那布勒斯的方言中出现了。

为什么称威尼斯为"水上都市"

因为威尼斯是一个美丽的水上城市，它建筑在最不可能建造城市的地方水上它的风情总离不开"水"，蜿蜒的水巷，流动的清波，她就好像一个漂浮在碧波上浪漫的梦。它外形像海豚，城市面积不到7.8平方公里，却由118个小岛组成，177条运河蛛网一样密布其间，这些小岛和运河由大约401座各式各样的桥梁缀接相连。整个城市只靠一条长堤与意大利大陆半岛连接，所以称威尼斯为"水上都市"。

欧洲文艺复兴的发源地是哪儿

佛罗伦萨是极为著名的世界艺术之都，欧洲文化中心，欧洲文艺复兴运动的发祥地，歌剧的诞生地，举世闻名的文化旅游胜地。属意大利托斯卡纳区，原来是意大利首都，意大利的文化中心。佛罗伦萨连接意大利北部与南部铁路、公路网的交通枢纽，阿诺河横贯市内，两岸跨有7座桥梁。市区仍保持古罗马时期的格局。多中世纪建筑艺术。全市有40多个博物馆和美术馆，乌菲齐和皮提美术馆举世闻名，世界第一所美术学院，世界美术最高学府佛罗伦萨美术学院蜚声世界，意大利绘画精华荟萃于此。

巧克力是如何起源的

最早出现的巧克力，起源于墨西哥地区古代印第安人的一种含可可粉的食物，它的味道苦而辣。后来大约在16世纪，西班牙人让巧克力"甜"起来，他们将可可粉及香料拌和在蔗汁中，成了香甜饮料。到了1876年，一位名叫彼得的瑞士人别出心裁，在上述饮料中再掺入一些牛奶，这才完成了现代巧克力创制的全过程。不久之后，又有人想到，将液体巧克力加以脱水浓缩成一块块便于携带和保存的巧克力糖。

罗马尼亚人的禁忌是什么

罗马尼亚人主要信奉东正教，其次是

西方文明千问

天主教和亲教。他们忌讳"13"。认为这是不吉祥之数，是令人厌恶的数字。他们最忌"过堂风"，如在客厅、餐厅有人同时打开两边的窗子通风，一定会有人出来干涉的。他们认为"过堂风"容易使人得病。他们不愿谈论政治问题，以及有关罗马尼亚不好的地方。他们不喜欢吃米饭；忌食油腻大的食品，尤其不爱吃肥肉。

为什么称卢森堡为"袖珍王国"、"千堡之国"

卢森堡全称为卢森堡大公国，是现今欧洲大陆仅存的大公国，位于欧洲西北部，被邻国法国、德国和比利时团团包围，是一个位于欧洲的内陆国家。由于其地形富于变化，在历史上卢森堡处于德法要道，地形险要，一直是西欧重要的军事要塞，曾有过三道护城墙、数十座坚固的城堡、23公里长的地道和暗堡，被誉为"北方的直布罗陀"。卢森堡长80公里宽58公里，面积不到4000平方公里，因国土小、古堡多，又有"袖珍王国"、"千堡之国"的称呼。

为什么称塞浦路斯为"欧洲和中东的历史博物馆"

早在9000年前，塞浦路斯岛就有人类活动。后来希腊人移居塞岛，带来古希腊文明。历史上，塞岛先后被亚述、埃及和波斯人征服，被古罗马帝国、奥斯曼土耳其帝国统治，近代一度沦为英国的直辖殖民地，直到1960年独立。正因为有如此悠久的文化交汇，在全岛无论是乡村还是城市，到处都可以看到历史遗迹：古代村落、城镇、庙宇、剧场、运动场、宫殿、墓穴、堡垒、围城、圆柱、马赛克镶嵌画等等。整个塞浦路斯就像中东和欧洲的历史博物馆。

为什么冰岛被称为"冰与火的国度"

冰岛是欧洲第二大岛屿，找遍地球的各个角落，你不会发现第二个国家有她这样如此千变万化的自然景观。大自然的伟大的力量在冰岛呈现出的温柔、粗犷、壮美、奇特、怪异、虚幻、甚至残酷、无奈，让人觉得在冰岛—这个面积只有七万平方公里的小国上同时出现，绝对是让人不可思议。在冰岛上可以领略到冰川、热泉、间歇泉、活火山、冰帽、苔原、冰原、雪峰、火山岩荒漠、瀑布及火山口，还有凡尔纳笔下的"地心游记"通向地心的入口——斯乃费尔峰。

为什么加拿大是"枫叶之邦"

加拿大人喜爱枫树，他们不仅把枫叶的图案缀上国旗，而且在书刊、用具以及商品上也常有枫叶的标志。枫叶已成为加拿大的象征，因而人们称加拿大为"枫叶之邦"。在加拿大的东南部，满山遍野都生长着枫树。金秋时节，映入人们眼帘的是无边无际红彤彤的枫林。金色的阳光从枫叶的缝隙间泻下，构成一幅幅绚丽多彩的图画。加拿大的枫树主要是糖枫，枫叶汁含糖量较高，可以制糖，是孩子们喜爱的食品。在一些农场里人们至今仍保留着古老的取汁制糖的工具。每年三四月间，是收获枫叶汁的季节，人们举行盛大的聚会来庆祝"枫树节"，并为游客表演古老的制糖方法。

为什么说美国是"年轻的国家"

美洲是在1492年由哥伦布发现的，

210

第八章 宗教与文化

1783年美国才获得了独立战争的胜利,它的历史相对于那些资本主义国家是很短暂的。对于一个国家来说,一二百年的历史实在是很短暂的。但是在短短的时间里,美国却有着惊人的发展,这是哪一个老牌资本主义国家无法比拟的。它以惊人的经济发展速度,广而博的文化吸纳态度,这种轻盈的姿态展现在世人的面前。

为什么称巴西是"足球王国"

足球是巴西人文化生活的主流。对巴西人来说,足球是运动,但更是文化。每当联赛或重大国内国际比赛进行时,巴西人常常举家前往观战,整个城市万人空巷,而赛场人山人海。巴西几乎人人都是球迷,巴西人笑称"不会足球、不懂足球的人是当不上巴西总统的,也得不到高支持率"。巴西人认为,巴西足球理所当然位列世界文化遗产之林。巴西人把足球称为"大众运动",无论是在海滩上,还是在城市的街头巷尾,都有人踢球。即使是在贫民窟,穷人家的孩子也光着脚把袜子塞满纸当球踢。巴西许多国际知名的足球运动员都是从这里开始他们的足球生涯的。巴西现有约2.2万名国家级足球运动员,有全国联赛和巴西杯两种比赛。

为什么称澳大利亚为"骑在羊背上的国家"

因为它的养羊头数和羊毛总产量向来居世界首位。自18世纪末由西班牙引进美利奴羊以来,澳大利亚牧羊业迅猛发展。近年来,各类羊存栏总量一直保持在1亿6000万头左右。羊皮、羊毛产量及出口量均居世界首位。澳大利亚除中部沙漠及北部热带地区外,大部分地区都适合牧羊业的发展。澳大利亚羊占世界总产量的1/4以上,羊皮年出口量达到500万张,素有"骑在羊背上的国家"的美誉。全澳拥有约70000个羊毛生产点。羊群大小不等,少则几百头,多则达十万头以上。3000头以上的羊群约占总羊群数的75%。

为什么加纳被誉为"可可之乡"

位于非洲西部的加纳在独立以前被称为"黄金海岸",但它还有一个别名,叫"可可之乡"。可可的故乡本来在拉丁美洲,17世纪中叶才传入非洲。1879年,一位加纳人从比奥科岛带回6粒可可种子并栽种成功,可可很快在加纳全境推广,产量激增,使加纳成为世界上最大的可可生产国和出口国,其纪录保持了半个多世纪。

"世界火炉"是指哪里

苏丹是非洲面积最大的国家,也是世界上最热的国家之一。苏丹首都喀土穆气候炎热干燥,年平均气温为28.7℃,最高气温达47.2℃。每年3月到11月,白天一出门,滚烫的热浪就扑面而来,宛如步入桑拿房,常常晚上10点钟去散步,地面仍散发阵阵的热气。四五月份是来自撒哈拉沙漠的沙尘暴肆虐的季节,狂风卷着漫天的沙尘气势汹汹地一刮数天。漫天黄沙无孔不入,人在屋中,也能感到阵阵土腥味,甚至有时睡梦中也会被憋醒。所以喀土穆又被人们称为"世界火炉"。

为什么说埃及是"尼罗河的赠礼"

作为"尼罗河赠礼"的埃及,每年尼罗河水的泛滥给河谷披上一层厚厚的淤

211

泥，使河谷区土地极其肥沃，庄稼可以一年三熟。在古代埃及，农业始终是最主要的社会经济基础。尼罗河的存在使干旱少雨的埃及谷地拥有充足的水资源。尼罗河的存在使埃及野生动物有了栖息和生存的环境，使埃及人有了足够的蛋白质来源。尼罗河的泥土富有黏性是泥砖的绝好制作材料。尼罗河提供了极其便利的航行手段，因为它的水流是向北的，而埃及的风是吹的北风，只要扬帆就能快速抵达南方，反之，收起帆就能借水流直达北方，所以埃及的贸易很发达。

为什么南非被称为"黄金之乡"

南非的自然资源十分丰富，尤其拥有多种矿产资源，其中最著名的是黄金，产量占世界第一位。在南非首都比勒陀利亚南面，有一个地方叫约翰内斯堡，是南非最大的城市和世界最大的产金中心，有"黄金之城"的美称，四周绵延240千米的地带内有几十个金矿。黄金与南非人民的生活可谓息息相关，密不可分，而南非也就理所当然的成为了"黄金之乡"。

为什么肯尼亚被誉为"野生动物的天堂"

肯尼亚的野生动物资源非常丰富，天然动物园世界闻名。肯尼亚充分利用这些自然资源，在自然保护区里开辟了许多独特的旅游景点。比如在保护区里建的树顶旅馆，树下辟有清水池吸引禽兽。每当夜幕降临，游客就可以在树顶旅馆观赏树下奇景：各种禽兽追逐嬉闹，吼叫声、搏斗声、哀鸣声令人胆战心惊。大自然弱肉强食的法则淋漓尽致地展现在眼前。1933—1934年，美国著名作家海明威曾访问肯尼亚的野生动物园，随后写了《非洲绿色群山》一书，生动地描述了这里的野生动物生活。从此，这一鲜为人知的穷乡僻壤名声大振，外国游客纷至沓来，肯尼亚遂有"野生动物的天堂"之称了。

为什么法国被称为"浪漫之国"

法国是个富于艺术情调的国家，有着他们富有特色的法兰西文化。极富情调的巴黎"街头艺术"，沿街建筑上随处可见的小小纪念碑等，都在向人们演绎着浪漫之歌。这种街头艺术活动的参与者都是青年和平民百姓，只要意气相投就一起"表现"一番。如果说巴黎是令人向往的"浪漫之都"的话，那么法国就是享誉世界的"浪漫之国"。

为什么瑞士被称为"钟表王国"

钟表业在瑞士有500多年的历史，迄今一直保持世界领先地位，被称为"钟表王国"。首都伯尔尼有1000多家钟表店，整个城市就像一个巨大的钟表展览馆，有"表都"之美誉。瑞士资源贫乏，所以特别重视生产用料少、价值大、精密度高、又容易出口的工业产品，如精密机械、钟表等。尤其是钟表，所用原料很少，但价格很高，历来被瑞士人看作是生财之道。在瑞士，钟表厂几乎遍布全国。世界名牌表大部分出自瑞士，国家钟表出口量素来居世界第一位。瑞士的确无愧于"钟表王国"的称号。

为什么说奥地利是"音乐之国"

奥地利的形状像一把小提琴，也许正

第八章 宗教与文化

是这个原因,这个风景秀美的国度才会有"音乐之国"的美称。同时也因为位于欧洲的正中位置,所以她又被称为欧洲的心脏。维也纳是世界名城,奥地利首都,以"音乐之都"闻名遐迩。维也纳金色大厅是世界上千万人向往的地方,是各国音乐爱好者心中的圣殿。此外,拥有350年历史的维也纳国家歌剧院也坐落于此。目前,维也纳国家歌剧院已成为世界歌剧中心。国家歌剧院从创建就有独特的演出风格,聘用过许多音乐大师主持歌剧院事务,像古斯塔夫·马勒尔、理查·施特劳斯和卡拉扬等。歌剧院从秋季到第二年夏季,一般演出300多场世界第一流的歌剧和芭蕾舞剧。现在,维也纳国家歌剧院已成为世界歌剧舞剧舞台的中心。

什么是常春藤联盟

一般隐喻着和高等学校有关,但只有一些学校被公认为"常春藤联盟"。常春藤联盟由美国东北部之八所学校组合而成:布朗大学、哥伦比亚大学、康奈尔大学、达特茅斯学院、哈佛大学、宾夕法尼亚大学、普林斯顿大学及耶鲁大学。除康奈尔大学外,所有这些学校均在北美独立战争前创设,每所院校的入学标准均非常严格。这些学校之间的学术与运动竞争性纪录始于19世纪末。

有"南方哈佛"之称的是哪所美国大学

杜克大学创校于1924年。第六任校长更在16年的任期中,把杜克大学带进一个迈向国际化与现代高科技的境界。后来他担任了北卡州州长(1961—1965年),因此把北卡建设成全美学术、教育、科技进步最快的一州。杜克大学地处美国南部广阔地域,气候温暖而舒适。杜克花园风景优美,是远近闻名的景点。走在杜克大学近一千英亩芬芳的校园里,处处林木苍翠。170栋古典建筑,仿佛隐藏在秀丽的山林中一般。整个东校园保持着乔治亚式古典建筑,而较新的西校园,一眼望去,简直就是英国牛津大学的翻版。建筑外型非常古典精致,主要建材都是美东南地区的坚固花岗岩。2008年美国大学综合排名中,该校是第8名,商学院第12,金融第11。其他强项是:医学院第4,法学院第12,生命科学第12。杜克医学中心和医院,部分位于大学校园内,是世界著名的保健中心。

斯坦福大学是由谁创办的

当时的加州铁路大王、曾担任加州州长的老利兰·斯坦福为纪念他在意大利游历时染病而死的儿子,决定捐钱在帕洛·阿尔托成立以他儿子命名的大学,并把自己8180英亩用来培训优种赛马的农场拿出来作为学校的校园。相传斯坦福夫妇在这之前曾拜访过哈佛大学的校长提出为纪念他们的儿子的死,在哈佛校园内建一座大楼,但遭到了拒绝,于是才建造了这座闻名于世的大学。他们的这一决定为以后的加州及美国带来了无尽的财富,尽管当时这里在美国人眼中还是荒凉闭塞的边远西部。直到现在,人们还称斯坦福为"农场"。因此,在斯坦福大学,自行车是学生们必备的交通工具。

有"世界理工大学之最"的是哪所美国大学

麻省理工学院于1861年由一位著名的

西方文明千问

自然科学家威廉·巴顿·罗杰斯创立。他希望能够创建一个自由的学院来适应正快速发展的美国。

麻省理工学院是美国一所综合性私立大学，有"世界理工大学之最"的美名。位于马萨诸塞州的波士顿，查尔斯河将其与波士顿的后湾隔开。无论是在美国还是全世界都有非常重要的影响力，培养了众多对世界产生重大影响的人士，是全球高科技和高等研究的先驱领导大学，也是世界理工科精英的所在地。麻省理工是当今世界上最富盛名的理工科大学，《纽约时报》笔下"全美最有声望的学校"。

美国拥有藏书最多的是哪所图书馆

坐落于美国首都华盛顿特区的美国国会图书馆是美国的四个官方国家图书馆之一，也是全球最重要的图书馆之一。以1亿2800万册的馆藏量成为图书馆历史上的巨无霸，图书馆书架的总长超过800公里。国会图书馆自1914年起，便设立了5个研究室——法律研究室，教育研究室，公共福利研究室，环境与自然科学研究室，美国政府外交、国贸与国防研究室。据美国国会图书馆网站最新介绍：目前藏品总数1.3亿，其中0.29亿书籍、0.12亿照片、0.58亿件手稿。它保存各类收藏近1亿2100万项，超过三分之二的书籍是以多媒体形式存放的。其中包括很多稀有图书、特色收藏、世界上最大的地图、电影胶片和电视片等。

为什么说"先有哈佛，而后有美利坚"

15世纪末，由欧洲通往美洲的大西洋航道被哥伦布开辟出来以后，欧洲人纷纷远涉重洋来到美洲。17世纪初，首批英国移民到达北美，在那里开拓自己的"伊甸园"——新英格兰。移民中有100多名清教徒，曾在牛津和剑桥大学受过古典式的高等教育，为了让他们的子孙后代在新的家园也能够受到这种教育，他们于1636年在马萨诸塞州的查尔斯河畔建立了美国历史上第一所学府——哈佛学院。1780年，即美国建国后的第四年，已经有了140多年历史的哈佛学院升格为哈佛大学。

阿根廷的"国茶"是什么

阿根廷誉为"国宝"、"国茶"的马黛茶，发源于南美洲，在当地语言中"马黛茶"就是"仙草"、"天赐神茶"。阿根廷的"马黛茶"不是一般意义上的茶，而是极具保健功能的"纯天然植物健康饮品"。

在阿根廷，每人每天都在喝"马黛茶"，从小孩到老人，从都市到乡村，阿根廷人宁可食无肉不能居无茶。每年11月份的第二个星期是阿根廷的马黛茶节。节日期间在首都布宜诺斯艾利斯的街头，可以看到许多着装漂亮的少男少女向行人分赠小盒包装的马黛茶，商家趁此机会开展各种促销活动，提高市场份额。在马黛茶的一些主要产地还会举行花车游行和民族舞会。民间还会评选出一位"马黛茶女王"。